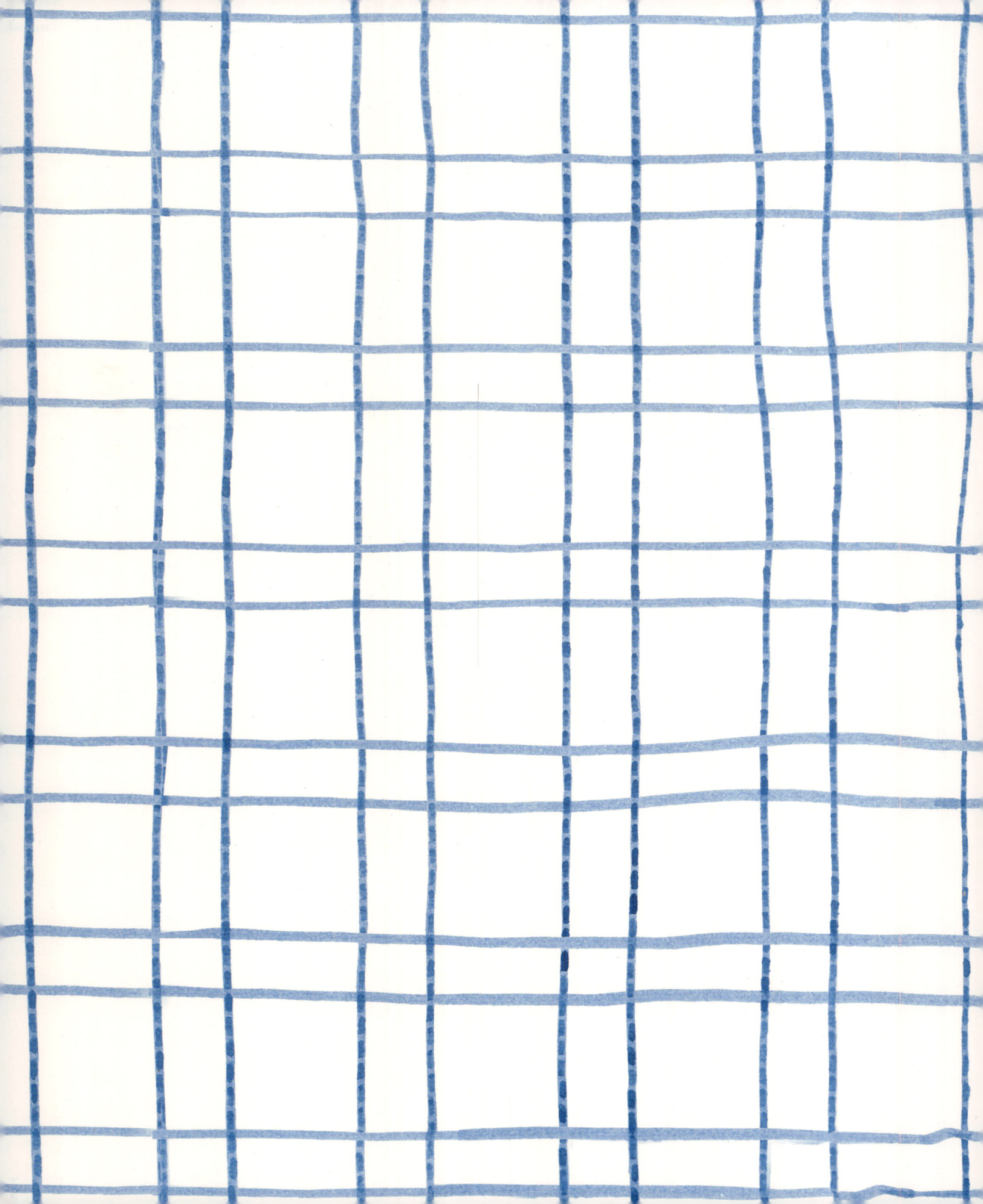

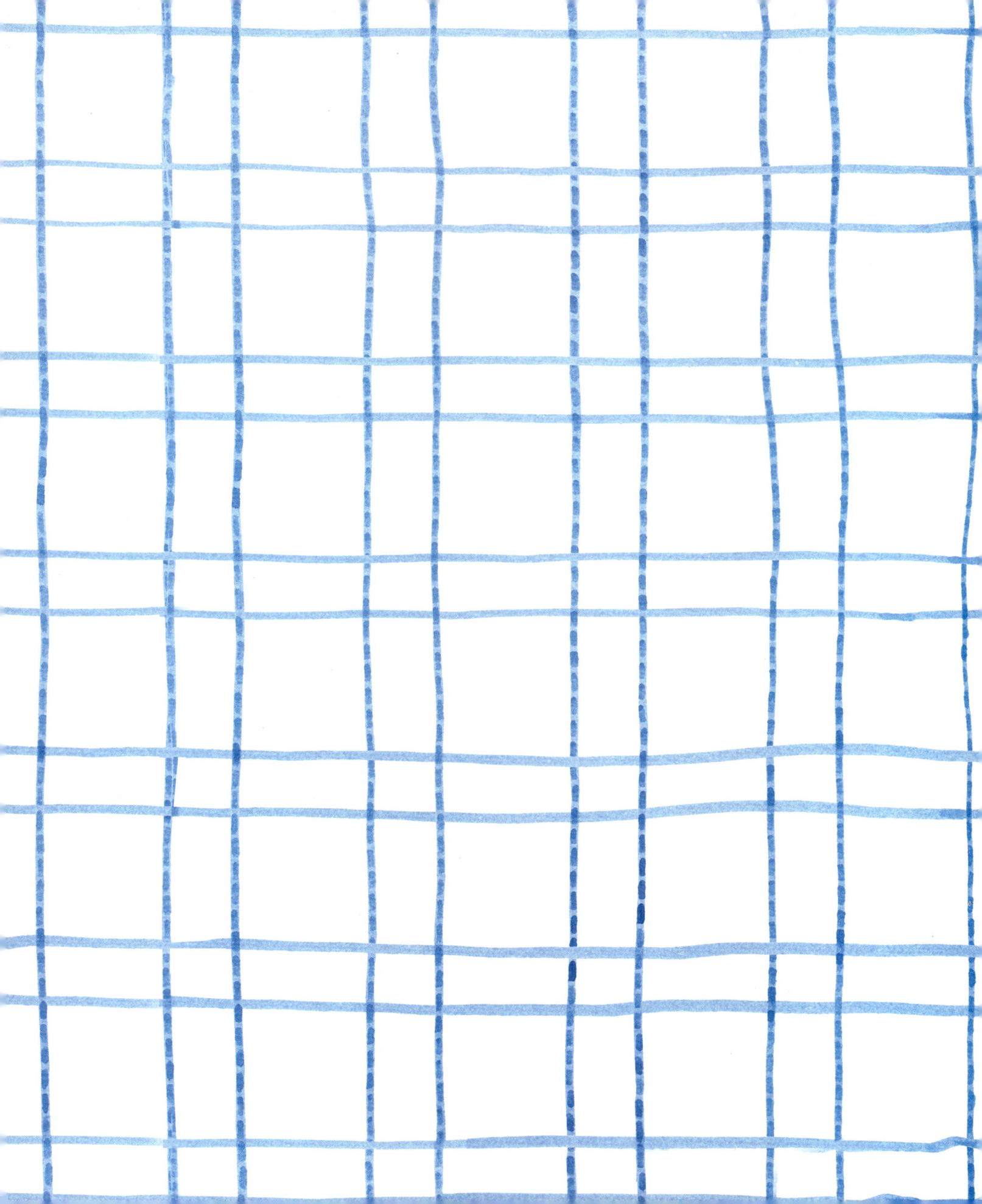

O QUE COZINHAR
& COMO COZINHAR

COM O MELHOR DA FEIRA E DO MERCADO

JANE HORNBY

Introdução 7

Café da Manhã & Brunch 25
Müsli Bircher 26
Torrada com abacate e chorizo 28
Ovos ao forno com espinafre e queijo 32
Muffins de mirtilos com cream cheese 36
Blinis com salmão defumado 40
Salada de frutas azedinha 44
Fritada de aspargos com bacon 46
Torradas com figo e ricota 50

Almoços & Jantares Leves 55
Halloumi grelhado com tabule de romã 56
Macarrão cremoso com
   abobrinha e ervilhas 60
Falafel de cenoura com molho de tahine 64
Linguine com camarão e erva-doce 68
Aspargos com ovo e vinagre balsâmico 72
Salada Waldorf com frango e gorgonzola 76
Sopa de tortellini 80
Antepasto de pêssego com muçarela 82
Frango à parmiggiana 84
Salada vietnamita de macarrão com ervas 88
Fajitas de frango com chipotle 92
Salmão com pepino e batata 96
Pizzas simples de ciabatta 100

Para Comer Fora de Casa 105
Salada de macarrão
   com pesto de tomate 106
Salada fatuche com labneh 110
Gazpacho 114
Torta de favas com presunto 118
Tortinha de tomate pissaladière 124
Frango picante com raita de manga 128
Pans bagnats 132
Folhados de ricota com espinafre 136
Salada cobb com molho de mostarda 140

Para Comer Juntos 145
Cordeiro com purê de ervilhas e tomate 146
Frango assado ao molho de estragão 150
Atum selado com molho vierge 154
Tagliata de filé com alcachofra 158
Pato com salada de abacaxi 162
Gnudi com limão e manjericão 168
Vieiras com chorizo e grão-de-bico 172
Risoto de frutos do mar 176
Carnitas 182
Lasanha de ricota com legumes 186
Frango perfumado com
   salada de quinoa 190
Peixe assado com limão e vagem 194
Mezze 198

Grelhados 203
Frango à barbecue 204
Cafta de cordeiro com tzatziki 208
Lombo de porco com salada
   de erva-doce 212
Cavalinha picante com salada
   de laranja 216
Espetinhos de camarão com aspargos 220
Costelinhas ao shoyu
   com salada asiática 224
Hambúrguer ao chimichurri 228
Hambúrguer vegetariano de polenta 232
Sanduíche de linguiça com relish 236
Carne grelhada com legumes 240

Para Acompanhar 245
Salada de tomate com muçarela
   e gremolata 246
Salada verde com sementes e croûtons 248
Salada de agrião com batata e bacon 250
Milho com manteiga temperada 252
Batata-doce à hasselback 256
Salada superpoderosa de lentilhas 258
Legumes ao forno e couscous com feta 260
Salada de cenoura com ervas 264
Pão sírio 268

Delícias Doces — 273

Pavê cremoso de verão	274
Torta de ameixa, gengibre e amêndoas	278
Bolo cremoso de morango	284
Bolo de fubá com limão e amoras	290
Sorvete de frutas vermelhas com farofa	294
Bolo de iogurte com pistache, figo e mel	298
Creme de morango com ruibarbo	302
Sundae Melba	306
Scones com creme de framboesa	308
Sorbet de manga com groselhas	312
Pêssegos escaldados com vinho e mel	316
Merengue com framboesas e maracujá	320
Musse de chocolate com cerejas	326
Sorvete de merengue com limão	330
Cheesecake de chocolate branco	334

E Finalmente — 339

Planejando Cardápios	340
Glossário	342
Técnicas Básicas	344
Índice	349

INTRODUÇÃO

O que e como cozinhar

Consumir alimentos frescos e saudáveis é o sonho de quase todos. Nem sempre, porém, sabemos como prepará-los. Ou fazemos sempre a mesma receita e, por mais saborosa que ela seja, chega um momento em que temos de diversificar. Quem cozinha enfrenta diariamente o mesmo dilema: o que fazer para o jantar? Como compor um cardápio variado para a semana inteira?

Este livro foi escrito para solucionar essas questões. Ele reúne receitas clássicas, com alimentos frescos e leves, próprios para a primavera, o verão e os dias quentes de todas as estações. Além disso, apresenta técnicas de preparo dos ingredientes que auxiliam a fazer pratos saudáveis e diferentes. Cada receita usa um ou mais ingredientes frescos – sejam eles legumes, verduras, ervas ou frutas – e o seu preparo não tem nada de complicado. Se você usar produtos da época ou orgânicos, obterá um sabor ainda mais autêntico e acentuado.

Para mim, "frescor" é sinônimo de receitas especiais, intensas e vibrantes, de modo que cada prato mantenha a sua personalidade e, ao mesmo tempo, ressalte os ingredientes principais. As frutas e os legumes frescos são tão deliciosos que demandam pouco ou nenhum cozimento. Além disso, é fácil prepará-los: quanto mais simples o cozimento, mais saborosos ficam.

Apresento aqui opções para criar refeições práticas e rápidas e muita inspiração para o cardápio. Que tal o risoto perfeito de frutos do mar? Pela manhã, talvez uma salada de frutas com limão e coco em vez de cereais? Sempre há algo especial para cada ocasião. Cada capítulo define o tipo de refeição e não o tipo de comida: Café da Manhã & Brunch, Almoços & Jantares Leves e Delícias Doces. Além disso, sugiro combinações de cardápios para receber amigos com mais praticidade. Muitas receitas podem ser aumentadas ou diminuídas, conforme o número de convidados.

O que você poderá encontrar em nossas páginas? Sabores acentuados e revigorantes do Mediterrâneo, do Oriente Médio, da Ásia e até da Escandinávia, bem como a típica culinária caseira inglesa.

Muitas receitas deste livro são versáteis. Por exemplo, as do café da manhã podem se tornar pratos rápidos para o jantar; alguns acompanhamentos são bons para levar ao trabalho; e os pratos para refeições ao ar livre ou para comer fora de casa podem se tornar um almoço rápido ou a entrada de uma refeição.

Se for principiante na cozinha, comece a sua jornada culinária com este livro. Acredite, qualquer pessoa consegue cozinhar com as receitas apresentadas aqui. Basta ler as partes que se seguem à introdução antes de mergulhar nas receitas, pois há muitas informações úteis para torná-lo um cozinheiro de sucesso. Pessoas mais experientes podem encontrar novas inspirações, dicas e ideias, ou talvez a receita definitiva quando outras semelhantes não deram certo. Para facilitar o leitor, tudo foi pensado de modo a levar em consideração os problemas que todos têm ao preparar algo; por isso, muitas das prováveis perguntas e dúvidas foram respondidas ao lado das receitas. Eu me propus a escrever um livro que fosse realmente útil, buscando praticidade e resultados satisfatórios para o dia a dia.
Por que existe um passo a passo no modo de preparo dos pratos? Pela minha experiência na cozinha, sei como é preciso um guia prático com receitas e técnicas novas. Por isso, todas as receitas são acompanhadas por

instruções passo a passo e fotografias bem claras para orientar, item por item, o preparo. Ao acompanhar as fotos, você saberá que está no caminho certo. Da mesma forma, os ingredientes foram fotografados para guiá-lo nas compras, pois isso ajudará a lembrar o que está ou não disponível na sua despensa, geladeira e freezer.

As receitas foram criadas com o objetivo de poupar seu tempo e aproveitar os ingredientes que estão à mão. As instruções sobre cortes de carne encontram-se no modo de preparo, e não na lista de ingredientes. Isso fará você não desperdiçar tempo no pré-preparo e depois ficar com tempo ocioso. Quando necessário, acrescentei dicas de preparo antecipado, pois creio que não é nada agradável ficar na correria no final da receita.

Não vou supor que você saiba terminologia complicada ou que tenha espaço, tempo e orçamento infinitos para criar sua próxima refeição. Também não vou exigir equipamentos sofisticados ou caros (tudo de que precisa está listado na página 14). Acrescentei vários truques e dicas para ajudar a entender o que acontece, e até, em alguns casos, o que fazer se algo der errado.

Cozinhar alimentos frescos também implica pensar em ingredientes frescos, e uma das coisas que adoro na culinária é romper as regras e experimentar algo novo. Pode parecer loucura, mas adoro observar pessoas fazendo compras e confesso que recolho listas de compras esquecidas em cestos e carrinhos de supermercados. É surpreendente como elas mudam pouco durante o ano. Imagine-se andando pelo supermercado; o que você escolhe? São sempre as mesmas opções semana após semana? Por que não mudar e experimentar alguns dos legumes e frutas maravilhosos disponíveis nas feiras e nos mercados? Para começar, uma boa técnica é lembrar que produtos fresquinhos sempre têm mais sabor. Experimente elaborar um prato com ingredientes da época, depois adicione carnes, peixes ou ovos de preparo simples para fazer uma refeição fresca e balanceada, que contribui para a saúde do organismo. Mesmo as minhas receitas mais pesadas têm um elemento fresco, seja um acompanhamento, um patê ou uma salada.

Vou introduzi-lo a alguns ingredientes incomuns, mas sempre propondo uma alternativa. Para facilitar, procuro usar o ingrediente todo, até o final da embalagem, para que não sobrem restos na geladeira. Quem já leu meu primeiro livro, *O que cozinhar & como cozinhar – totalmente passo a passo*, sabe como adoro minha despensa. Um armário e um freezer bem abastecidos ajudam muito; você terá de comprar apenas os ingredientes frescos (ver página 17). Se você gosta de plantar, as receitas deste livro são ideais para aproveitar as hortaliças e frutas da sua horta e do seu pomar.

A época de cada alimento, bem como a sua disponibilidade nas lojas e mercados, varia de região para região. No entanto, não importa onde você more, experimente comprar produtos locais, da estação, e gaste o quanto sua carteira permitir. Por quê? Porque assim você terá melhor retorno na cozinha. Os alimentos produzidos nas proximidades de sua cidade são mais frescos e saborosos, não foram congelados, não tomaram sol nem chuva no transporte, por isso o sabor é acentuado. Cozinhar alimentos frescos facilita a vida; existe coisa melhor do que isso?

Jane Hornby

Como fazer com que as receitas funcionem

1
Antes de começar, leia a receita completa, para entender bem tudo que deverá ser feito.

2
A não ser que você seja um cozinheiro experiente, não troque os ingredientes da receita – você poderá fazê-lo quando for repeti-la. Se houver necessidade de trocar um ingrediente, escolha um que seja parecido: use açúcar comum no lugar de mascavo e não mel ou adoçante, por exemplo. Isso é fundamental em bolos e assados, em que o equilíbrio entre os ingredientes é de suma importância; as quantidades não devem ser aumentadas nem diminuídas.

3
Pese e meça todos os ingredientes com o maior cuidado, principalmente em receitas de forno. A colher de medir é sempre usada rasa, a não ser quando especificado de outro modo.

4
No início de cada receita, coloquei o tempo de preparo para você ter uma ideia de quanto demorará para lavar, picar e refogar. O tempo de cozimento indica quanto tempo o prato levará para ficar pronto e inclui qualquer preparo prévio, como cozinhar um molho ou dourar a carne. Em alguns casos, como no preparo de uma sopa rápida, você terá de ficar ao lado do fogão o tempo todo. Em outros pratos, com tempo de cozimento mais longo, você poderá deixá-los cozinhando enquanto se dedica a outras tarefas. Lembre-se também de que fornos e fogões são diferentes uns dos outros. Por isso, eu uso sempre o nariz, os olhos e os ouvidos para saber o que está acontecendo, mas também uso o timer, por garantia.

5
Preaqueça sempre o forno antes de usá-lo e, durante o cozimento, mantenha a porta fechada: abri-la a toda hora vai fazer a temperatura baixar. Use um termômetro próprio para forno, a fim de verificar se a temperatura está correta. Se for grelhar, veja as dicas da página 12.

6
Preste atenção às indicações dos ingredientes. A manteiga amolecida deve ter consistência de maionese. A carne vermelha, antes de cozinhar, deverá estar em temperatura ambiente para que os tempos dados na receita coincidam. Os ovos também devem ser usados em temperatura ambiente.

7
Prove o que estiver cozinhando para verificar o que está acontecendo em suas panelas. É a única maneira de você saber se um molho tem sal suficiente ou se está encorpado no ponto certo.

8
Aqueça os pratos no forno, especialmente os que forem preparados com molho.

9
Em geral, as sobremesas congeladas devem ser feitas de véspera e deixadas na geladeira até 20 minutos antes de servir. Se estiver muito quente, deixe a vasilha para servir dentro do freezer por alguns minutos antes de levá-la à mesa.

10
Mantenha os alimentos sob refrigeração o maior tempo possível. Tempere as saladas na hora de servir, a menos que a receita diga o contrário.

11
Se não for especificado de outra forma, as ervas aromáticas são sempre as frescas, a pimenta-do-reino é moída na hora e o sal é o sal grosso. Os legumes são de tamanho médio e os ovos de tamanho grande. O leite é do tipo semidesnatado. Se possível, use açúcar não refinado (cristal dourado, demerara ou mascavo) em bolos e tortas.

Refeições ao ar livre

Os piqueniques e churrascos são divertidos, mas podem ser muito cansativos se você for o cozinheiro. Para diminuir o seu trabalho no dia, siga os passos a seguir, peça o máximo de ajuda possível e tudo dará certo. Todas as receitas para piqueniques e churrascos são próprias para curtir dentro de casa também. Pense sempre em uma alternativa caso chova, para que não seja preciso cancelar ou ficar embaixo de um guarda-chuva.

Higiene do alimento

Primeiro, vamos conversar sobre a higiene do alimento. Não é um assunto agradável, mas de importância crucial quando se prepara um piquenique, um churrasco ou uma refeição para comer fora de casa. As bactérias adoram temperaturas mornas, portanto comidas deixadas ao sol ou até mesmo em temperatura ambiente durante todo o dia tornam-se o terreno perfeito para criar micro-organismos, que provocam males estomacais. Para evitar isso, siga estas regras básicas:

• Lave bem as mãos com água e sabão antes de começar a cozinhar e depois de lidar com carne crua, peixe ou aves.

• Mantenha o alimento na geladeira o máximo possível antes do uso.

• Use facas, tábuas e utensílios separados para alimentos cozidos e crus, e mantenha alimentos crus e cozidos também separados.

• Cubra o alimento para que insetos ou animais não comam com você.

• Se a comida não for servida imediatamente, esfrie-a o mais rápido possível depois de pronta, mesmo se for reaquecê-la mais tarde. Ao fazê-lo, esquente bem. Isso é importante para massas, arroz e outros grãos, além de carne e peixe. Uma forma rápida de esfriar o alimento é espalhá-lo em camada fina sobre uma superfície grande. Não coloque comida quente na geladeira, pois aumentará a temperatura dos alimentos já guardados.

• Mantenha carne e peixes crus na parte de baixo da geladeira para que não respinguem sobre alimentos já prontos para o consumo.

Piqueniques

Não é preciso ter uma cesta linda – qualquer pessoa pode sair para um piquenique apenas com uma sacola e alguns equipamentos básicos.

• Coloque a comida em uma sacola térmica para manter o alimento resfriado. Para isso, você pode congelar garrafas plásticas cheias de água e enfiá-las entre a comida. Elas vão descongelar durante o caminho e manter tudo na temperatura ideal.

• Pratos e copos de papel são mais baratos e fáceis de transportar, mas não são muito práticos para piqueniques. Não leve utensílios de vidro – é perigoso –, use os de plástico reforçado.

• Uma garrafa térmica grande será ideal para bebidas frias ou sopa; lave bem antes de enchê-la.

• Leve uma faca serrilhada, uma tábua pequena e não esqueça garfos, facas e talheres para servir.

• Não exagere – veja a página 341 para algumas ideias simples de cardápios de piqueniques. Peça também para alguns amigos colaborarem levando algum prato.

• Por segurança, evite levar alimentos delicados. Não leve mariscos ou pratos com ovos, carnes ou peixe crus, ou malcozidos.

• Ponha os molhos em embalagens separadas; não tempere a salada antes, para não amolecer as folhas.

- Leve tortas ou bolos na fôrma em que foram assados, cobertos com papel-alumínio.

- Não se esqueça de toalha (pode ser uma canga) e guardanapos de papel.

- E, por fim, seja consciente: leve um saco grande para o lixo.

Churrascos

É gostoso preparar uma churrascada informal, mas é preciso ter alguns equipamentos essenciais à mão, para tornar a experiência mais agradável e segura. Você vai usar:

- Pinças compridas ou uma espátula longa (para peixe), para virar o alimento sem queimar o braço.

- Luvas de forno compridas.

- Espetinhos tornam o churrasco mais prático. Os espetos de madeira devem ser embebidos em água por 30 minutos antes do uso e, mesmo assim, ainda podem chamuscar um pouco.

- Mesa ou base para apoiar os alimentos crus e cozidos, seus temperos e molhos etc.

- Pincel à prova de fogo (feito de silicone ou de metal) para pincelar as carnes durante o preparo.

- Borrifador de água para apagar o fogo que se faz com respingos de gordura ou da marinada.

- Tigela grande de água morna com sabão e papel-toalha para lavar as mãos.

Há vários tipos de grelhas e churrasqueiras – de fogareiros a carvão a churrasqueiras elétricas portáteis, ou grandes, com várias saídas para gás, controles de temperatura etc.

Eu mesma não tenho quintal, por isso, faço os grelhados em casa de amigos e parentes, o que prova que eles podem ser preparados em qualquer lugar, com qualquer tipo de equipamento.

Para resumir, vamos imaginar que você tenha uma churrasqueira elétrica ou a carvão de tamanho médio, com uma grelha e tampa, e que você não é um profissional experiente. Na sua primeira tentativa, escolha uma ou duas receitas para preparo na grelha e faça algumas saladas ou acompanhamentos.

Para facilitar, prefiro deixar meio caminho andado, assando coxas de frango, por exemplo, no forno. Deixo-as no forno até cozinharem bem, mas não totalmente. Depois, coloco na grelha até ficarem tenras e crocantes, ou então levo à geladeira e termino no dia seguinte. Pode não ser um churrasco autêntico, mas eu opto por facilitar a vida e por não me preocupar em saber se a carne está cozida por dentro. Faço o mesmo com costelas e com linguiças. Alimentos pequenos como hambúrgueres, camarões e frutos do mar podem ser feitos diretamente na grelha. Há instruções importantes em cada receita.

Uma churrasqueira a carvão precisa ser acesa uns 30 minutos antes, e deve funcionar sem soltar fumaça. O carvão deverá ficar cinzento ou esbranquiçado, incandescente por baixo, liberando um calor agradável e constante. A temperatura equivalente para uma churrasqueira elétrica ou a gás é de 200°C.

Antes de começar o preparo, veja se a grelha está limpa. Resíduos de comida não só afetam o sabor, mas também aumentam as chances de o alimento grudar na grelha. Para soltar esses resquícios, deixe a grelha de molho em água fervente e esfregue-a com esponja de aço ou com uma escovinha.

Crie áreas mais quentes e mais amenas para controlar a temperatura. Amontoe o carvão em um dos lados da grelha, depois distribua para o outro lado. A parte mais quente, onde o carvão estiver mais acumulado, será ideal para cozimento rápido e direto.

Transfira as peças grandes de carne para o lado mais frio, a fim de terminar o cozimento de modo mais lento, com a tampa fechada. Se tiver uma churrasqueira a gás, desligar um dos lados criará o mesmo efeito.

Use a tampa o máximo de tempo possível, pois isso tornará o cozimento mais eficiente. Não se esqueça de verificar, de tempos em tempos, o ponto de cozimento.

A não ser que tenha muita experiência, evite usar peças de carne muito grandes em uma churrasqueira a carvão, para que não tenha de adicionar mais carvão durante o preparo.

Retire a carne da geladeira cerca de 30 minutos antes do uso e mantenha-a coberta, fora do sol. A carne cozinhará de modo mais uniforme se não estiver gelada.

Não vire o alimento rápido demais ou com muita frequência. Quanto estiver pronto, será consumido rapidamente. Se estiver preocupado que algum alimento passe do ponto, solte-o com uma espátula em vez de tirá-lo com a pinça. Se quiser, deixe-o sobre um refratário em cima da grelha. Esse procedimento é útil ao grelhar peixe e pedaços pequenos de alimentos, para evitar que eles caiam entre as grades. Lide com a churrasqueira como se fosse um forno gigante.

Para assar peixe do modo tradicional, unte a grelha com óleo, usando um pincel à prova de fogo para evitar que os pelos grudem no metal.

Marinadas doces ou gordurosas vão formar bolhas e queimar, provocando chamas altas, por isso, tire o excesso de molho antes de assar os alimentos.

Não passe marinada que esteve em contato com comida crua no alimento assado.

Prepare saladas e acompanhamentos antes do churrasco, deixando apenas a finalização para o último instante.

Finalmente, arrume um auxiliar de confiança – alguém que fique de prontidão para servir o churrasco, retirar as bebidas da geladeira de vez em quando e recolher os pratos usados de cima da mesa. Tudo pronto, junte-se aos convidados e relaxe!

Utensílios de cozinha

Estes são os utensílios necessários para executar todas as receitas deste livro, além de outros específicos para churrascos ou piqueniques (ver páginas 11-12). Os básicos estão disponíveis na maioria das lojas de utensílios de cozinha, portanto não é preciso gastar muito em equipamentos especiais.

Tábuas de cortar

Você vai precisar de duas tábuas: uma para os alimentos crus e outra para os cozidos. As tábuas de plástico duram mais e são mais fáceis de limpar que as de madeira. Se preferir as de madeira, escolha uma de boa qualidade. Não a deixe de molho em água, pois ela pode se partir. A tábua de madeira conserva os cheiros por mais tempo, reserve um lado para alimentos com cheiro mais forte e o outro para alimentos mais brandos. Para evitar escorregar, apoie sobre papel-toalha.

Facas

Para preparar as nossas receitas são necessárias poucas facas. A primeira é a chamada faca do chef, cuja lâmina tem cerca de 20 cm de comprimento, mas isso depende do tamanho da sua mão – peça ajuda na loja para escolher melhor. Selecione uma que seja de fácil manejo, não muito pesada nem leve demais, que lhe permita picar os alimentos com movimentos suaves, sem esforço. A segunda deverá ser uma faca com cerca de 10 cm de comprimento para trabalhos menores. Outra faca muito útil é a serrilhada, para picar frutas ou aparar massas. Por fim, uma faca para pão e uma espátula para passar glacê nos bolos, que também é útil para retirar biscoitos da assadeira sem quebrá-los. Nunca deixe suas facas sem fio, o que pode ser perigoso, pois ela pode deslizar. Use um amolador próprio para essa finalidade. Se estiver cozinhando com crianças, não as deixe sozinhas por um instante sequer quando estiverem manuseando facas. A opção mais segura no caso seria uma pequena faca serrilhada com cabo plástico, que dê firmeza.

Um conjunto de tigelas

Uma tigela grande, uma média e algumas pequenas para misturar devem bastar. As vasilhas refratárias e fundas são as mais indicadas.

Tigelas e vasilhas para servir

Pode-se usar a maior tigela do conjunto para servir, embora ela possa estar em uso para outra coisa, se estiver preparando mais de um prato. Talvez algo leve e inquebrável, de plástico ou de bambu, seja indicado para refeições no terraço ou quintal. Acho que uma travessa grande e branca torna tudo muito bonito, além de um belo prato de bolo ou um prato com pedestal, para servir tortas e bolos. Um conjunto de taças ou tigelas pequenas para sundae é ideal para servir sobremesas, mas copos de vidro ou xícaras de café também podem ser usados.

Jarras medidoras

Jarras de 600 ml ou de 1 litro são úteis, principalmente se forem de plástico ou vidro refratário. Se tiver de optar apenas por uma, a jarra pequena é mais prática para medir quantidades pequenas, e você pode enchê-la novamente para medidas maiores.

Panelas

Você vai precisar de uma panela pequena, uma média e uma grande. A grande deve ser funda o suficiente para ferver nela bastante água para cozinhar macarrão ou batatas. É bom também ter uma frigideira grande, com cerca de 24 cm de diâmetro para a maioria das frituras e uma menor de 20 cm, para fritadas e omeletes. Se gosta do bife com aquelas riscas que imitam churrasco, é bom ter também uma frigideira com ranhuras. Se você é um cozinheiro inexperiente, escolha panelas antiaderentes, lembrando que a qualidade nesse caso é fundamental, pois você as usará todos os dias. Prefira panelas com fundo grosso, que distribuem melhor o calor, com tampa e cabos resistentes ao calor, assim poderá usá-las também dentro do forno e debaixo do grill. As melhores tampas são as de vidro, pois permitem ver o que está acontecendo dentro das panelas, sem desperdiçar calor.

Do fogão para o forno
Provavelmente as panelas mais úteis são as caçarolas grandes, que podem ir direto do fogão para o forno. Elas podem funcionar como frigideira ou assadeira. Devem ter cabos de material resistente ao calor, e é interessante, mas não fundamental, que sejam antiaderentes. Tome muito cuidado com as panelas de ferro, pois elas aquecem rápido demais e retêm o calor por muito tempo.

Assadeiras para carne
Procure assadeiras de metal grosso, mais resistentes. As mais finas podem empenar se colocadas diretamente no fogão ou no forno em temperatura alta. Você vai precisar de uma grande, com bordas altas, e de uma pequena, para assar peças menores de carne, pois assim haverá menos evaporação dos sucos.

Assadeiras e fôrmas
Uma assadeira grande com borda de 3 cm é muito útil, assim como uma mais rasa. Nas receitas deste livro, também usei uma fôrma para bolo inglês de 11 cm x 20 cm (1 litro de capacidade); uma fôrma para torta com 23 cm de diâmetro com borda canelada; uma fôrma para muffins, com capacidade para 12 bolinhos; duas fôrmas com aro removível com 20 cm de diâmetro; uma fôrma redonda funda de 20 cm de diâmetro e uma fôrma redonda de 23 cm de diâmetro com aro removível.

Fôrmas refratárias
Alguns refratários de cerâmica de boa qualidade são úteis para levar ao forno e servir. Se puder, adquira-os com alça. Um refratário grande deverá ter 30 cm de comprimento e 20 cm de largura. Os pequenos, com 15 cm de largura, são ótimos para os ovos da página 32, ou para porções individuais para o freezer.

Balança
Uma balança é essencial para os bolos e tortas. Se quiser adquirir uma, procure as com capacidade para pesar até 5 g no mínimo ou quantidades menores e que possam ser limpas com facilidade.

Xícaras e colheres medidoras
Xícaras e colheres de metal ou de plástico são úteis. Sempre as retiro do anel que as prende, porque assim não preciso lavar todas se usei apenas uma. Algumas colheres são grandes demais para passar no gargalo de potes pequenos, por isso é útil ter um jogo de colheres mais estreitas.

Mixer
Um mixer é fácil de usar, limpar e guardar. É um excelente equipamento para a cozinha, pois pode ser usado em purês e para bater praticamente tudo. A maioria vem com uma jarra alta e alguns também têm um picador acoplável, ótimo para moer condimentos ou picar ervas.

Processador de alimentos
O processador economiza muito tempo na cozinha, pois pica, mói e mistura tão rápido que nem o mais experiente dos chefs consegue igualá-lo. É ótimo no preparo da massa podre, pois suas lâminas são tão velozes que não há tempo para a massa aquecer e ficar dura depois de assada. Escolha um modelo simples, que tenha uma tigela de tamanho adequado às suas necessidades; não se empenhe em comprar um aparelho que tenha muitas peças, pois raramente você terá chance de usar todas.

Batedeira portátil
É extremamente necessária para bolos. Adiciona ar e leveza à massa de bolos, bate o chantilly rapidamente e desmancha os grumos da massa.

Você também pode usar uma batedeira fixa, que custa muito mais.

Outros equipamentos úteis
- ralador com lado fino e grosso (ou ralador com cabo, para frutas cítricas e noz-moscada)
- pincel de confeiteiro
- rolo para abrir massa
- espremedor de limão
- concha
- colheres de pau (as de cabos compridos são melhores)
- pegador de macarrão
- espátula de silicone
- pinças para virar alimentos
- descascador de legumes
- grade para esfriar pães e biscoitos
- batedor manual
- peneira
- escorredor de macarrão
- colher de sorvete
- espátula para virar alimentos delicados e colocá-los em travessas
- papel-manteiga (antiaderente), filme de PVC e papel-alumínio
- sacos plásticos para alimentos com vedação

Forno
Conheça bem o seu forno: ele é convencional ou é um forno de convecção, com ventilador?

Forno elétrico convencional
Este tipo de forno produz mais calor em cima e embaixo, perto das resistências. Bolos e peças grandes de assados devem ser colocados na prateleira central, para não queimarem por cima. Coloque os alimentos que devem dourar ou tostar, como batatas, um pouco acima da metade do forno.

Forno elétrico de convecção com ventilador
As temperaturas para forno deste livro são para fornos convencionais. Na maioria dos casos, você deve ajustar a temperatura no forno de convecção 20°C mais baixo que a de forno convencional, mas o tempo de forno continua o mesmo, pois ele cozinha o alimento com mais rapidez, já que o ar quente circula em torno do alimento. No entanto, leia as instruções do fabricante, pois os modelos variam e alguns mostradores fazem o ajuste automaticamente. O calor de um forno de convecção é uniforme, então não importa onde você coloca o alimento. Esses fornos tendem a necessitar menos tempo de preaquecimento.

Forno a gás
Basicamente, oferece três zonas de calor, sendo o fundo a mais fria e, em cima, a mais quente. Cozinhe o que precisa ser dourado na parte superior do forno, bolos e assados no meio e pratos que necessitem cozimento lento na parte inferior.

Geladeira e freezer
O calor dificulta o trabalho de geladeiras e freezers. Se encher demais a geladeira, evitará que o ar frio circule, criando bolsões quentes, que ajudarão as bactérias a proliferar. Carne, peixes, produtos lácteos, ovos e outros produtos perecíveis devem ser mantidos na parte mais fria, que normalmente é a parte inferior, mas não na gaveta de legumes. Deixe a temperatura da geladeira entre 0°C e 5°C e mantenha um termômetro dentro dela para verificar a temperatura com frequência. Se souber que não terá muito espaço ao receber amigos, resfrie a bebida em baldes grandes com gelo em vez de na geladeira, pois os alimentos serão a prioridade.

Os freezers, ao contrário, funcionam melhor quando cheios. A temperatura ideal é -18°C. Se não tiver degelo automático, limpe-o regularmente. Coloque alimentos recém-adquiridos ou congelados no freezer ou na geladeira assim que possível. Não ponha alimentos quentes para esfriar na geladeira, e não reponha alimentos descongelados no freezer (ver páginas 19-20).

Ingredientes & compras

O primeiro passo para cozinhar com sucesso é utilizar ingredientes de boa qualidade. Veja como fazê-lo e o que selecionar nas lojas e mercados. O foco principal são frutas e legumes, mas também mencionarei carnes, peixes e laticínios.

Todos os ingredientes usados neste livro podem ser facilmente encontrados em qualquer supermercado, mas sugiro que você vá à feira, ao mercado ou ao sacolão, onde os preços podem ser mais baratos, e os produtos, mais frescos e selecionados. Não tenha vergonha e confesse ao açougueiro ou peixeiro que você é um "marinheiro de primeira viagem" – eles se desdobrarão em conselhos e dicas. Quanto mais você os frequentar, melhor será o tratamento. Dentro do seu limite orçamentário, não faça economia ao comprar carne, peixe e ovos – você sentirá a diferença!

Frutas & legumes
Todos já fizemos isso – compramos muitas frutas e legumes e jogamos fora uma semana mais tarde. As compras cuidadosas e o armazenamento adequado deveriam evitar que isso acontecesse. Não se iluda com a oferta "compre um e ganhe outro de graça", a não ser que consuma tudo dentro de uma semana e tenha espaço suficiente para guardá-los em ótimas condições.

Compras do produtor local permitem que você faça consumo consciente, reduzindo o número de quilômetros que o alimento viaja. Se não souber qual é o alimento da época, o mercado ou a feira são os melhores locais para verificar. Se houver muita disponibilidade, então estará na época. Existe ainda a possibilidade de experimentar variedades especiais que não se encontram em supermercados, pois não são produzidas em grande escala para a demanda de grandes cadeias. Se estiver comprando em um supermercado, leia a embalagem para ver a origem do produto. Eles não facilitam muito; por exemplo, enquanto escrevo isso, estamos no auge da produção de vagem no Reino Unido; no entanto, na minha quitanda local só há vagens plantadas a 48 km de Londres (onde moro, sendo relativamente "locais"), junto com vagens do Quênia. Leia as embalagens, peça ajuda e, se não encontrar o que quer, não fique com medo de fazer substituições.

Ao comprar frutas e legumes, escolha os mais pesados em proporção com o tamanho. Não se preocupe muito com a aparência perfeita (geralmente os feinhos são mais saborosos); vai ser difícil achar pepinos com tamanhos regulares em qualquer loja de produtor ou de sítio. Evite tudo que estiver mole, com manchas de batidas óbvias, furos ou pedaços apodrecidos, e retire da embalagem antes de guardar.

Lave bem todas as frutas e legumes antes do uso, pois mesmo com boa aparência sempre contêm um pouco de terra ou resíduos de agrotóxicos. Elimine as folhas externas, duras, e descasque as raízes, se desejar. Muitas vitaminas e nutrientes se encontram logo abaixo da casca, então não exagere ao descascar (mantenha-a e lave com uma boa escova de cerdas firmes, se preferir).

Legumes como pimentão, berinjela, abobrinha, pepino, tomate e abóbora devem estar firmes e cheios, sem manchas escuras ou partes amolecidas. Pimentão, berinjela e abóbora não precisam ser guardados na geladeira. Escolha abobrinhas e pepinos mais finos, pois tendem a ser menos aguados e apresentam menos sementes; mantenha-os na geladeira. Deixe o abacate amadurecer em temperatura ambiente (a casca ficará mais escura e a polpa cederá um pouco na ponta), depois leve à geladeira até o uso. O tomate fica melhor em temperatura ambiente, a menos que esteja bem maduro e não possa usá-lo, pois o frio estraga o sabor. A mesma coisa acontece com o melão, que é da mesma família do pepino e da abóbora. O melão maduro cede um pouco à pressão na ponta do talo e libera um aroma típico. Depois de maduro, deve ser guardado na geladeira, mas deixe em temperatura ambiente ao consumir.

Talos, bulbos e caules como aipo, erva-doce, alho-poró e cebolinha não devem estar murchos ou amarelados, mas frescos, de cor verde-clara e branca (a não ser que esteja usando variedades vermelhas); mantenha na geladeira, se puder. A cebola pode ser guardada em local frio e escuro. O ruibarbo (que é um legume usado como fruta) deve estar firme e os talos finos devem ser menos fibrosos e mais fáceis de cozinhar. Os aspargos precisam estar bem frescos ou ficarão amargos, com gosto de velho. As pontas não devem estar enrugadas, devem ser firmes e brilhantes, partindo quando curvadas.

As verduras devem ser bem lavadas, secas e depois guardadas em tigelas de vidro tampadas ou em sacos plásticos, na gaveta de baixo da geladeira. Ao comprar, evite folhas com manchas marrons, sem cor ou com aparência murcha. Se os pés de verdura forem grandes, descarte as folhas maiores, um pouco duras. Saladas lavadas vendidas em supermercados podem facilitar a vida, mas estragam com muita rapidez, além de serem mais caras e menos frescas.

Folhas verde-escuras ou *Brássicas*, como espinafre, repolho e brócolis, devem ser firmes e não apresentar manchas claras. Repolho e acelga são excelentes para saladas; as folhas devem estar bem juntas. Gosto de usar espinafre novo, pois não demanda muito preparo além da higienização; dos pés maiores, tire os talos e as nervuras antes de cozinhar. Os brócolis devem ser encorpados e bem verdes, ou com um tom ligeiramente arroxeado.

Todos os tipos de ervas precisam ser vistosos e com cores fortes, sem partes amarelas. Para as ervas cortadas durarem mais, embrulhe o maço numa folha de papel-toalha úmido, vede em saco ou vasilha plástica e deixe na geladeira. Se trocar o papel dentro de alguns dias, as ervas ainda estarão frescas em uma semana. Ervas mais resistentes como o tomilho e o alecrim duram mais que as delicadas como o manjericão e o coentro. Da mesma forma, brotos como os de alfafa precisam ser lavados com muito cuidado antes do uso; não os utilize depois da validade.

O ideal é comprar as frutas vermelhas no dia do consumo, especialmente as framboesas. Se pretende consumi-las cruas, retire da geladeira 1 hora antes. Se tiver frutas vermelhas maduras demais, coloque-as no freezer para consumo posterior ou para sobremesas. Lave-as com cuidado numa tigela de água fria e escorra em papel-toalha. Uma maneira de verificar o frescor é observar os talinhos: quanto mais verdes, mais frescos.

Em geral, as frutas com caroço, como pêssegos, damascos e ameixas, são vendidas antes de amadurecer, ou maduras e prontas para o consumo. As frutas para amadurecer, ou seja, duras como pedras, devem ser desembaladas e deixadas em uma fruteira por alguns dias, longe do sol direto. As cerejas precisam ser guardadas na geladeira e consumidas em 1 ou 2 dias. Elas não ficam passadas nem moles, mas parecem perder a intensidade do sabor. Aprecie as frutas com caroço em temperatura ambiente.

As batatas e raízes podem ser perfeitas para o inverno, mas a primavera e o verão são uma boa época para experimentá-las ainda novas: beterrabas, cenouras, batatinhas e rabanetes são ideais para saladas e acompanhamentos. Conserve na geladeira, se houver espaço. Não descasque as batatas-bolinha, pois são mais saborosas quando cozidas na casca. Evite batatas verdes e raízes murchas, enrugadas ou brotando. As batatas, cenouras e outras raízes estão disponíveis o ano inteiro, pois os produtores as guardam para vendê-las ao longo do ano.

Vagens e grãos como feijão, ervilha, fava e milho são maravilhosos quando frescos, mas estragam com facilidade. As vagens mais novas são mais doces e tenras, especialmente no caso das favas. Todas as vagens devem se partir com facilidade ao serem dobradas. Mantenha na geladeira até o uso. Se a espiga de milho ainda estiver com a casca, retire uma folha e veja se os grãos estão grandes e amarelos. Quanto mais fresco o milho, mais doce será. As ervilhas e vagens congeladas economizam tempo e com frequência são melhores que os produtos frescos, pois são congeladas imediatamente após a colheita. Gosto de usar favas congeladas quando as frescas não estão na época, ou quando não tenho tempo de debulhá-las. Também prefiro as ervilhas congeladas, e às vezes uso soja congelada no lugar de ervilhas ou feijão.

As frutas tropicais têm seus pequenos truques. Uma manga madura cede um pouco ao ser apertada na parte junto ao talo e deve exalar um aroma típico. Um abacaxi decente também tem aroma especial. Se tirar uma folha do centro da coroa e ela se soltar com facilidade, o abacaxi está maduro. O maracujá vai contra a corrente, está bom se estiver enrugado. A romã precisa ter a cor rosa forte ou roxa, o figo deverá estar gordinho, pesado e cheiroso. A banana está no ponto quando a casca tiver um amarelo uniforme. Para acelerar a maturação da banana (e do abacate), coloque numa sacola de papel com uma ou duas maçãs ou enrole em jornal. A maçã exala etileno, gás que apressa o processo de maturação. Assim que amadurecerem, mantenha todas as frutas, exceto a banana, na geladeira.

Os cítricos – limão, laranja, mexerica e grapefruit – devem ser pesados em proporção com o tamanho. Não importa se a casca estiver um pouco manchada. Se quiser usar as raspas além do suco ou da polpa, escolha os orgânicos – sem cera – e mantenha em local seco. Os cítricos são fáceis de espremer em temperatura ambiente. Às vezes, eu os coloco no micro-ondas por alguns segundos para soltar mais suco. Em geral, um limão-taiti produz 2 colheres (sopa) de suco, e um limão-siciliano cerca de 3 colheres. Se o limão for especialmente grande ou pequeno, compre-o de acordo com a receita.

A maçã e a pera são frutas de outono; algumas variedades precoces são vendidas no fim do verão. É engraçado como uma pera passa de dura como pedra para repentinamente madura, e é fácil perder essa passagem mágica entre dura e mole demais. Verifique sempre as peras e coloque-as na geladeira assim que amadurecerem. A maçã se conserva em local fresco por várias semanas, mas fica melhor gelada, pois mantém a crocância. Tome cuidado, pois a casca da maçã e da pera se machucam com muita facilidade.

Carne e aves
Peça ao seu açougueiro para cortar a carne na espessura ideal para cada tipo de preparo. Além disso, ele poderá limpar bem a carne e lhe dar alguns ossos, caso você queira tentar preparar o seu primeiro caldo de verdade. Selecione carne que venha de fonte confiável e cujo animal tenha sido criado com alto padrão de saúde

e higiene. Na medida do possível, consuma carne e aves produzidas organicamente, ou boi criado no pasto e frango caipira – assim, será recompensado com carne de sabor e textura superiores.

A carne bovina deve ser marmorizada, com pouca gordura, ter cor vermelha viva e estar quase seca na superfície. Os ossos devem ser brancos, com tom róseo-azulado. As aves devem ser firmes, com a pele sem manchas e cheiro de frescas. Novamente, escolha a melhor qualidade que puder.

A carne e as aves devem ser guardadas na geladeira, não excedendo 3 dias, protegidas, para não contaminar alimentos abaixo delas. Se quiser congelar carne, frango ou peixe para uso posterior, embale bem e congele no dia da compra. É melhor usá-los dentro de um mês. A carne congelada e o peixe devem ser descongelados na geladeira, de véspera, sobre uma bandeja ou travessa grande para guardar os sucos. Se optar por não usar peixe congelado, compre-o no próprio dia de consumo.

Pescados

O peixeiro deve ter uma boa variedade de pescados, tanto frescos quanto congelados, dependendo da época do ano e da localidade onde você mora. A seu pedido, ele poderá limpar o peixe, retirar as escamas e cortá-lo em filés ou postas. Tente comprar pescados de origem sustentável. Experimente espécies que você não conhece, se o seu peixeiro assim o aconselhar; nesse caso, pergunte qual a melhor maneira de preparar. Ao escolher o peixe, veja se os olhos e as escamas estão brilhantes, as guelras, vermelhas internamente e o cheiro, suave. Comprar filés já cortados é mais problemático, pois os indicadores do frescor (olhos e guelras) não estão mais lá. Recuse peixes que tenham cheiro forte, carne mole ou acinzentada.

É mais difícil detectar se frutos do mar como mariscos e vôngoles estão frescos, mas novamente use o nariz como guia: ele logo dirá o que evitar. Às vezes, frutos do mar congelados podem ser mais frescos que o produto vendido fresco, pois são congelados logo que saem do mar, havendo menos tempo para deteriorar. Os camarões com cabeça devem ser brilhantes, ter olhos pretos saltados e não ter ovas. É melhor comprar lulas limpas, pois dão muito trabalho para limpar. A carne deve ser firme e branco-perolada.

Ovos

Os melhores ovos são os de galinhas felizes! Galinhas criadas livres, com alimentação orgânica, produzem ovos de qualidade e paladar superiores ao das criadas em granjas. Os ovos precisam ser conservados na geladeira e duram até três semanas. Mantenha-os longe de produtos com cheiro forte, pois absorvem aroma com facilidade.

Laticínios

Estes devem ser guardados com cuidado. É melhor verificar a embalagem, mas, em geral, leite, iogurte, queijo e creme de leite duram uma semana. O queijo fica muito mais saboroso servido em temperatura ambiente.

Prazo de validade

Sempre preste atenção na data de validade do produto. O prazo é para o comerciante, e a data é apenas uma orientação – em geral, o alimento está bom para consumo até a data do vencimento.

A despensa básica

Este livro se baseia em alimentos frescos, mas isso não significa que não dei uma olhada na despensa, buscando algo a mais para as receitas. Pense nela como num guarda-roupa; algumas coisas saem mais que outras, dependendo da estação. Ainda acredito que uma despensa bem abastecida é essencial para a culinária simples. Ao incrementar o seu estoque de ingredientes, aos poucos reduzirá o tempo de compras necessário, e no fim precisará apenas dos ingredientes frescos e da eventual substituição do estoque da despensa.

Gorduras
Tenha à mão um azeite de oliva de aroma leve, para cozinhar, e um extravirgem para saladas e para aquele toque final ao prato. O óleo de girassol, ou outro óleo vegetal, tem sabor neutro e ponto alto de ebulição, proporcionando uma escolha econômica para refogados e frituras. Se for cozinhar com manteiga, é melhor usar a sem sal, para ter maior liberdade de determinar a quantidade de sal que usará para temperar a comida.

Alimentos enlatados
Embora tenhamos tomates bons praticamente o ano todo, ainda uso tomates pelados e purê de tomate em lata (passata) quando necessário, não deixo faltá-los na despensa. Enlatados como milho, ervilha, grão-de-bico, feijão-branco e preto são ideais para saladas e podem ser trocados entre si com facilidade. Pimentões assados em conserva aparecem diversas vezes neste livro; são um dos ingredientes versáteis quando quero acentuar o sabor e a cor rubi. A mesma coisa acontece com os tomates secos. Alcachofras prontas para consumo, azeitonas e outros ingredientes de antepasto são práticos para saladas, macarrão e pizzas. As melhores azeitonas para cozinhar são as pequenas de tipo seco, sem caroço, por serem mais práticas. Assim que abrir o pote, mantenha-o na geladeira. Veja se as azeitonas estão totalmente imersas em líquido.

Macarrão e cereais
Eles duram bastante. A maioria dos tipos de macarrão pode ser substituída por outro, por isso sempre tenho em casa uma variedade longa e outra curta para misturar e combinar. Se você aprecia comida asiática, tenha macarrão de arroz e com ovos, para preparar uma salada ou sopa a qualquer momento.

Gosto muito de couscous, por ser prático, e de quinoa, pelo sabor e valor nutritivo. Costumo usá-la em saladas e pilafs. Ao fazer risoto, se puder, use arroz carnaroli. Em todas as receitas deste livro, utilize fubá pré-cozido.

Farinhas & fermentos
Uso farinha de trigo comum e fermento em todas as receitas de confeitaria, pois as farinhas já acrescidas de fermento variam muito. Caso decida usar a farinha que já contenha fermento, não use a quantidade indicada na receita. A única receita a que isso não se aplica é a de Bolo de iogurte com pistache, figo e mel da página 298, que requer mais 1 colher (chá) de fermento mesmo já usando farinha com fermento, devido ao peso das castanhas. As técnicas modernas de moagem normalmente indicam que não é preciso peneirar a farinha antes do uso, mas eu ainda peneiro, se a massa precisar ficar especialmente leve e aerada, por exemplo, ao fazer scones. Para pães, escolha farinha especial e fermento biológico seco, que pode ser acrescido diretamente à farinha, sem problemas.

Especiarias

Neste livro uso pimenta-calabresa em flocos e em pó, sementes de cominho, coentro, cúrcuma, pimenta vermelha em pó, páprica (defumada e comum), canela, noz-moscada, gengibre e sementes de erva-doce. Compre condimentos em quantidades pequenas, pois perdem o vigor após alguns meses. Guarde em ambiente fresco e escuro. O açafrão autêntico é usado algumas vezes devido à cor e ao aroma, mas é muito caro e pode ser substituído por cúrcuma (açafrão da terra), se necessário. Favas de baunilha inteiras são ótimas para conferir um sabor superior, mas também são caras. Substitua por 1 colher (chá) de pasta de baunilha ou 2 colheres (chá) de essência para cada fava.

Ervas aromáticas secas

Quando as ervas frescas não estão disponíveis, as ervas secas são muito úteis. As que uso mais comumente são o orégano e o tomilho. Além disso, algumas receitas tradicionalmente são feitas com ervas secas, como a salada fatuche da página 110. Use 1 colher (chá) de ervas secas para cada maço da fresca, quando preciso. Numa marinada, por exemplo, o alecrim seco pode ser usado, mas a salsinha seca não cai bem numa salada de couscous.

Açúcar e mel

Para obter melhor sabor, use o açúcar não refinado (dourado). O mel mais prático é o claro e fluido, que pode ser medido com uma garrafa especial. Provavelmente será necessário peneirar açúcar de confeiteiro, e o açúcar mascavo pode encaroçar (se necessário, quebre os torrões com a mão antes do uso).

Frutas secas, nozes & sementes

Escolha frutas secas gordinhas. As boas costumam ser mais suculentas e melhores para uso em saladas. As sementes e castanhas, especialmente o amendoim, podem ficar rançosas após alguns meses; não estoque por muito tempo. Os pinoles são caros; fique à vontade para substituí-los por amêndoas ou castanhas de caju. Gosto de usar gergelim e sementes de girassol de vez em quando; tosto para realçar o sabor. Por que não tostar uma boa quantidade e guardar em embalagem bem vedada, prontas para uso?

Mostarda

A mostarda à moda antiga, que vem com sementes, e a de Dijon, são as melhores por terem um aroma mais suave. A mostarda inglesa, ao contrário, é bem picante. Se puder, compre a mostarda inglesa em pó, assim terá a opção de usá-la como ingrediente de tempero para grelhados, ou misture com água para servir como mostarda caseira.

Alho

Escolha cabeças de alho com película bem seca e aderida aos dentes, sem partes danificadas. Eu prefiro cabeças com dentes graúdos.

Anchovas & alcaparras

Pessoalmente, prefiro comprar anchovas no óleo e alcaparras na salmoura em vez das conservadas no sal, assim não tenho de enxaguá-las antes do uso.

Óleos aromáticos

O óleo de gergelim torrado acrescenta um aroma de nozes aos pratos salteados ou aos legumes cozidos no vapor, enquanto o óleo de nozes acrescenta uma nota deliciosa a qualquer molho para salada. Este tipo de óleo precisa ser guardado em local fresco, longe de luz direta, pois seu aroma logo se perde.

Sal & pimenta-do-reino

Eu prefiro usar sal grosso e moer os grãos de pimenta para obter o máximo de sabor e aroma.

Vinagre

Escolha uma garrafa de vinagre de vinho tinto ou branco de boa qualidade – ela durará meses e realçará o molho de salada com sabor ácido. Uso vinagre de maçã e de arroz em algumas receitas, quando procuro um sabor mais adocicado, mas o vinagre de vinho branco, com uma pitada de açúcar, dá conta na falta deles. O balsâmico é doce, geralmente um pouco mais grosso, e ótimo para molhos e para cozinhar.

Caldos e tabletes

Quanto melhor o caldo, melhor o resultado final. Dito isso, é perfeitamente aceitável o uso de tabletes ou pó dissolvidos em água quente no preparo de caldo para as receitas. Hoje em dia, existe também outro tipo de caldo concentrado, vendido em embalagens com dois potes plásticos, que proporciona um caldo muito saboroso. Se puder, prepare o próprio caldo para ensopados. Ele proporcionará excelente textura e sabor a sopas e outras receitas, pois contém a gelatina natural dos ossos dos quais foi feito. Se optou por carne orgânica, ainda melhor.

Outros

É prático ter molho inglês, shoyu, molho de pimenta e ketchup à mão, além de harissa ou pasta de pimenta vermelha. O molho de peixe é essencial para o sabor autêntico tailandês.

Álcool

É ótimo ter à disposição uma garrafa de vinho branco ou xerez, mas não compre nada muito caro.

Ingredientes poupa-tempo

Alguns ingredientes tornam a vida mais fácil e mais rápida. Embora eles morem na geladeira ou no freezer, eu ainda os chamo de itens de despensa. A farinha de rosca pode ser congelada, se sobrar. Quando necessário, uso pesto congelado e massas recheadas congeladas, da área de rotisseries, que podem ser usadas de todas as formas. Costumo ter sempre um pote de iogurte desnatado à disposição para molhos, marinadas, patês e tempero de comida apimentada, além de um pedaço de parmesão para um toque de queijo aqui e ali. Vou mencionar os limões novamente, pois no verão uso as raspas e o sumo de limão como tempero de todos os tipos de saladas, pratos com peixe, macarrão e sobremesas. As ervilhas congeladas e o sorvete pronto também são excelentes quebra-galhos!

CAFÉ DA MANHÃ & BRUNCH

Müsli Bircher

Tempo de preparo: 5 minutos, mais tempo de geladeira
Serve 4-6

Se estiver procurando uma opção saudável mas diferente para o café da manhã, experimente este müsli úmido, superfácil de fazer. Usei passas e damascos para adicionar doçura e textura, mas se preferir use tâmara, maçã ou qualquer outra fruta seca disponível. Finalize com fruta fresca e regue com mel, melado ou xarope de maple.

---

2 maçãs tipo fuji
1½ xícara de aveia em flocos grandes
1¼ xícara de iogurte natural
⅔ xícara de uvas-passas
¼ xícara de damascos ou pêssegos secos
⅔ xícara de suco de maçã
um pouco de leite, se necessário
¾ xícara de amêndoas laminadas, tostadas
1¾ xícara de mirtilos ou outra fruta fresca, para servir
mel, melado ou xarope de maple, para servir (opcional)

1
Passe a maçã no ralador grosso, sem descascar.

2
Ponha a maçã, a aveia, o iogurte e as passas em uma tigela média. Pique os damascos ou pêssegos desidratados com uma tesoura de cozinha e adicione à tigela.

3
Junte o suco de maçã e misture tudo muito bem. Cubra a superfície do müsli com filme de PVC, leve à geladeira pelo menos por 30 minutos, ou de véspera, facilitando a vida pela manhã.

4
No dia seguinte, misture o müsli. Se parecer um pouco pesado, ponha um pouco de leite (ou use mais iogurte). Adicione a maioria das amêndoas tostadas.

Distribua o müsli em tigelas ou copos, enfeite com as amêndoas restantes e mirtilos, regue com um pouco de mel, melado ou xarope de maple e sirva.

Torrada com abacate e chorizo

Tempo de preparo: 5 minutos
Tempo de cozimento: 5 minutos
Serve 4

Desperte seu paladar com esta alternativa picante ao sanduíche de salsicha – meu alimento predileto pela manhã depois de uma noite agitada. A qualidade do pão realmente faz a diferença: escolha os de crosta crocante. Se não encontrar pão italiano, corte uma ciabatta ao meio e toste, ou compre uma baguete.

---

250 g de chorizo ou linguiça-
   -calabresa seca picante
2 abacates pequenos maduros
4 talos de cebolinha
2 limões
algumas gotas de molho de pimenta
1 colher (sopa) de azeite
   extravirgem, mais um pouco
   para regar
4 fatias grossas de pão italiano
1 dente de alho
1 punhado de coentro fresco
sal grosso e pimenta-do-reino
   moída na hora

1
Corte o chorizo em rodelas pequenas. Aqueça uma frigideira grossa, adicione o chorizo e refogue por 5 minutos até dourar e ficar crocante na beirada. Enquanto frita, ele solta um óleo avermelhado.

CHORIZO
Esta linguiça picante espanhola, com páprica e alho, tem delicioso sabor defumado. Há dois tipos: o chorizo cru, tenro como linguiça fresca; e o curado, que é firme e seco e pode ser consumido sem fritar, como salame. Qualquer tipo funciona nesta receita, mas o ideal é usar o chorizo cru.

2
Corte o abacate ao meio, tire o caroço e a polpa. Fatie ou pique a polpa grosseiramente.

SELEÇÃO E PREPARO DOS ABACATES
Um abacate maduro cede quando pressionado perto do talo. Não compre se estiver mole, pois deve ter passado do ponto. Um abacate verde logo amadurece na fruteira; para apressar o processo, ponha em um saco de papel junto com uma maçã (que libera um gás que acelera a maturação) ou enrole em jornal. Guarde a fruta madura na geladeira.

Corte o abacate ao meio enfiando a lâmina da faca com cuidado na casca até ela parar no caroço. Deslize a faca ao redor da fruta, mantendo-a firme contra o caroço. Retire a faca e separe as duas partes.

3
Pique bem a cebolinha e esprema o suco de um limão. Adicione-os ao abacate numa tigela. Junte o molho de pimenta e o azeite. Tempere com sal e pimenta. Corte o limão restante em fatias.

4
Preaqueça o forno e disponha o pão numa assadeira. Toste até dourar os dois lados. Corte o alho ao meio e esfregue sobre as torradas. Regue com um fio de azeite.

5
Distribua a mistura de abacate sobre as fatias, depois o chorizo quente e uma colherada do caldo da fritura. Rasgue e ponha as folhas do coentro em cima. Sirva com fatias de limão.

Ovos ao forno com espinafre e queijo

Tempo de preparo: 20 minutos
Tempo de cozimento: 20 minutos
Serve 4

Ovos, espinafre e queijo feta harmonizam-se muito bem e ficam maravilhosos neste brunch vegetariano. Se tiver sobras de batata na geladeira, terá meio caminho andado. Basta escaldar o espinafre com água fervente. Se quiser, sirva com pão.

---

300 g de batatas-bolinha
1 dente de alho
250 g de espinafre tenro
1¼ xícara de purê de tomate (passata)
½ colher (chá) de páprica defumada, mais 1 pitada para polvilhar
4 ovos
2 colheres (sopa) de manteiga gelada
50 g de queijo feta
pão crocante, para servir (opcional)
sal grosso e pimenta-do-reino moída na hora

1
Preaqueça o forno a 200°C. Corte as batatas em cubinhos, coloque numa panela média e cubra com água fria. Deixe ferver por 10-15 minutos, até cozinhar.

2
Enquanto espera, fatie o alho bem fininho. Enxágue o espinafre numa tigela com água fria, escorra e deixe secar no escorredor.

HIGIENIZAÇÃO DE FOLHAS
O espinafre pode conter terra, por isso é sempre melhor lavá-lo muito bem. Conforme as folhas são remexidas, a sujeira desce ao fundo da tigela. Retire-as da água em vez de escorrer a água suja. Essa técnica é ótima para lavar ervas e outras verduras de folhas firmes.

3
Quando a batata estiver tenra, escorra a água fervente sobre o espinafre, para cozinhar as folhas.

4
Transfira a batata do escorredor para duas travessas rasas refratárias. Esprema bem o espinafre com as costas de uma colher. Tempere com sal e pimenta.

5
Espalhe o espinafre sobre a batata, depois o purê de tomate e o alho. Tempere com sal e pimenta e ½ colher (chá) de páprica defumada. Faça duas covas no espinafre para acomodar os ovos.

6
Quebre um ovo em cada cova, tempere com mais páprica, sal e pimenta. Corte a manteiga em cubinhos e espalhe em cima.

7
Ponha os refratários sobre uma assadeira. Leve ao forno por 15-20 minutos, até os ovos endurecerem e o molho começar a borbulhar. Os ovos continuam a cozinhar depois de retirados do forno, por isso tire-os enquanto a clara ainda estiver um pouco mole. Desmanche o queijo sobre a travessa e, se quiser, sirva quente com pão.

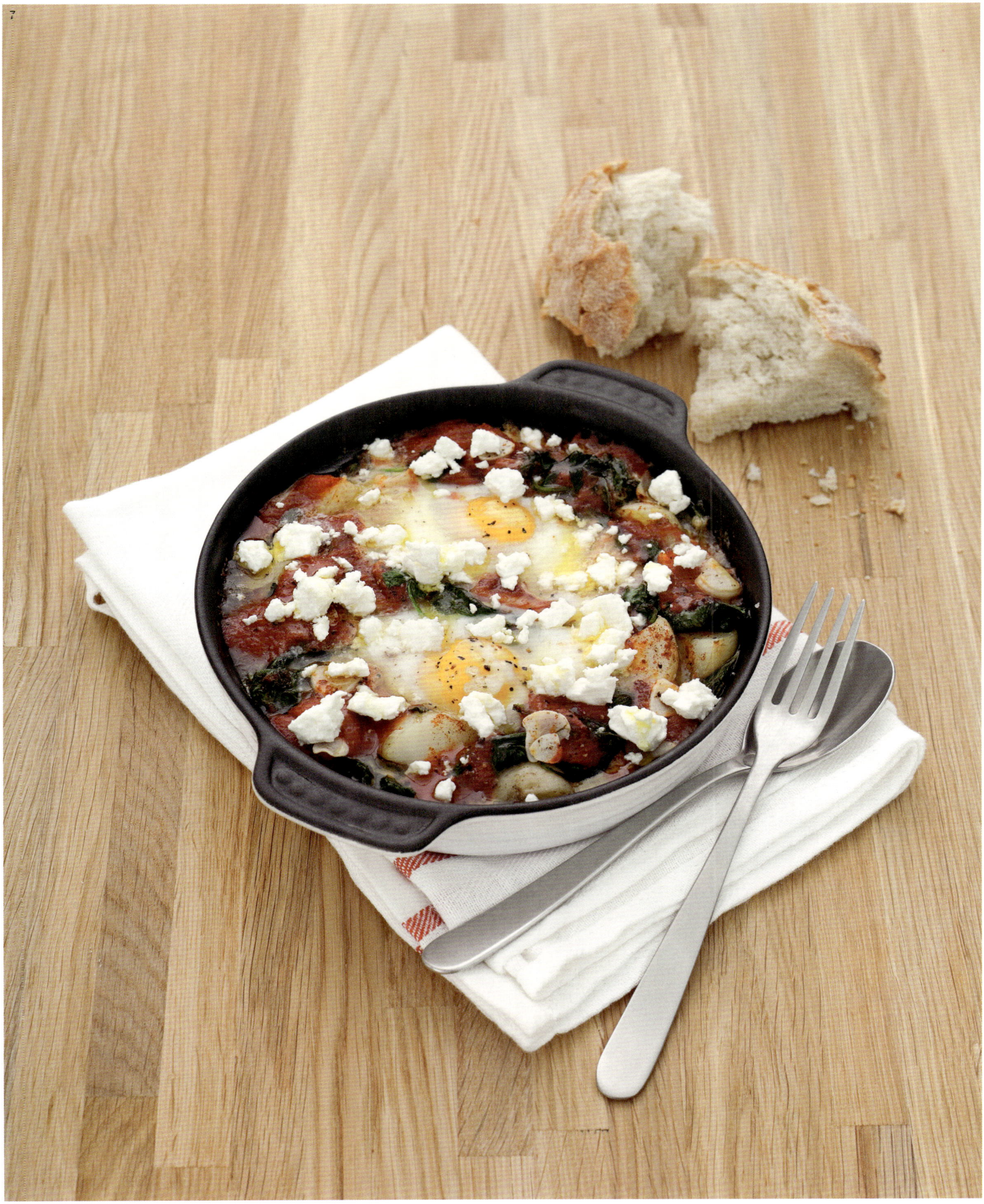
7

Muffins de mirtilos com cream cheese

Tempo de preparo: 15 minutos, mais o tempo de esfriar
Tempo de cozimento: 18-20 minutos
Rende 12 unidades

Uma travessa de muffins é sempre bem-vinda. O cream cheese proporciona um sabor delicioso aos muffins e contrasta com a doçura dos mirtilos (ou amoras). Experimente usar a receita básica com outras frutas: ameixa ou pêssego fresco picados combinam muito bem.

---

7 colheres (sopa) de manteiga sem sal

3 colheres (sopa) de óleo vegetal

1 xícara de iogurte natural desnatado

2 colheres (chá) de essência de baunilha

3 ovos

3¼ xícaras de farinha de trigo

1 colher (sopa) de fermento em pó

¼ colher (chá) de sal

1 xícara rasa de açúcar

175 g de mirtilos ou amoras

120 g de cream cheese

1
Derreta a manteiga em uma panela média. Enquanto espera, forre uma fôrma para 12 muffins com forminhas de papel e preaqueça o forno a 200ºC. Coloque a prateleira do forno no meio.

2
Bata o óleo, o iogurte, a baunilha e os ovos na manteiga, nessa ordem.

3
Peneire a farinha e o fermento numa tigela grande, misture o sal e o açúcar e faça uma cova no meio.

Café da Manhã & Brunch

4
Despeje a mistura de iogurte na tigela. Misture os ingredientes secos com os úmidos usando uma espátula, mas tome cuidado para não mexer muito, ou os muffins ficarão secos. Quando misturar o suficiente, mas ainda estiver com faixas de farinha, pare. Adicione os mirtilos sem misturar muito. A massa ficará com grumos e irregular.

5
Ponha cerca de 2 colheres (sobremesa) em cada forminha. Acrescente ½ colher (chá) de cream cheese e complete a forminha com mais massa (ficará quase cheia). Coloque mais ½ colher (chá) de cream cheese em cima. Sempre tento deixar os mirtilos em cima para ficar mais bonito.

6
Asse os muffins por 18-20 minutos, até crescerem e dourarem. Deixe esfriar na assadeira por 10 minutos, transfira para uma grade e deixe esfriar completamente. Os muffins ficam melhores se consumidos no dia em que são feitos – ou mantenha em um recipiente hermético.

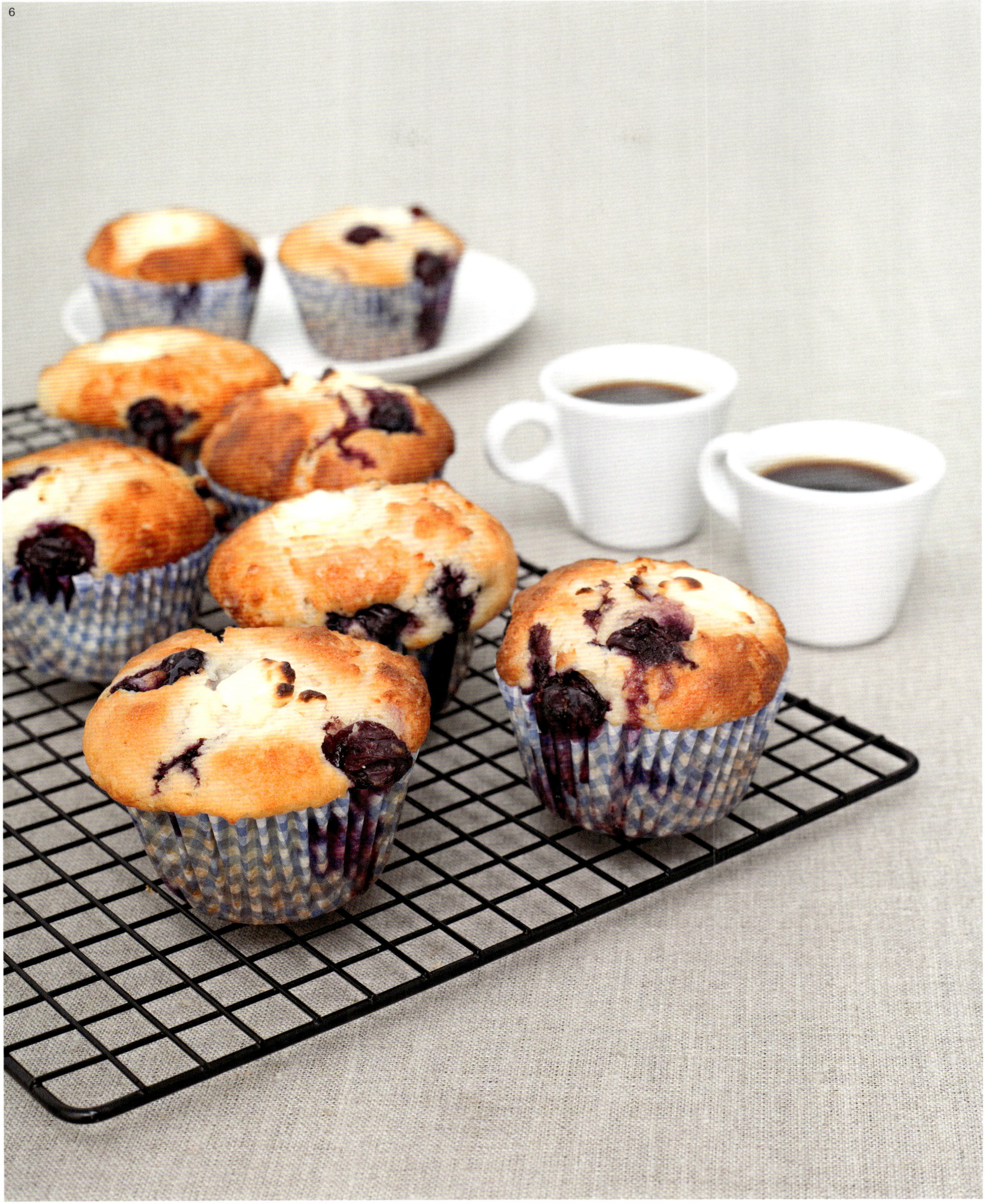

Blinis com salmão defumado

Tempo de preparo: 15 minutos
Tempo de cozimento: menos que 10 minutos
Serve 4

A farinha de trigo-sarraceno propicia um sabor de amêndoas a estas panquecas. Um blini tradicional é feito com fermento biológico, mas o fermento em pó é muito mais simples e rápido. Faça todos os preparativos antes de fritar as panquecas, para consumi-las sem problemas assim que ficarem prontas.

---

1 punhado de dill fresco

100 g de rúcula

½ cebola roxa

1 limão-siciliano

²/₃ xícara de creme de leite fresco com algumas gotas de limão

2 colheres (sopa) de manteiga sem sal

1¾ xícara de farinha de trigo--sarraceno

2 colheres (chá) de fermento em pó

½ colher (chá) de sal refinado

3 ovos

1¼ xícara de iogurte natural desnatado

2-3 colheres (sopa) de óleo vegetal para fritar

200 g de salmão defumado

1 colher (sopa) de alcaparras em salmoura escorridas

sal grosso e pimenta-do-reino moída na hora

1
Pique o dill e metade da rúcula bem fino. Pique bem a cebola.

2
Fatie o limão. Misture o creme de leite com um pouco de suco de limão, adicione metade do dill e tempere com sal e pimenta.

3
Derreta a manteiga numa panela ou numa tigela no micro-ondas.

4
Adicione a farinha, o fermento e o sal numa tigela grande. Quebre os ovos na tigela e junte o iogurte e a manteiga derretida.

FARINHA DE TRIGO-SARRACENO
O trigo-sarraceno não é realmente trigo, mas uma semente. Ele é moído, produzindo uma farinha acinzentada, com sabor de amêndoas, que não contém glúten. Cresce bem em climas rigorosos e solos pobres que não conseguem produzir outros cereais. É uma fonte nutritiva importante há séculos. A farinha de trigo-sarraceno é usada em panquecas, macarrão e pães. Compre na seção de dietas especiais de supermercados grandes, ou em lojas de produtos naturais, orgânicos ou orientais. Uma mistura de 50% de farinha integral com 50% de farinha comum pode substituí-la.

5
Bata os ingredientes com um batedor manual até ficarem uniformes e espessos. Junte o dill e a rúcula picada restantes.

6
Quando estiver pronto, ligue o forno em temperatura baixa. Arrume uma frigideira grande antiaderente em fogo médio. Adicione um pouquinho de óleo, depois 3 colheres (sopa) cheias de massa. Ela deve aquecer aos poucos enquanto se espalha no óleo. Frite até formar bolhas na superfície e começar a dourar na beirada.

7
Vire os blinis cuidadosamente com uma espátula e deixe mais 1 minuto, até crescer no meio e dourar dos dois lados. Mantenha as primeiras levas quentes no forno enquanto prepara o restante. Adicione um pouco de óleo a cada vez.

8
Para servir, arrume as fatias de salmão sobre os blinis, espalhe o creme de dill em cima do peixe e distribua as alcaparras e a cebola. Sirva com as folhas de rúcula restantes e uma fatia de limão.

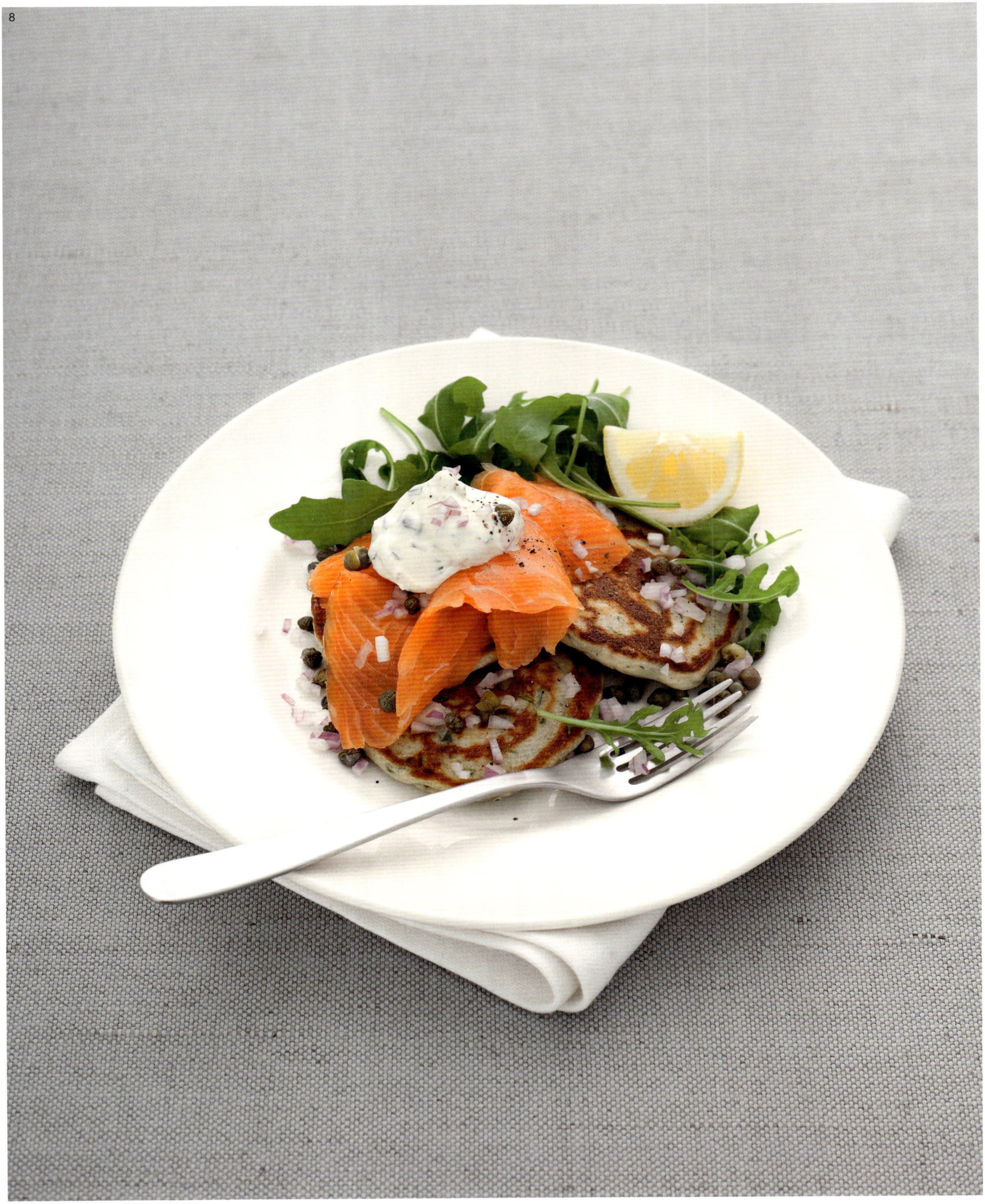

Salada de frutas azedinha

Tempo de preparo: 5-10 minutos
Serve 4

Podemos picar algumas frutas e chamá-las de salada de frutas, mas eu adoro com um pouco de molho, como se fosse uma salada normal (no caso, com limão), assim ela fica totalmente diferente. Selecione as frutas da época que mais lhe agradem. Eu sempre uso banana, devido à sua doçura e às suas qualidades energéticas.

---

alguns grãos de pimenta-do-reino preta (opcional)
2 limões
1-2 colheres (sopa) de açúcar, ou a gosto
1 melão médio maduro (1 kg), em temperatura ambiente
3½ xícaras de morangos maduros, em temperatura ambiente
2 bananas maduras no ponto
1 punhado pequeno de hortelã
4 colheres (sopa) de leite de coco ou de creme de leite (opcional)

1
Amasse a pimenta num pilão. Esprema os limões e misture o suco com o açúcar e a pimenta, mexendo até dissolver o açúcar.

SUCO DE FRUTAS CÍTRICAS
Alguns cítricos quase não apresentam suco. Costumo colocá-los no micro-ondas por alguns segundos antes de espremer – o que parece liberar bem o caldo. Escolha sempre frutas que sejam pesadas em proporção ao tamanho.

2
Corte o melão ao meio, tire as sementes com uma colher e fatie. Faça cortes verticais nas fatias e passe a faca perto da casca para soltar os pedaços.

CUIDADO COM A TEMPERATURA
O frio excessivo tira o sabor da salada de frutas, portanto é essencial que o melão e os morangos retornem à vida fora da geladeira. Se a preparou com antecedência, retire 30 minutos antes de servir.

3
Ponha o melão no molho de limão. Limpe os morangos, corte-os ao meio ou em quatro, se forem grandes. Junte ao melão. A salada pode ser feita com 12 horas de antecedência e deixada na geladeira, se desejar.

4
Quando estiver pronta para servir, descasque e fatie as bananas e adicione à salada. Tire as folhas de hortelã do ramo e pique grosseiramente sobre a tigela. Misture bem.

5
Sirva a salada e o molho em tigelas; depois, se quiser, espalhe um pouco de leite de coco ou creme de leite em cima.

Fritada de aspargos com bacon

Tempo de preparo: 5 minutos
Tempo de cozimento: cerca de 15 minutos
Serve 4

Ovos, bacon, tomate – quase todos os elementos de um café da manhã reforçado, mas com um pouco de manjericão fresco e legumes verdes da estação para um toque de frescor. Adicione um punhado de cogumelos fatiados ao bacon, se quiser. Se sobrar um pouco (duvido), embale e leve para almoçar no trabalho. Curta com pão crocante.

---

6 fatias de bacon

150 g de aspargos

1 punhado de tomates-cerejas

8 ovos

2 colheres (sopa) de pesto fresco pronto

azeite extravirgem para regar

sal grosso e pimenta-do-reino moída na hora

pão para servir (opcional)

1
Com uma tesoura culinária, corte o bacon em pedacinhos. Aqueça uma frigideira de 20 cm, junte o bacon e refogue por 5 minutos, até dourar e a gordura começar a se juntar.

2
Tire 5 cm das extremidades inferiores dos aspargos, pois essas pontas podem ser duras. Corte os aspargos em pedaços pequenos e fatie os tomates ao meio.

3
Preaqueça o forno. Tire o bacon em um prato e elimine o excesso de gordura, deixando 1 colher (sopa) na frigideira. Adicione os aspargos à frigideira e refogue por 3 minutos, até ficarem com um verde mais forte e amolecerem um pouco (se não tiver certeza, experimente; não se esqueça de que vão cozinhar mais um pouco após a adição do ovo).

Café da Manhã & Brunch 47

4
Bata os ovos. Tempere com pimenta, mas cuidado com o sal, pois o bacon já é salgado. Volte o bacon à panela, despeje o ovo e abaixe o fogo.

5
Cozinhe a fritada por 5 minutos, até o ovo ficar firme. Mexa-o com cuidado algumas vezes enquanto cozinha, deixando o ovo líquido preencher o espaço aberto pela colher.

6
Quando o ovo estiver quase firme, espalhe o tomate-cereja, distribua colheradas de pesto em cima e tempere com sal e pimenta.

7
Leve a frigideira ao forno apenas por alguns minutos, até o ovo ficar firme e dourar. Sirva cortada em fatias com um pouco de pão e regue com azeite, se quiser.

SELEÇÃO DE PESTO
O pesto fresco, mesmo comprado em supermercado, tem sabor mais fresco de manjericão e de parmesão. Custa mais, mas vale a pena. Você também pode adicionar manjericão fresco picado ao pesto em conserva ou fazê-lo em casa. Basta pôr 80 g de pinoles tostados (ou amêndoas ou castanhas de caju), 1 dente de alho, 1 punhado grande de manjericão e 2/3 xícara (chá) de azeite em um processador e bater até formar uma pasta. Adicione 50 g de parmesão ralado. Guarde na geladeira até por uma semana e use em macarrão ou sopas.

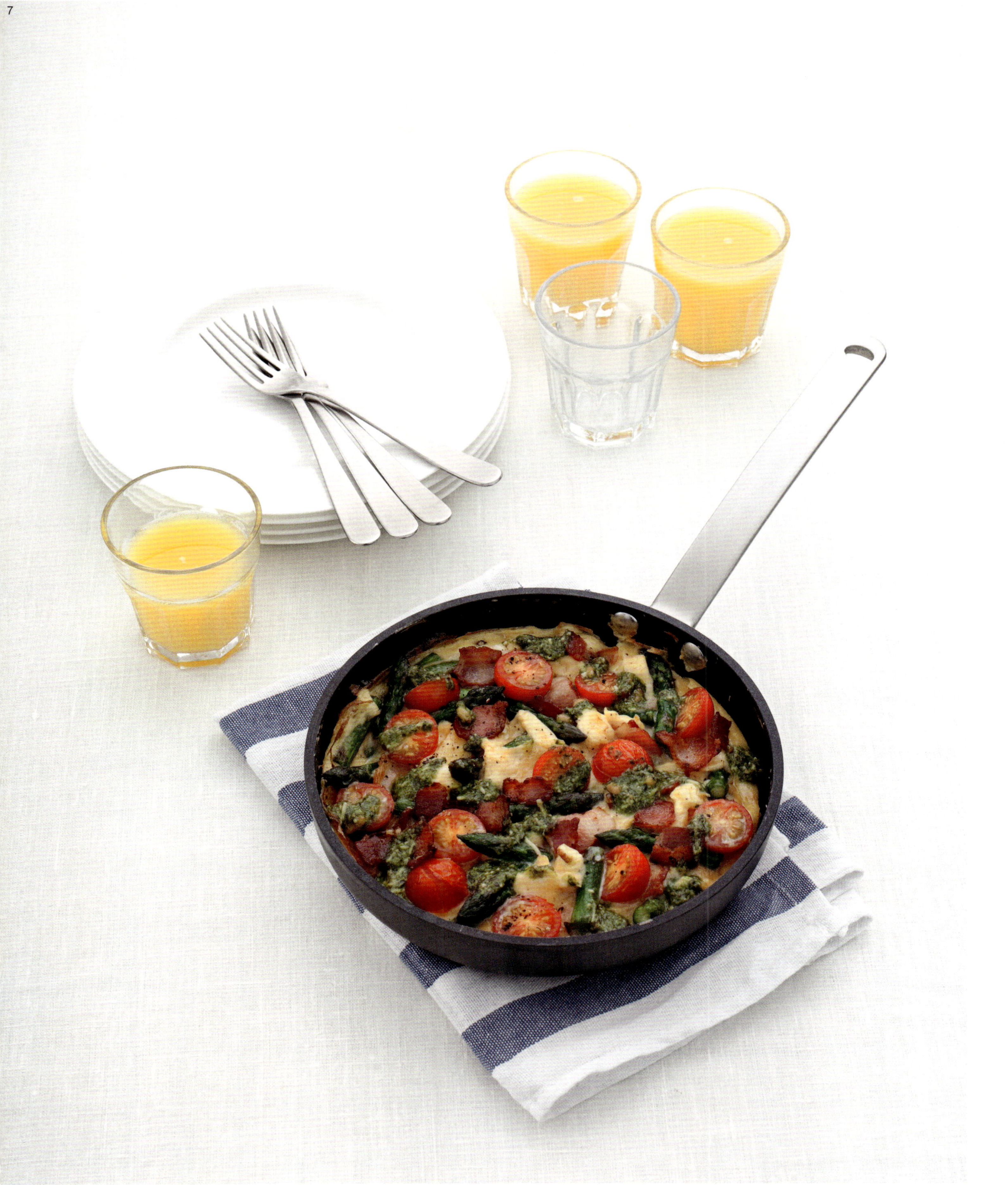

Torradas com figo e ricota

Tempo de preparo: 5 minutos
Tempo de cozimento: 5 minutos
Serve 4 (é fácil de dividir)

Outro prato para o café da manhã muito especial e, ao mesmo tempo, fácil de fazer são as torradas com figo e ricota. Esses figos embebidos em mel e canela também são apreciados como sobremesa — quente ou fria —, acompanhada de iogurte espesso.

---

8 figos maduros
1 punhado de amêndoas inteiras
2 colheres (sopa) de manteiga sem sal
1 colher (chá) de canela em pó
4 colheres (sopa) de mel
4 fatias grossas de pão de frutas
250 g de ricota

1
Preaqueça o forno. Apare os talos do figo. Corte um "X" sobre os figos chegando quase ao fim. Abra a fruta ligeiramente, como uma flor. Pique as amêndoas grosseiramente.

2
Coloque os figos num refratário médio. Adicione uma pelota de manteiga no centro de cada figo, polvilhe com canela e regue com o mel.

3
Asse os figos por 5 minutos, até amolecerem um pouco, sem desmanchar, e ficarem cercados por uma deliciosa calda de manteiga com canela.

4
Deixe os figos esfriarem alguns minutos. Enquanto espera, distribua fatias de pão na assadeira e torre. Adicione as amêndoas na assadeira assim que virar o pão.

5
Espalhe a ricota sobre a torrada. Ponha o figo e as amêndoas e regue com algumas colheradas da calda morna.

5

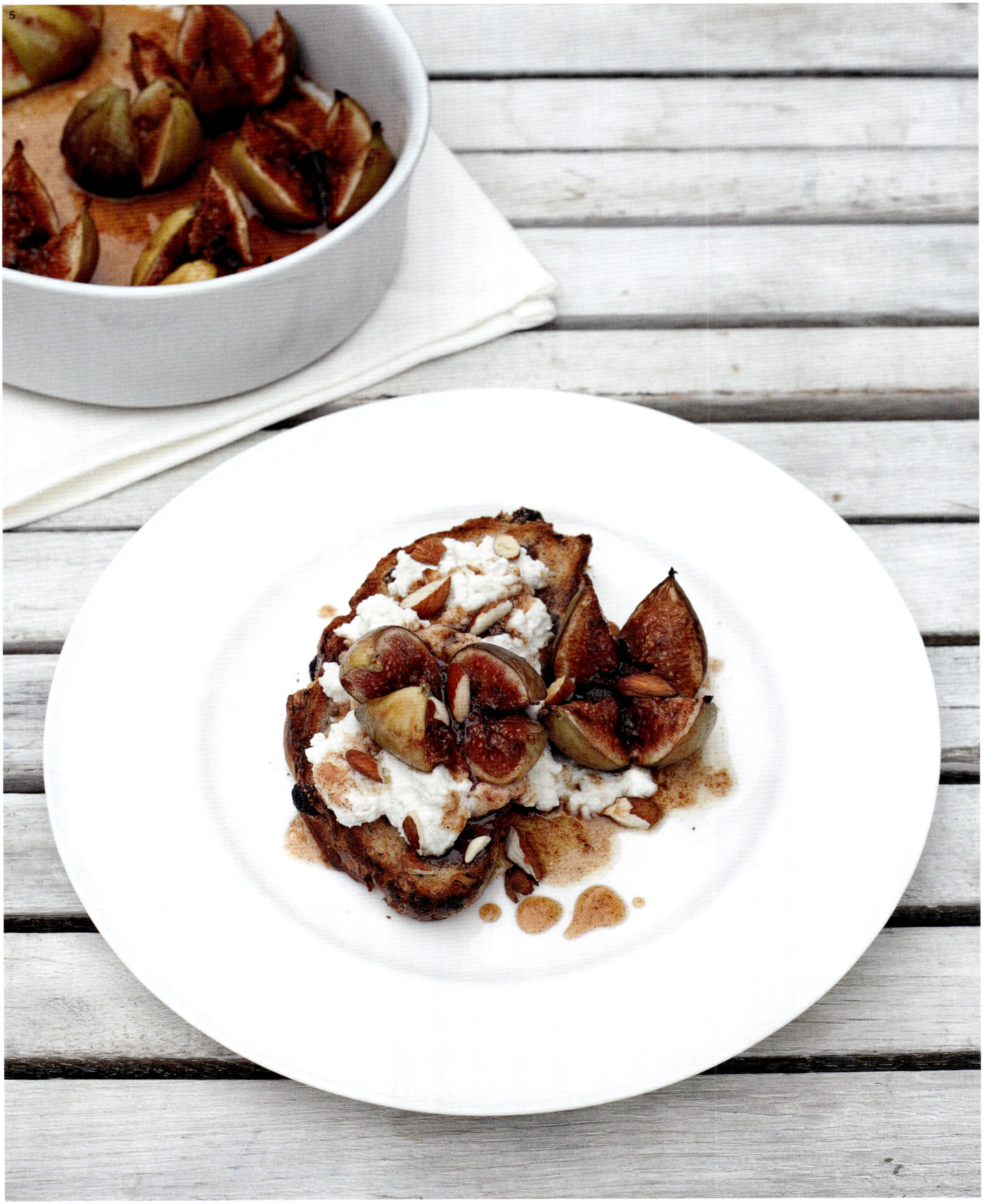

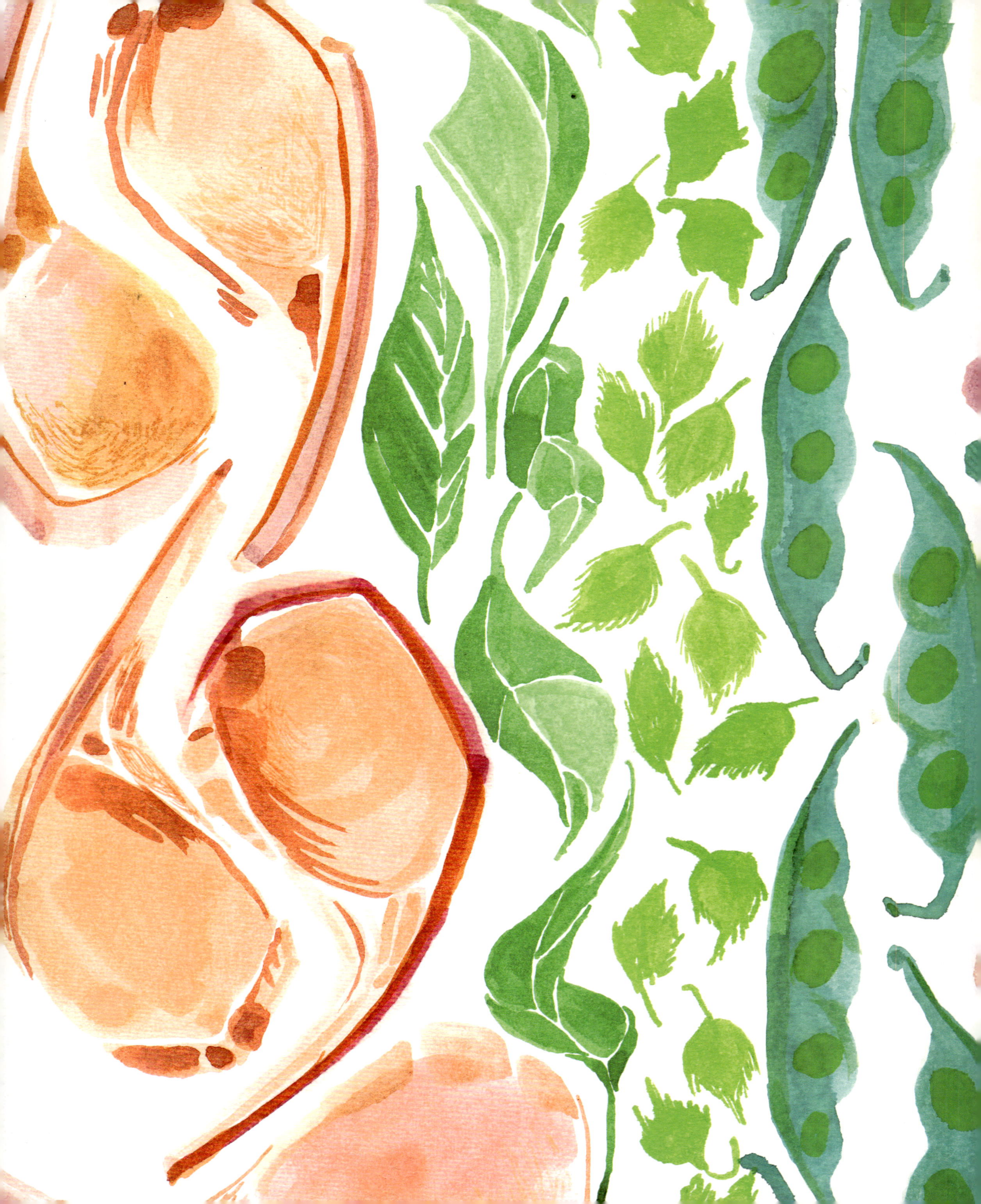

ALMOÇOS & JANTARES LEVES

Halloumi grelhado com tabule de romã

Tempo de preparo: 15 minutos
Tempo de cozimento: 5 minutos
Serve 4 (é fácil de multiplicar)

O tabule é uma salada refrescante do Oriente Médio feita com ervas picadas, bastante limão e trigo de quibe. Na receita, acrescentei grão-de-bico para torná-la mais nutritiva. A salada também fica deliciosa acompanhando queijo de cabra, peixe ou carne grelhada e homus.

---

²⁄₃ xícara (chá) de trigo para quibe
2²⁄₃ xícaras de caldo de legumes quente
2 limões-sicilianos, de preferência orgânicos
3 colheres (sopa) de azeite extravirgem, mais um pouco para regar (opcional)
1 punhado de salsinha
1 maço de hortelã
1 maço de cebolinha
400 g de grão-de-bico cozido, escorrido
½ xícara de sementes de romã
500 g de queijo halloumi ou queijo de coalho
sal grosso e pimenta-do-reino moída na hora

1
Coloque o trigo numa tigela grande. Regue com o caldo de legumes quente e tampe. Deixe descansar por 15 minutos.

2
Enquanto espera, rale a casca dos limões, depois esprema o suco de um deles, cerca de 3 colheres (sopa). Com o batedor, misture as raspas e o suco de limão com o azeite, sal e pimenta.

3
Pique bem a salsinha e a hortelã, tirando os talos. Limpe e pique bem a cebolinha.

TRIGO PARA QUIBE
Este trigo é parcialmente moído e parcialmente cozido. É bastante saudável, prático e tem textura mais interessante que o couscous. Esta salada ainda pode ser feita com quinoa, arroz ou outros grãos.

Almoços & Jantares Leves

4
Escorra o trigo numa peneira e ponha de volta na tigela. Adicione o molho, as ervas, a cebolinha, o grão-de-bico e a maioria das sementes de romã. Mexa bem e tempere a gosto com sal e pimenta.

5
Ao servir, aqueça uma frigideira com ranhuras. Corte o queijo em fatias de 1 cm de espessura. Deixe por 2 minutos de cada lado, até sair facilmente do fundo da panela. Retire com uma espátula e vire. O queijo também pode ser assado no forno.

6
Distribua a salada com o queijo nos pratos e espalhe as sementes de romã restantes por cima. Sirva com uma fatia de limão e regue com mais azeite, se preferir.

58 Halloumi grelhado com tabule de romã

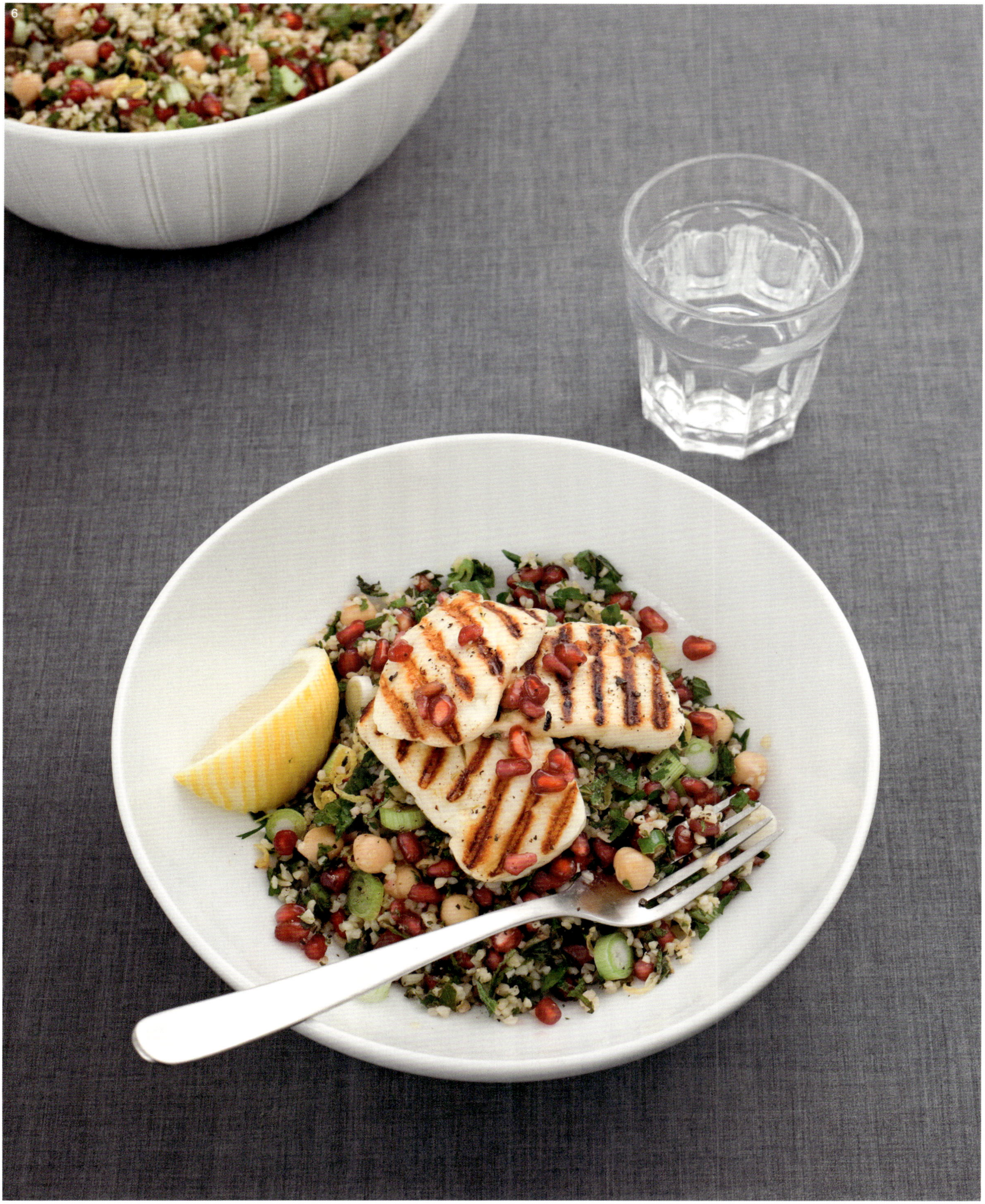

Macarrão cremoso com abobrinha e ervilhas

Tempo de preparo: 10 minutos
Tempo de cozimento: 10 minutos
Serve 2 (é fácil de multiplicar)

Provavelmente, você terá todos os ingredientes para esta massa leve na despensa e na geladeira. Pegue a abobrinha e o creme de leite e você estará a 20 minutos de uma refeição deliciosa. Algumas fatias de bacon crocante ou pimenta em flocos são excelentes complementos.

---

200 g de espaguete

2 abobrinhas (cerca de 250 g)

1 colher (sopa) de azeite extravirgem

1 dente de alho pequeno

1 ovo

½ xícara (chá) de creme de leite
   com algumas gotas de limão

1 limão-siciliano, de preferência
   orgânico

25 g de parmesão ralado

100 g de ervilhas congeladas
   ou frescas

sal grosso e pimenta-do-reino
   moída na hora

1
Ferva água com sal numa panela grande e adicione o espaguete. Após ele amolecer na água, misture e deixe ferver por 8 minutos.

2
Pique a abobrinha em cubos ou fatie em rodelas de 1 cm. Aqueça o azeite numa frigideira grande e adicione o legume.

3
Refogue a abobrinha por 4-5 minutos, mexendo sempre, até dourar e ficar tenra. Amasse o alho, misture na abobrinha e deixe mais 1-2 minutos, até amolecer.

4
Separe o ovo, deixando a gema numa tigela pequena.

COMO SEPARAR O OVO
Bata a casca na beirada de uma tigela, com delicadeza. Separe as duas partes da casca na rachadura, deixando a gema em uma das metades da casca. Deixe a clara escorrer na tigela colocada embaixo. Ponha a gema em outra tigelinha.

5
Adicione o creme de leite com limão à gema e espalhe as raspas de limão em cima. Esprema o limão e adicione 1 colher (sopa) à tigela. Rale o queijo e misture a maior parte na tigela, junto com sal e pimenta.

6
Quando o macarrão tiver cozinhado por 8 minutos, adicione as ervilhas e deixe ferver novamente. Nesse ponto, as ervilhas estarão tenras e o macarrão al dente (veja abaixo). Reserve 1 xícara da água do cozimento, escorra o macarrão e as ervilhas no escorredor.

O MACARRÃO ESTÁ COZIDO?
Não atire o macarrão na parede para ver se gruda... O modo mais fácil de verificar se ele está cozido é provar. Ele deve estar tenro, mas com um pouco de resistência no meio – al dente –, nem duro nem molengo.

7
Devolva o macarrão à panela (fora do fogo), adicione a abobrinha e o molho cremoso. Adicione 5 colheres (sopa) de água do cozimento, misture bem tudo, até o molho se espalhar. Experimente o tempero e adicione mais sal, pimenta e suco de limão, se necessário.

8
Sirva a massa em pratos fundos, com o parmesão restante por cima.

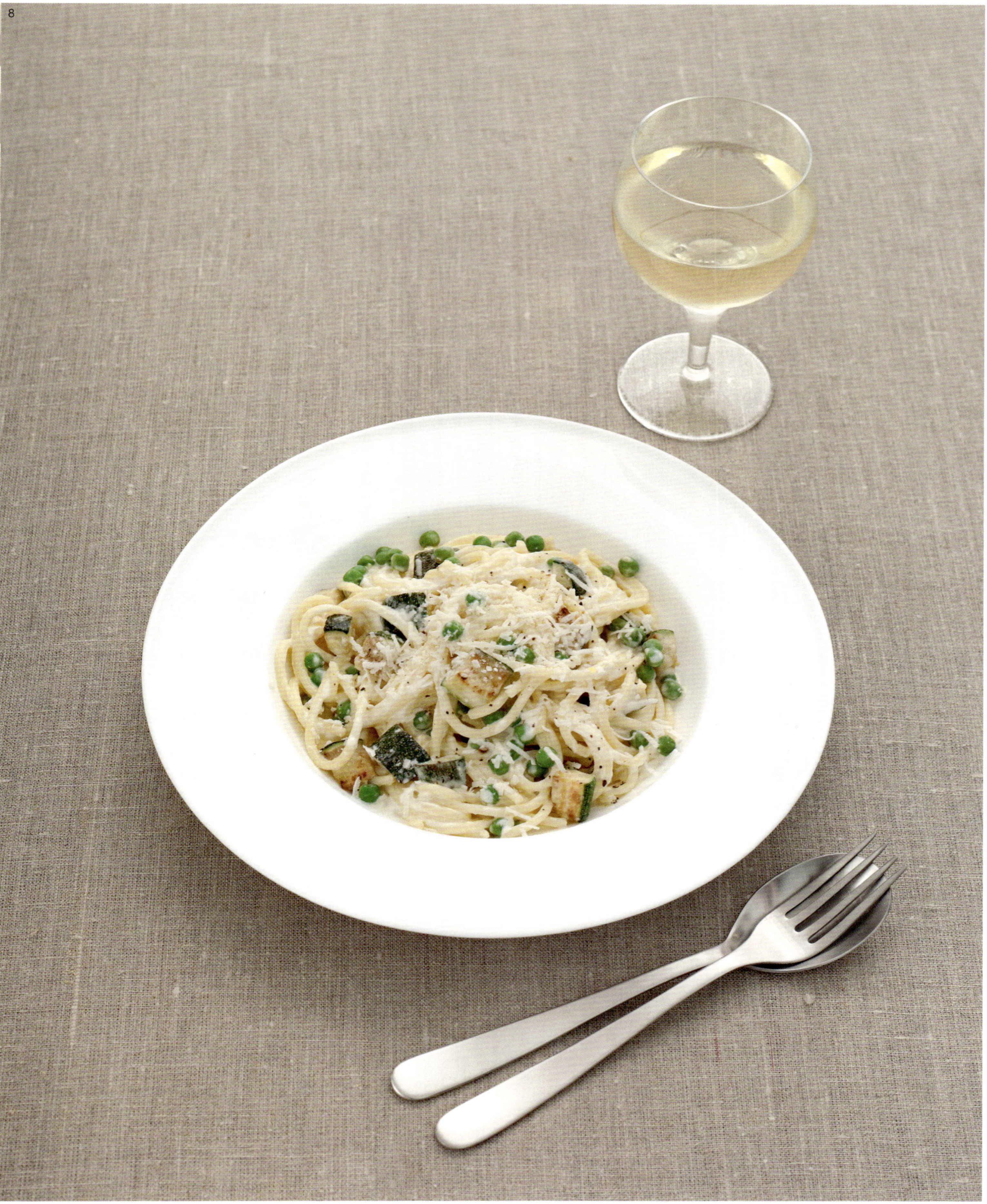

Falafel de cenoura com molho de tahine

Tempo de preparo: 15 minutos
Tempo de cozimento: menos de 15 minutos
Serve 4 (é fácil de multiplicar)

O falafel é ótimo, além de ser saudável, fácil de preparar e nutritivo. Você pode reaquecê-lo sem problemas ou até comê-lo frio. Faça uma porção grande e deixe a família curti-lo sempre que quiser. No lanche, troque o sanduíche de sempre por um pote de homus e alguns legumes em palito.

---

2 dentes de alho
1 punhado de salsinha
1 colher (sopa) de cominho moído
1 colher (sopa) de coentro em pó
½ colher (chá) de pimenta-calabresa em flocos, ou em pó
400 g de grão-de-bico cozido
1 ovo
2 cenouras
1 limão-siciliano, de preferência orgânico
1 colher (sopa) de azeite
⅔ xícara de iogurte integral
1 colher (sopa) de tahine (pasta de gergelim)
1 cebola roxa
1 punhado de hortelã
tortilhas ou pão sírio integral
sal grosso e pimenta-do-reino moída na hora
pimenta em conserva, para servir (opcional)

1
Pique o alho e a salsinha, inclusive os talos, grosseiramente. Ponha no processador com os temperos, o grão-de-bico e o ovo.

2
Bata tudo, formando uma massa bem picada e bastante seca. Se não tiver processador, amasse o grão-de-bico com o amassador de batatas, pique o alho e as ervas e misture bem.

3
Rale a cenoura em ralo grosso e a casca do limão em ralo fino. Ponha a massa do falafel numa tigela e adicione a cenoura e as raspas de limão. Tempere a gosto com sal e pimenta.

4
Misture bem, faça 12 bolinhos achatados, coloque a massa na palma da mão e pressione com firmeza. O falafel pode ser mantido na geladeira por até 24 horas antes de ser consumido.

Almoços & Jantares Leves

5
Aqueça um pouco de azeite numa frigideira antiaderente e frite o falafel em levas por 3 minutos de cada lado, até dourar. Não fique tentada a adicionar mais azeite, pois os bolinhos podem partir.

6
Esprema o suco do limão, misture o iogurte, o tahine e 1 colher (sopa) de suco de limão e bata com um batedor até ficar uniforme. Se ficar grosso, adicione um pouco de água. Tempere a gosto com sal e pimenta e mais suco de limão, se quiser.

7
Corte a cebola em fatias bem finas e tire as folhas de hortelã dos ramos. Misture com o suco de limão restante e tempere com sal e pimenta.

8
Aqueça rapidamente as tortilhas ou pão sírio no micro-ondas ou no forno. Sirva com o falafel, o iogurte com tahine, a salada de cebola e a pimenta em conserva por cima.

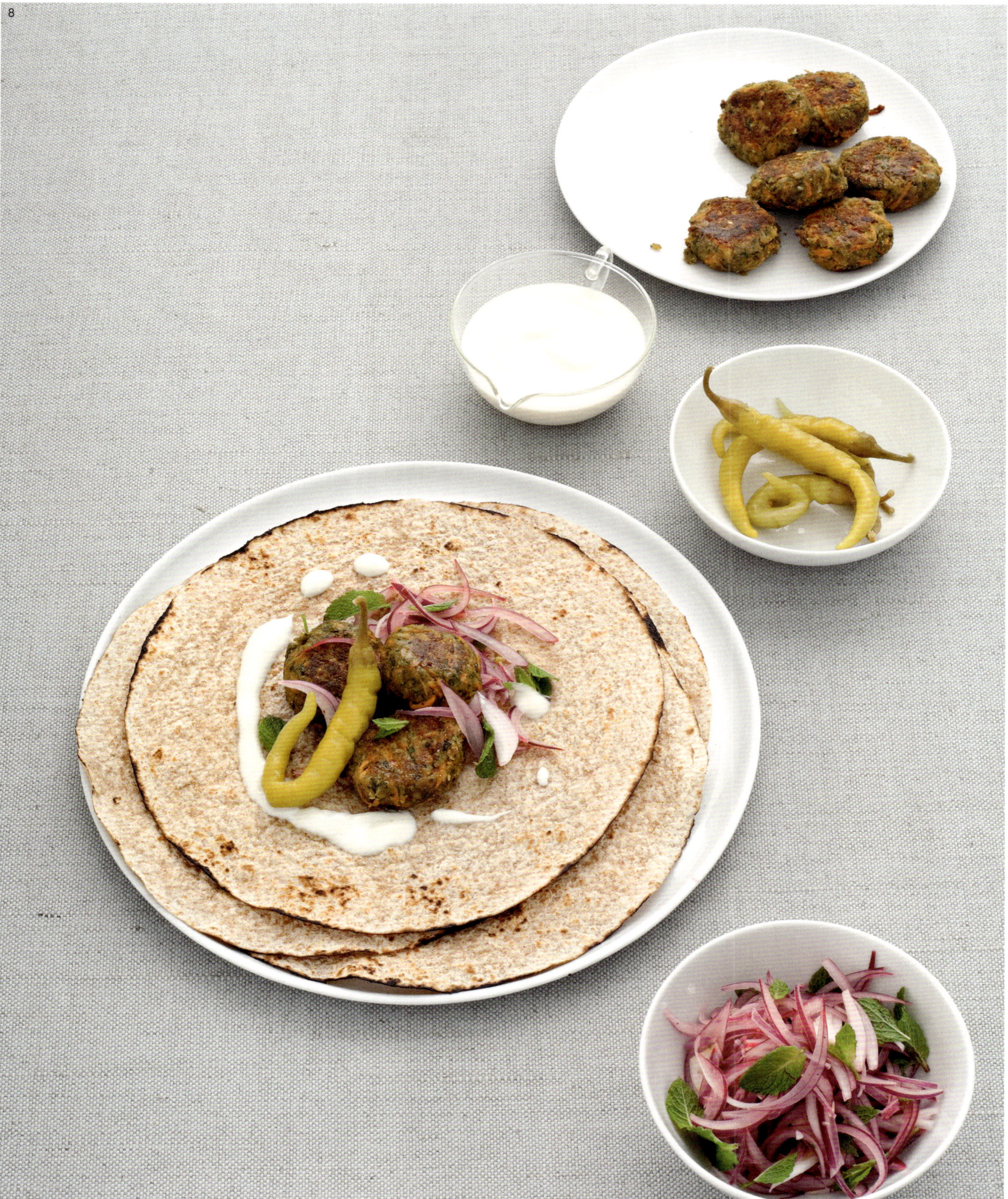

Linguine com camarão e erva-doce

Tempo de preparo: 10 minutos
Tempo de cozimento: 15 minutos
Serve 2 (é fácil de multiplicar)

Esta receita vive sendo feita na minha casa. No inverno, douro linguiça em vez de usar camarões; depois apuro o molho com tomates pelados. Você pode variar os ingredientes, de acordo com o que tiver na geladeira e na despensa.

---

175 g de linguine (ou outra massa longa)
1 bulbo grande ou 2 pequenos de erva-doce
2 colheres (sopa) de azeite extravirgem, mais um pouco para regar
2 dentes de alho
1 pimenta-dedo-de-moça grande
1 limão-siciliano
¼ colher (chá) de sementes de erva-doce
100 g de tomates-cerejas
200 g de camarões grandes frescos, descascados
1 punhado de salsinha
sal marinho e pimenta-do-reino moída na hora

1
Ferva água salgada numa panela grande. Adicione o macarrão e, após ele amolecer um pouco, mexa e deixe ferver por 8-10 minutos, até ficar al dente.

O MACARRÃO ESTÁ COZIDO?
Não jogue o macarrão na parede para ver se gruda... A maneira mais fácil de ver se está cozido é provar. Ele deve estar macio, mas com um pouco de resistência no centro – al dente –, nem duro nem molengo.

2
Enquanto o macarrão cozinha, corte a erva-doce ao meio e retire as camadas externas duras. Se quiser, remova o miolo também. Pique em fatias bem finas. Reserve as folhas, se houver.

3
Aqueça o azeite numa frigideira grande e adicione a erva-doce. Refogue por 10 minutos em fogo médio, mexendo sempre, até amolecer e começar a dourar nas pontas.

COMO DESCONGELAR CAMARÕES
Para fazê-lo com rapidez, coloque-os numa tigela grande e cubra com água fria. Deixe por alguns minutos, escorra a água e repita o processo. Deite em papel-toalha e use imediatamente.

4
Enquanto espera, fatie bem o alho e a pimenta. Se quiser, tire as sementes da pimenta antes. O modo mais fácil é passar 1 colher (chá) ao longo da parte interna. Pique grosseiramente a salsinha e corte o limão em quatro.

A PIMENTA É MUITO FORTE?
Para evitar estragar um prato com muita ou pouca pimenta, prove o suco da pimenta molhando o dedo na ponta cortada. Se for suave, ponha mais; se for picante demais, tenha moderação.

5
Junte o alho, a pimenta, as sementes de erva-doce e os tomates-cerejas à frigideira com a erva-doce. Refogue por 2 minutos, até liberar os aromas e a pele dos tomates começar a rachar. Acrescente o camarão e deixe por 3 minutos, até mudar totalmente de cor.

6
Reserve 1 xícara da água do cozimento da massa, depois passe-a no escorredor.

7
Adicione a massa, 5 colheres (sopa) da água do cozimento, a salsinha e folhas de erva-doce à frigideira do camarão; esprema o suco de meio limão. Tempere com sal e pimenta a gosto e misture tudo. Ajuste o sabor adicionando mais suco de limão, sal ou pimenta, se necessário. Sirva com um pouco mais de azeite e o limão restante à parte, para quem quiser mais.

Linguine com camarão e erva-doce

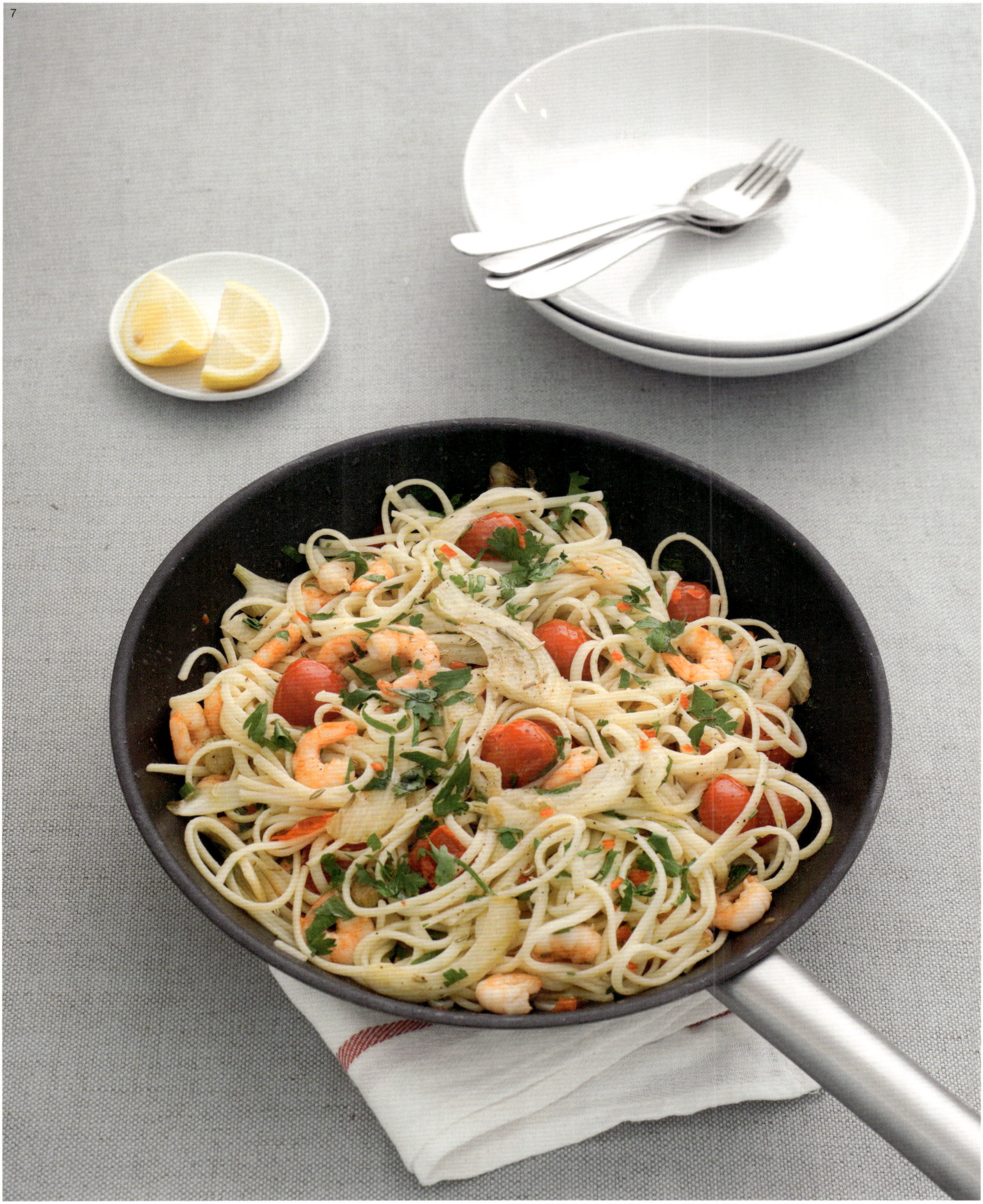

Aspargos com ovo e vinagre balsâmico

Tempo de preparo: 10 minutos
Tempo de cozimento: 10 minutos
Serve 2 (é fácil de multiplicar)

A maioria das receitas com aspargos envolve cozinhá-los no vapor ou aferventá-los, mas eu adoro fazê-los na panela ou na grelha, ou assar no forno. Assim, eles retêm o frescor e é mais difícil passar do ponto. Para melhores resultados, compre-os no dia do consumo e procure brotos firmes e bem verdes.

---

250 g de aspargos firmes
1 pedaço de parmesão para tirar lascas
1 colher (sopa) de vinagre de vinho branco
2 ovos (bem frescos)
1 colher (sopa) de óleo vegetal
2 colheres (sopa) de manteiga sem sal
1 colher (chá) de vinagre balsâmico
sal grosso e pimenta-do-reino moída na hora

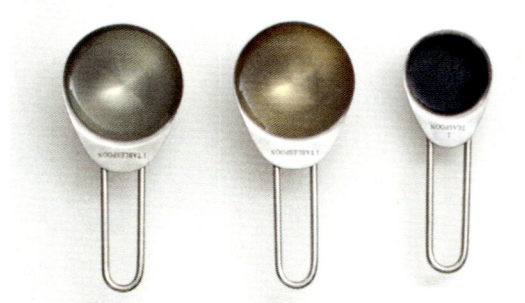

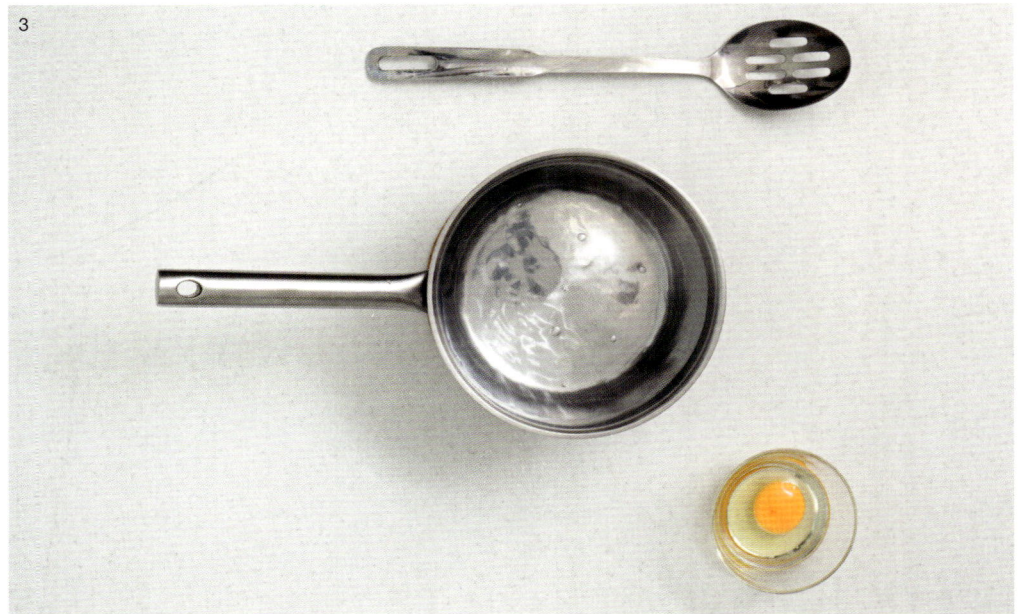

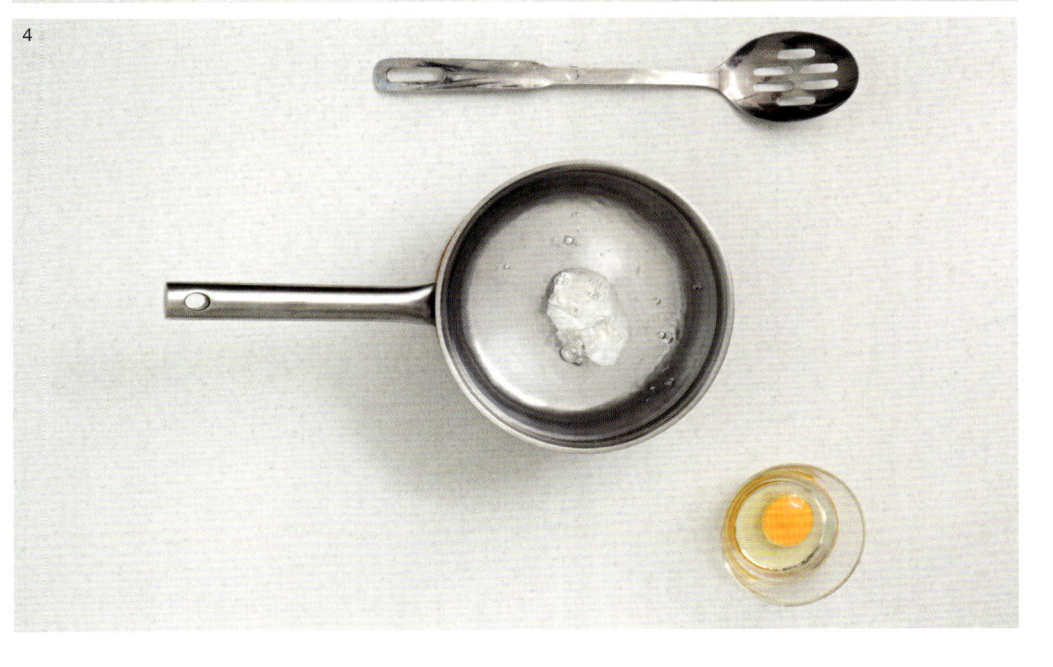

1
Corte os 5 cm da ponta da raiz dos aspargos, pois geralmente são bem duros.

2
Use um cortador de legumes para tirar lascas do parmesão.

3
Leve uma panela funda com água para ferver, adicione o vinagre e tempere generosamente com sal. Quebre 1 ovo numa tigela ou xícara. Quando a água ferver, mexa-a com uma escumadeira, fazendo um redemoinho.

4
Com cuidado, deslize 1 ovo na água, ainda girando. Abaixe o fogo e cozinhe o ovo por 3 minutos, até a clara e a gema endurecerem. Enquanto isso, quebre o segundo ovo na vasilha.

5
Tire o ovo da panela com a escumadeira e transfira para uma tigela de água quente: é o que o manterá aquecido enquanto o segundo ovo escalda.

6
Prepare o segundo ovo e comece a cozinhar os aspargos. Aqueça uma frigideira grande em fogo alto e junte o óleo. Ponha os aspargos, tempere com sal e pimenta e refogue por 3-5 minutos, dependendo da espessura dos brotos. Mexa sempre, até começarem a dourar e ficarem quase tenros.

7
Retire a frigideira do fogo e deixe esfriar alguns minutos. Adicione a manteiga e o vinagre balsâmico e deixe a manteiga derreter.

8
Coloque os aspargos em pratos aquecidos e regue com a manteiga aromatizada pelo vinagre balsâmico. Escorra os ovos (seque embaixo com um pedacinho de papel-toalha) e ajuste sobre os aspargos. Espalhe as lascas de parmesão sobre o prato. Tempere os ovos com um pouco de sal e pimenta e sirva.

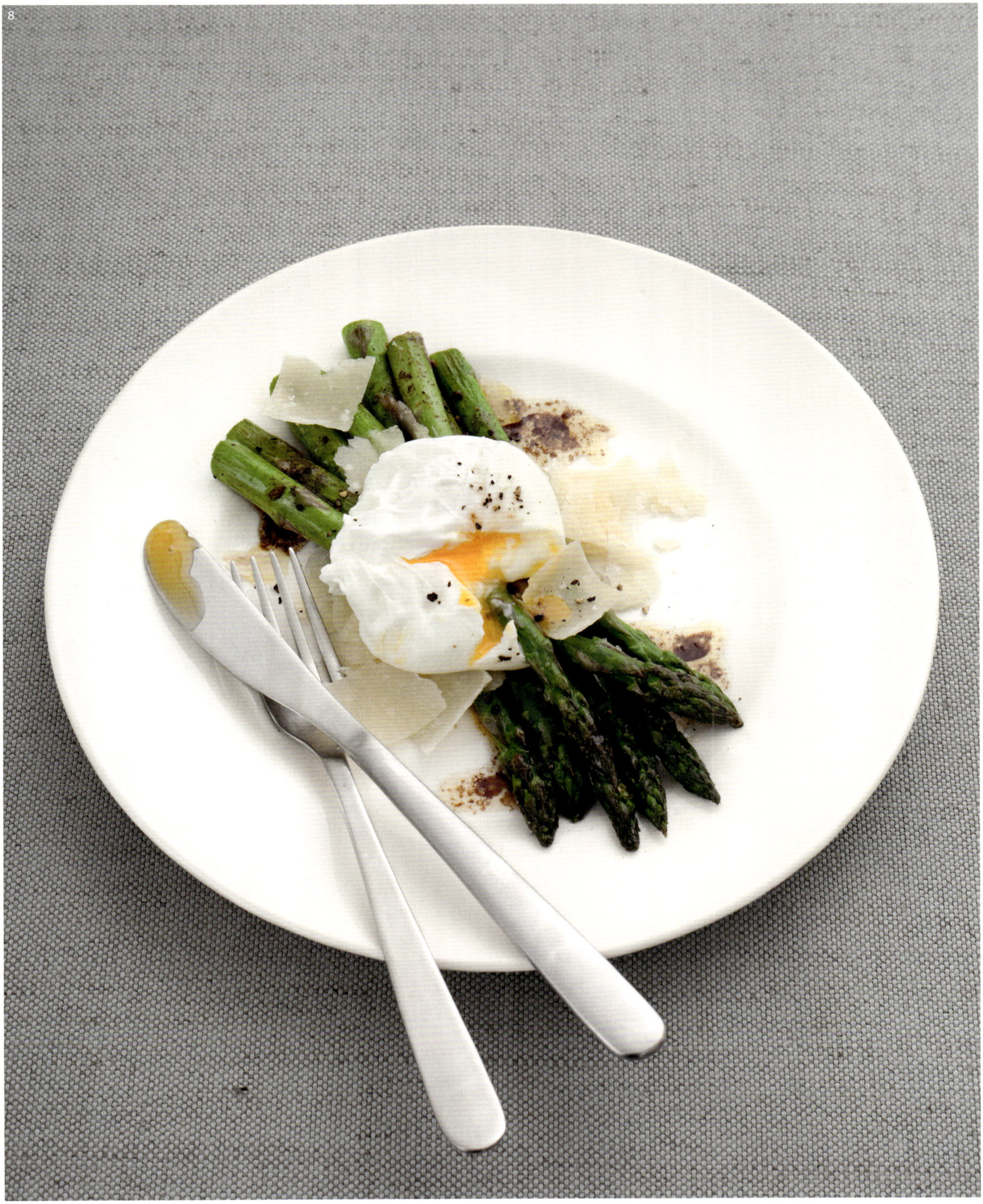

Salada Waldorf com frango e gorgonzola

Tempo de preparo: 10 minutos
Tempo de cozimento: 10 minutos
Serve 2 (é fácil de multiplicar)

Costumo preparar frango com esse corte espalmado para economizar tempo. Para facilitar ainda mais, desfie frango assado comprado em rotisseria, em vez de prepará-lo. O gorgonzola adiciona uma dimensão picante a esta salada clássica e combina perfeitamente com uvas, frango e aipo (salsão).

---

2 peitos de frango, sem osso e sem pele

azeite para esfregar

1 punhado pequeno de nozes-pecãs, cortadas ao meio

2 talos de aipo (salsão)

½ maçã ácida, de preferência de casca vermelha

1 punhado de uvas pretas sem sementes

½ cebola roxa pequena

40 g de queijo gorgonzola ou roquefort (opcional)

2 colheres (sopa) de maionese

2 colheres (sopa) de iogurte natural

1 colher (chá) de vinagre de vinho branco

100 g de agrião ou rúcula

sal grosso e pimenta-do-reino moída na hora

1
Aqueça uma grelha ou frigideira antiaderente. Abra os peitos de frango ao meio, espalmando-os.

2
Tempere o frango dos dois lados com sal e pimenta. Esfregue um pouco de azeite e coloque na frigideira quente. Deixe 5 minutos de um lado, até ficar marcado e dourado embaixo. Vire, adicione as nozes e deixe mais 5 minutos, virando as nozes de vez em quando. O frango estará pronto quando ficar firme ao toque, a cor rosada tiver desaparecido e o seu suco ficar transparente. Tire-o da frigideira, reserve e acrescente as nozes à parte.

Almoços & Jantares Leves

3
Enquanto o frango grelha, comece a montar a salada. Corte a maçã e o aipo em fatias bem finas, corte as uvas ao meio e pique bem a cebola. Coloque numa tigela grande e amasse o queijo, se optou por usá-lo.

4
Bata a maionese, o iogurte e o vinagre, e tempere a gosto com sal e pimenta, fazendo um molho. Adicione também o caldo de cozimento do frango da frigideira.

5
Misture o molho na salada e adicione as pecãs. Isso pode ser feito até com 1 dia de antecedência, se quiser.

6
Corte o frango em fatias grossas. Distribua o agrião em 2 pratos. Ponha a salada cremosa em cima e por último o frango suculento. Sirva imediatamente.

Salada Waldorf com frango e gorgonzola

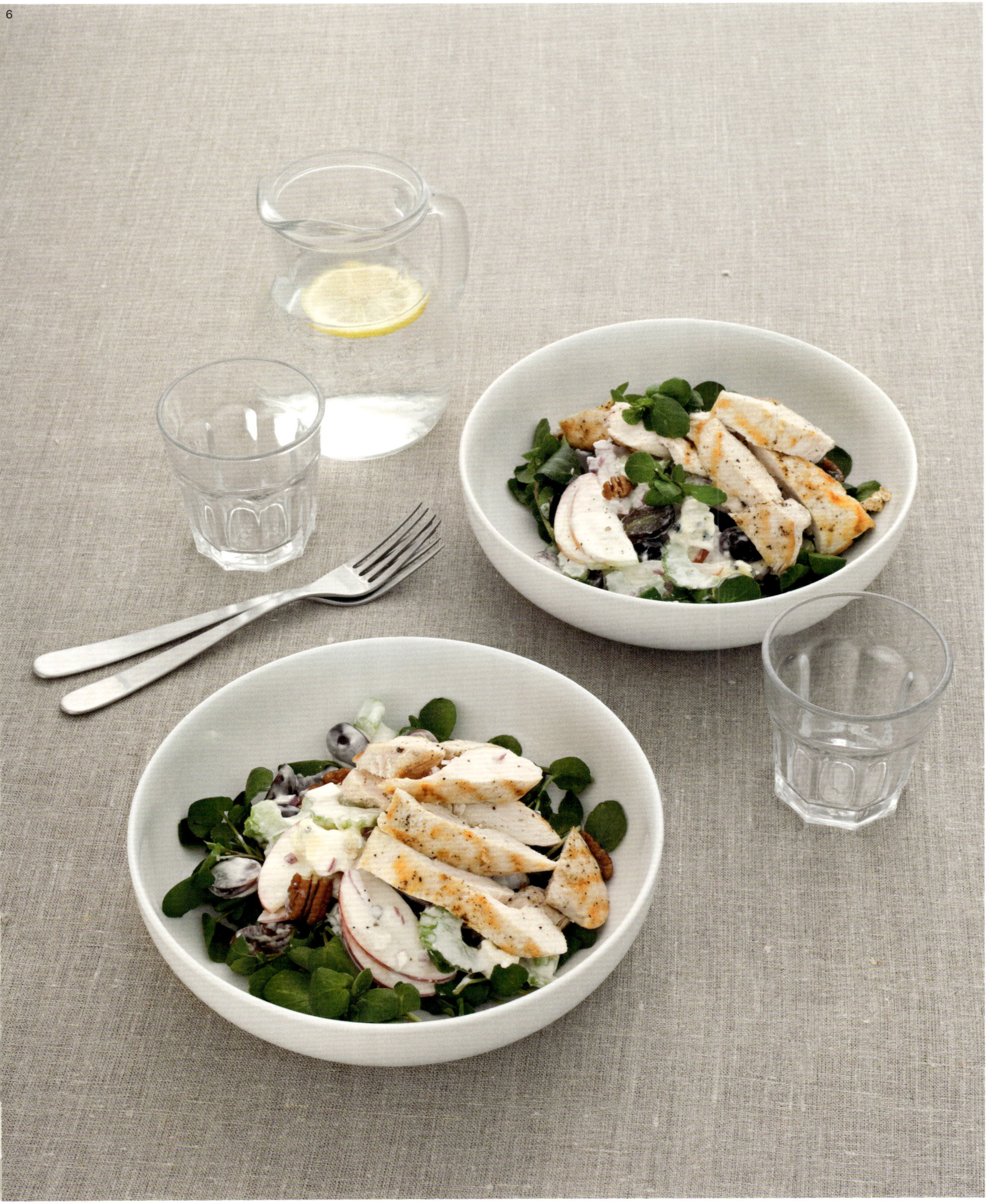

Sopa de tortellini

Tempo de preparo: 10 minutos
Tempo de cozimento: menos de 20 minutos
Serve 4 (é fácil de multiplicar)

Esta sopa, um tipo de minestrone de verão, é superfácil de fazer, além de ser saudável. Se quiser economizar mais tempo ainda, substitua o tomate por 1 lata de tomates pelados escorridos (basta amassá-los na panela). A mistura de alcaparras e salsinha propicia um sabor delicioso de ervas.

---

2 alhos-porós finos
6 colheres (sopa) de azeite extravirgem
2 abobrinhas
1 dente de alho
300 g de tomates maduros
1 punhado de salsinha
1½ colher (sopa) de alcaparras em salmoura, escorridas
3¼ xícaras de caldo de frango ou de legumes
250 g de macarrão recheado (uso tortellini de presunto e queijo)
sal grosso e pimenta-do-reino moída na hora

1
Retire a parte mais escura e dura dos alhos-porós e fatie as partes verde-claras e brancas em rodelinhas finas. Aqueça 2 colheres (sopa) de azeite numa panela grande e adicione o alho-poró para adiantar um pouco. Pique a abobrinha em cubos ou rodelas e adicione na panela. Tempere generosamente com sal e pimenta. Cozinhe por 10 minutos, até começar a amolecer.

2
Amasse o alho e adicione à panela. Pique os tomates, tirando os talos duros. Pique bem a salsinha e as alcaparras e misture-as numa tigela com o azeite restante, sal e pimenta.

3
Quando os legumes estiverem tenros, junte o tomate à panela. Apure por alguns minutos, até o tomate soltar caldo e começar a desmanchar.

4
Despeje o caldo de frango ou de legumes sobre os legumes e deixe ferver; ponha a massa e deixe por 2 minutos, até cozinhar (o tempo de cozimento varia conforme a massa, verifique a embalagem).

5
Tempere a sopa a gosto e distribua em tigelas. Sirva com uma colherada do molho de salsinha e alcaparras.

Antepasto de pêssego com muçarela

Tempo de preparo: menos de 10 minutos
Serve 2 (é fácil de multiplicar)

Quando os pêssegos estiverem no auge da estação, com seu perfume delicioso, por que reservá-los apenas para a sobremesa? Um dos jantares de preguiçoso mais charmosos pode ser servido com pêssego, presunto cru, queijo cremoso e vinagre balsâmico. Antes do preparo, deixe a fruta em temperatura ambiente: o sabor ficará mais apurado e a textura, mais tenra.

---

2 pêssegos ou nectarinas
4 fatias de presunto cru
1 bola de muçarela de búfala
1 punhado de manjericão fresco
2 colheres (chá) de vinagre balsâmico, ou mais (a gosto)
um pouco de azeite extravirgem
pimenta-do-reino moída na hora
pão crocante, para servir (opcional)

1
Passe a faca ao redor dos pêssegos, torça as metades e retire o caroço. Corte a polpa em fatias.

FRUTAS COM CAROÇO
Às vezes é fácil retirar o caroço de pêssegos e de outras frutas, às vezes não. Depende da variedade da fruta e não há meio de saber qual tipo estamos comprando. Se acabar adquirindo variedades que não soltam o caroço, não se preocupe: corte a fruta em pedaços grandes.

2
Espalhe as fatias de pêssego numa travessa grande. Pique o presunto ligeiramente e arrume ao redor e sobre a fruta.

3
Rasgue a muçarela sobre o pêssego e o presunto em pedaços grandes ou tiras.

SELEÇÃO DE MUÇARELA
A qualidade é importante, pois ela será consumida crua. Escolha a melhor possível para esta receita. As mais baratas, feitas com leite de vaca, devem ser usadas apenas em pizzas ou macarrão cozido.

4
Espalhe o manjericão, o vinagre balsâmico e um pouco de azeite. Tempere com bastante pimenta-do-reino. Consuma a salada assim que puser o molho, talvez com um delicioso pão crocante.

Almoços & Jantares Leves

Frango à parmiggiana

Tempo de preparo: 15 minutos
Tempo de cozimento: 15-20 minutos
Serve 4

A família toda vai curtir este velho e bom clássico. Em vez de passar o frango em farinha de rosca e fritá-lo, eu o cubro com o mínimo de farinha com queijo e levo ao forno. O molho de tomate é nutritivo, espesso e supersimples de preparar. Use-o no macarrão ou com filés, frangos ou costeletas.

---

2 dentes de alho
300 g de tomates maduros
1 punhado de manjericão
3 colheres (sopa) de azeite extravirgem
2 colheres (sopa) de purê de tomate (passata)
1 colher (chá) de açúcar
½ xícara de farinha de rosca fresca
25 g de parmesão
120 g de muçarela de búfala escorrida
4 peitos de frango sem osso nem pele
4 fatias de presunto cru (não muito grossas)
sal grosso e pimenta-do-reino moída na hora
salada verde e pão crocante, para servir (opcional)

1
Comece pelo molho de tomate. Amasse ou pique bem o alho e pique o tomate e a maioria do manjericão grosseiramente.

2
Aqueça 2 colheres (sopa) do azeite numa frigideira ou caçarola de fundo grosso e adicione o alho. Refogue por 1 minuto até amolecer, sem dourar. Junte o tomate e o manjericão. Adicione o purê de tomate e o açúcar.

3
Apure o molho por alguns minutos, até o tomate desmanchar e ele ficar rico e encorpado. Tempere a gosto com sal e pimenta.

4
Preaqueça o forno a 190°C. Misture a farinha de rosca, o parmesão e o azeite restante. Corte a muçarela em 8 fatias.

5
Abra os peitos de frango, espalmando-os. Tempere com pimenta, ponha uma fatia de presunto do lado direito do frango, depois uma de muçarela. Dobre o lado esquerdo para fechá-lo.

6
Ponha o frango no molho de tomate (coloque num refratário se a panela não puder ir ao forno). Cubra-o com o resto da muçarela e espalhe a farinha de rosca com queijo. O prato poderá ser tampado e deixado na geladeira de véspera, se quiser.

7
Leve ao forno por 15-20 minutos, até dourar em cima e o queijo derreter. Deixe o frango alguns minutos em repouso, espalhe o manjericão restante e sirva com salada e pão crocante.

Frango à parmiggiana

7

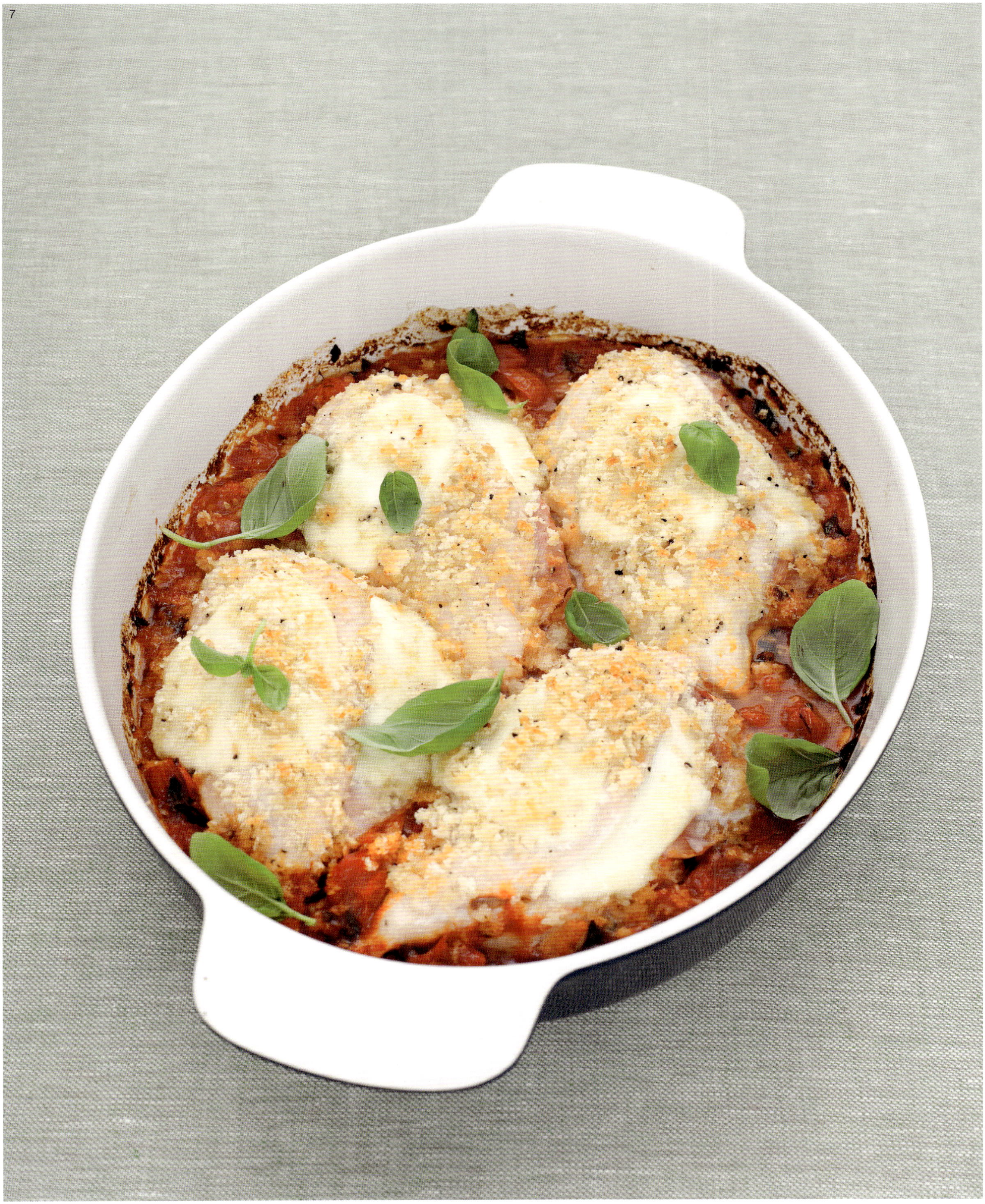

Salada vietnamita de macarrão com ervas

Tempo de preparo: 10 minutos
Serve 2 (é fácil de multiplicar)

Os rolinhos frescos vietnamitas são alimentos ideais para o verão, mas se não morar perto de um mercado de produtos orientais será difícil encontrá-los. Esta receita inclui quase os mesmos ingredientes, mas usa macarrão de arroz em vez de panquecas. A salada combina muito bem com frango cozido desfiado e também com carne de porco.

---

50 g de macarrão de arroz fino ou grosso
½ pepino
2 cenouras
1 punhado de hortelã
1 punhado de coentro
1 limão
1 colher (sopa) de molho de peixe
1 colher (sopa) de açúcar mascavo claro
1 pimenta-malagueta pequena
1 dente de alho
½ pé de alface-americana, pequeno
150 g de camarões cozidos

1
Ferva uma chaleira de água. Coloque o macarrão num refratário grande e despeje bastante água quente, até cobri-lo. Deixe por 5 minutos, até amolecer e ficar tenro. O macarrão mais fino leva menos tempo que o mais grosso, portanto verifique as instruções da embalagem.

2
Prepare os legumes: fatie o pepino bem fino e corte em tirinhas. Faça o mesmo com a cenoura, ou passe em ralo grosso. Tire as folhas de hortelã e de coentro dos ramos. Rasgue as folhas grandes de hortelã.

MACARRÃO DE ARROZ
O macarrão de arroz depende da textura. Por não ter sabor acentuado, absorve os molhos asiáticos com facilidade; também pode ser usado em sopas. Varia de fiozinhos bem finos a tiras como talharim. Basta deixá-lo de molho rapidamente (consulte a embalagem) e já pode ser usado. Se quiser prepará-lo antes, escorra, enxágue e escorra novamente; depois, misture um pouco de azeite entre os fios para mantê-los separados.

Almoços & Jantares Leves

3
Esprema o limão e misture o suco com o molho de peixe e o açúcar. Pique bem a pimenta, amasse o alho e misture ao molho.

4
Corte a alface bem fininha.

5
Escorra o macarrão numa peneira. Se achar que vai grudar, enxágue novamente em água fria e deixe escorrer.

6
Misture os legumes, o macarrão, as ervas e o camarão. Regue com o molho e sirva.

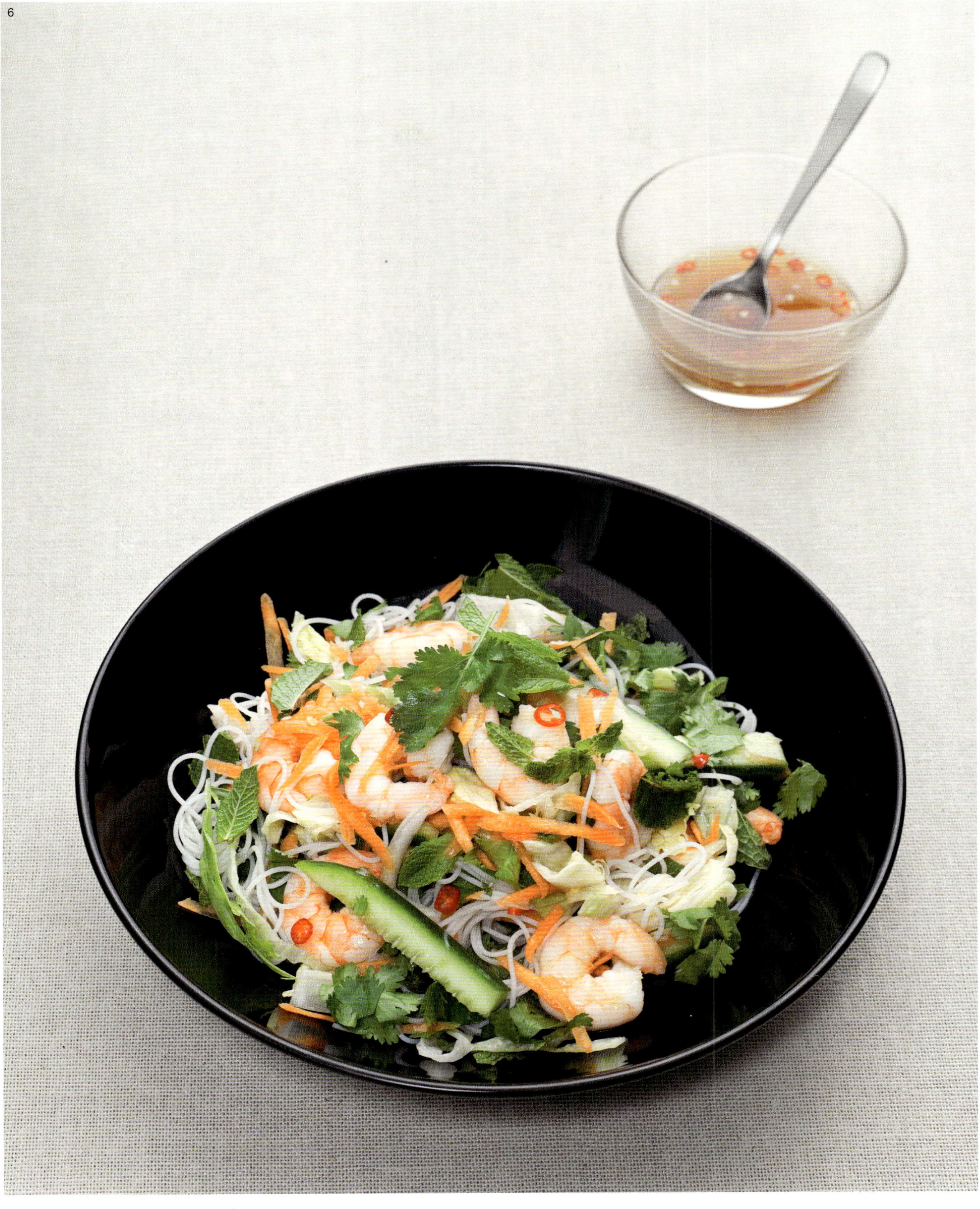

Fajitas de frango com chipotle

Tempo de preparo: 10 minutos
Tempo de cozimento: 10 minutos
Serve 4 (é fácil de dividir)

As fajitas quentes, deliciosas e rápidas, facilitam as refeições familiares nas noites corridas de fim de semana. É uma tentação exagerar no recheio das tortilhas, mas pense que menos é sempre melhor – assim você poderá fazer mais uma. Para preparar burritos com antecedência, veja a dica na página 94.

---

2 pimentões
1 cebola
1 colher (sopa) de azeite ou de óleo vegetal
3-4 peitos de frango
1 punhado de coentro
1 colher (sopa) de sementes de cominho
1 colher (sopa) de pasta de chipotle ou de outra pimenta
1 colher (sopa) de purê de tomate (passata)
1 colher (chá) de açúcar
80 g de queijo prato ou outro queijo curado
½-⅔ xícara de creme de leite fresco com gotas de limão
6-8 tortilhas
sal grosso e pimenta-do-reino moída na hora

1
Tire as sementes e corte os pimentões em tiras grossas. Fatie a cebola.

PREPARO DO PIMENTÃO
Corte o pimentão ao meio a partir do talo. Com cuidado, passe a faca ao redor do talo para retirá-lo junto com as sementes. Apare toda a membrana branca antes de fatiar a polpa.

2
Aqueça uma frigideira grossa e grande em fogo médio. Adicione um fio de óleo, espere alguns segundos e ponha o pimentão e a cebola. Refogue por 5 minutos, mexendo sempre, até começar a amolecer e a dourar na beirada.

3
Enquanto isso, corte o frango em tirinhas de 1,5 cm e coloque numa tigela grande. Pique bem os talos do coentro e adicione ao frango junto com o cominho, o sal e a pimenta. Misture, até o frango ficar bem coberto.

Almoços & Jantares Leves

4
Transfira os legumes cozidos para uma vasilha, adicione mais um pouco de óleo na frigideira e refogue o frango por 5 minutos, mexendo sempre, até dourar e cozinhar bem.

5
Prepare o molho: misture a pasta de chipotle, o purê de tomate e o açúcar e tempere com sal e pimenta. Deixe mais ralo com 2 colheres (sopa) de água, até o molho ficar com consistência de ketchup. Rale o queijo.

NÃO TEM CHIPOTLE?
Se não conseguir encontrar esta pasta de pimenta picante defumada, use 1 colher (sopa) de ketchup misturada com 1 colher (chá) de molho de pimenta e uma pitada de páprica defumada. Adicione aos ingredientes restantes e ajuste o tempero com mais açúcar, caso necessário.

6
Leve o pimentão e a cebola de volta à panela e misture o molho de chipotle. Mantenha cozinhando até ficar espesso e envolto no molho. Tire do fogo.

7
Aqueça as tortilhas segundo as instruções da embalagem. Ponha um pouco da mistura do frango em cada uma, espalhe o queijo e termine com o creme de leite azedo e algumas folhas de coentro. Enrole e consuma imediatamente.

BURRITOS PRÉ-PREPARADOS
Enrole as tortilhas apenas com a mistura de frango e enfileire numa assadeira grande. Coloque queijo em cima e leve à geladeira. Na hora de servir, leve ao forno por 15 minutos a 200°C, até o queijo derreter. Sirva com coentro e creme de leite azedo.

7

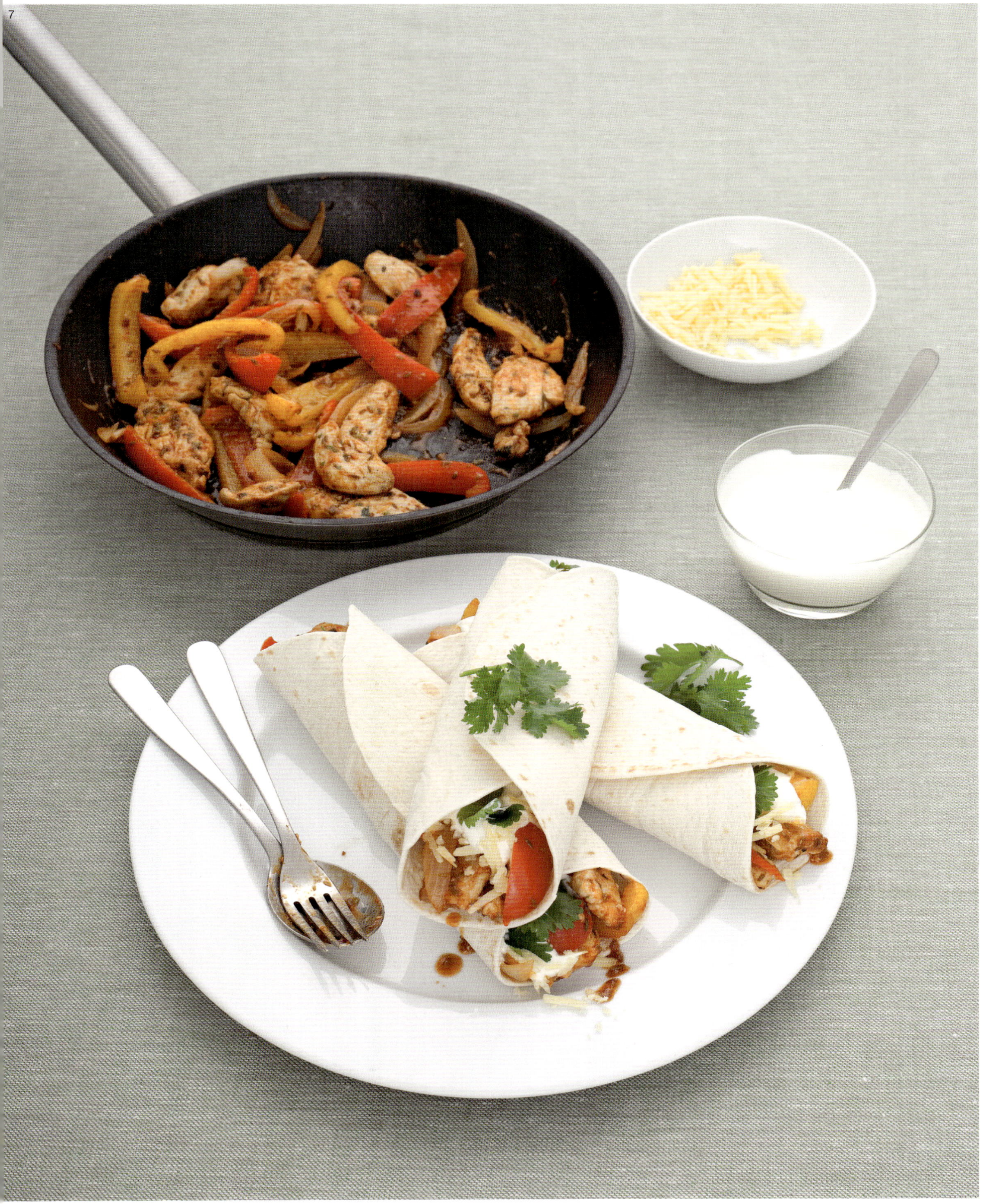

Salmão com pepino e batata

Tempo de preparo: 25 minutos
Tempo de cozimento: 5 minutos
Serve 4 (é fácil de multiplicar)

Uma combinação clássica, rápida e leve para o dia a dia e ideal também para fins de semana com convidados. O creme azedo sobre a batata é um toque exótico mas saboroso, ou, se preferir, misture-o com mostarda e um pouco de azeite. Os filés de truta também se harmonizam com a receita, que leva apenas alguns minutos para o preparo.

---

750 g de batatas-bolinha
1 pepino
½ cebola roxa
1 maço de dill fresco
2 colheres (sopa) de vinagre de vinho branco
1 colher (chá) de açúcar
4 filés de salmão com pele
1 colher (chá) de azeite ou de óleo vegetal
4 colheres (sopa) de creme de leite com gotas de limão ou maionese light
1 colher (chá) de mostarda em grão
sal grosso e pimenta-do-reino moída na hora

1
Corte as batatas maiores ao meio, coloque-as numa panela com água fria salgada e leve para ferver. Cozinhe por 15-20 minutos, até ficarem tenras no centro.

2
Descasque o pepino, retire as sementes com uma colherinha e as descarte. Pique a polpa em cubinhos pequenos.

3
Pique bem a cebola e a maior parte do dill e misture com o pepino numa tigela. Regue com o vinagre, polvilhe com açúcar e tempere com sal e pimenta. Reserve enquanto prepara o salmão.

4
Aqueça o forno. Coloque o salmão numa assadeira untada com pouco óleo, tempere com sal e pimenta e coloque em cima um raminho ou dois de dill.

5
Quando a batata estiver pronta, escorra e reserve para esfriar um pouco. Ponha o salmão no forno e deixe por 5 minutos, até o peixe ficar firme e pálido por igual e cozinhar bem no centro. Se não tiver certeza, enfie uma faca no centro com cuidado, no meio do filé: se separar com facilidade, o peixe está pronto. Não é preciso virá-lo.

PREPARO DE PEIXE GORDO
Se você não tem experiência, uma carne naturalmente gorda como a tainha, o salmão, a cavalinha ou a sardinha é ótima para começar. Ela não resseca com facilidade e não gruda tanto na assadeira. Lembre-se de que, assim como a carne vermelha, o filé de peixe continua a cozinhar enquanto é colocado no prato, portanto é sempre melhor tirar antes do ponto que cozinhá-lo demais.

6
Misture as batatas aquecidas com o creme azedo ou a maionese e mostarda até cobri-las bem. Tempere com sal e pimenta a gosto.

7
Arrume o salmão nos pratos, coloque uma colherada do pepino curtido e sirva com a batata.

7

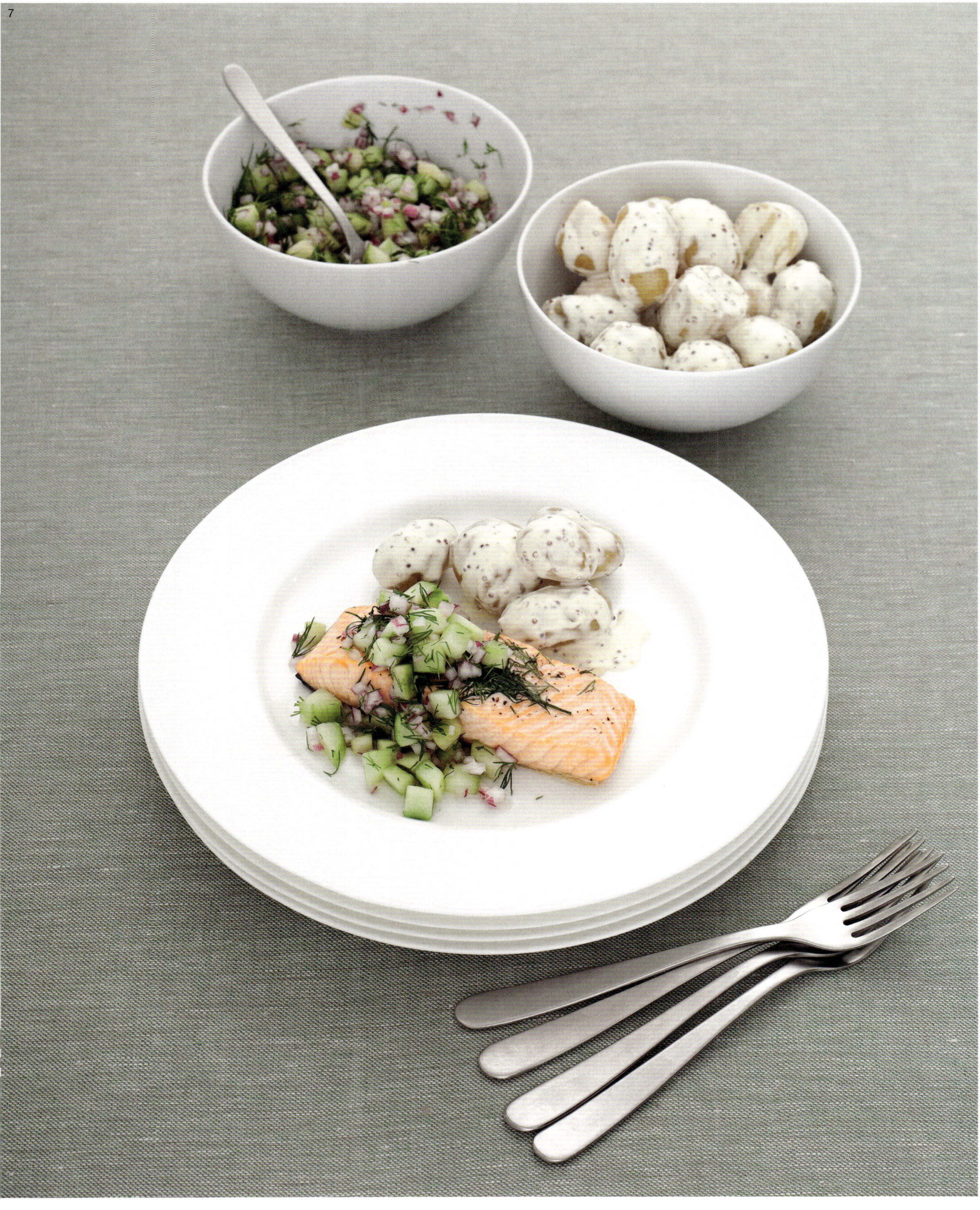

Pizzas simples de ciabatta

Tempo de preparo: 5 minutos
Tempo de cozimento: 10 minutos
Serve 2-4 (é fácil de multiplicar)

Esta é mais uma sugestão que uma receita propriamente dita – se não tiver queijo de cabra, use muçarela. Experimente presunto em vez de salame, cogumelos em vez de tomates, cebola roxa em vez de azeitonas... o que tiver à mão. Nem é preciso comprar molho de pizza; use purê de tomate e ervas secas.

---

3 colheres (sopa) de purê de tomate (passata)
2 colheres (chá) de orégano ou uma mistura de ervas secas
2 colheres (sopa) de azeite extravirgem, mais um pouco para regar
1 dente de alho grande
1 ciabatta grande
120 g de queijo de cabra
2-3 tomates
10 fatias de salame ou pepperoni
½ xícara de azeitonas pretas ou verdes sem caroço
1 punhado de rúcula ou salsinha fresca
sal grosso e pimenta-do-reino moída na hora
salada, para servir (opcional)

1
Misture a pasta de tomate, a maior parte do orégano, o azeite e um pouco de sal e pimenta numa tigela. Amasse o alho e junte à mistura.

2
Preaqueça o forno. Corte o pão ao meio, no sentido do comprimento, e ponha numa assadeira com o lado cortado para cima. Leve ao forno por 2 minutos, até começar a dourar. Espalhe o molho sobre o pão, passando bem até a beirada.

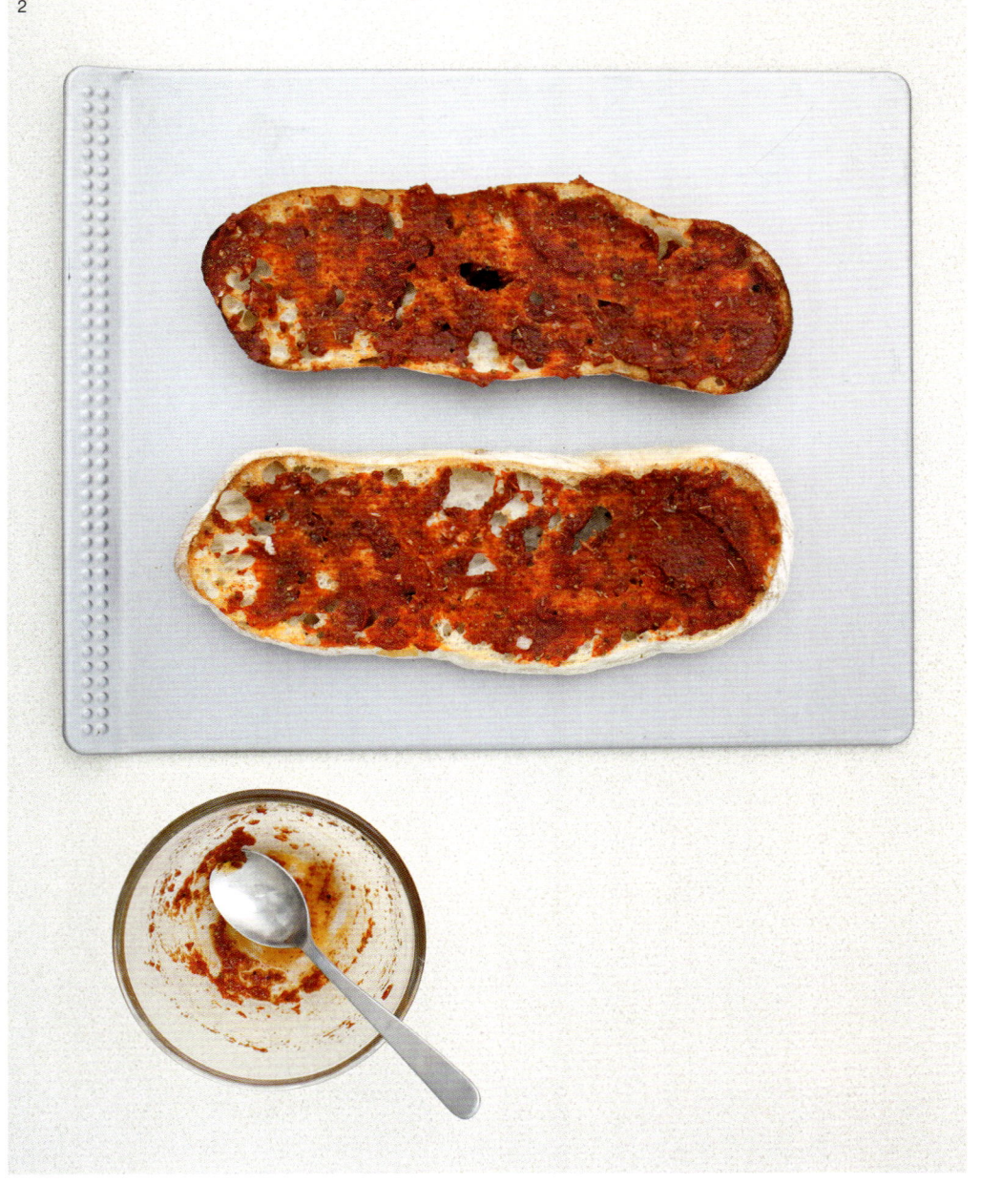

3
Pique ou amasse o queijo de cabra e fatie os tomates.

4
Arrume o queijo, o tomate, o salame e as azeitonas sobre o pão sem amontoar muito – assim tudo pegará o calor do forno. Cubra a ponta do pão também, para não queimar. Espalhe um pouco de orégano e pimenta e regue com azeite para harmonizar tudo.

5
Leve as pizzas ao forno por 10 minutos, até o queijo, o tomate e o salame começarem a dourar. Sirva com um pouco de rúcula ou salsinha e uma salada verde, para acompanhar (opcional).

Pizzas simples de ciabatta

5

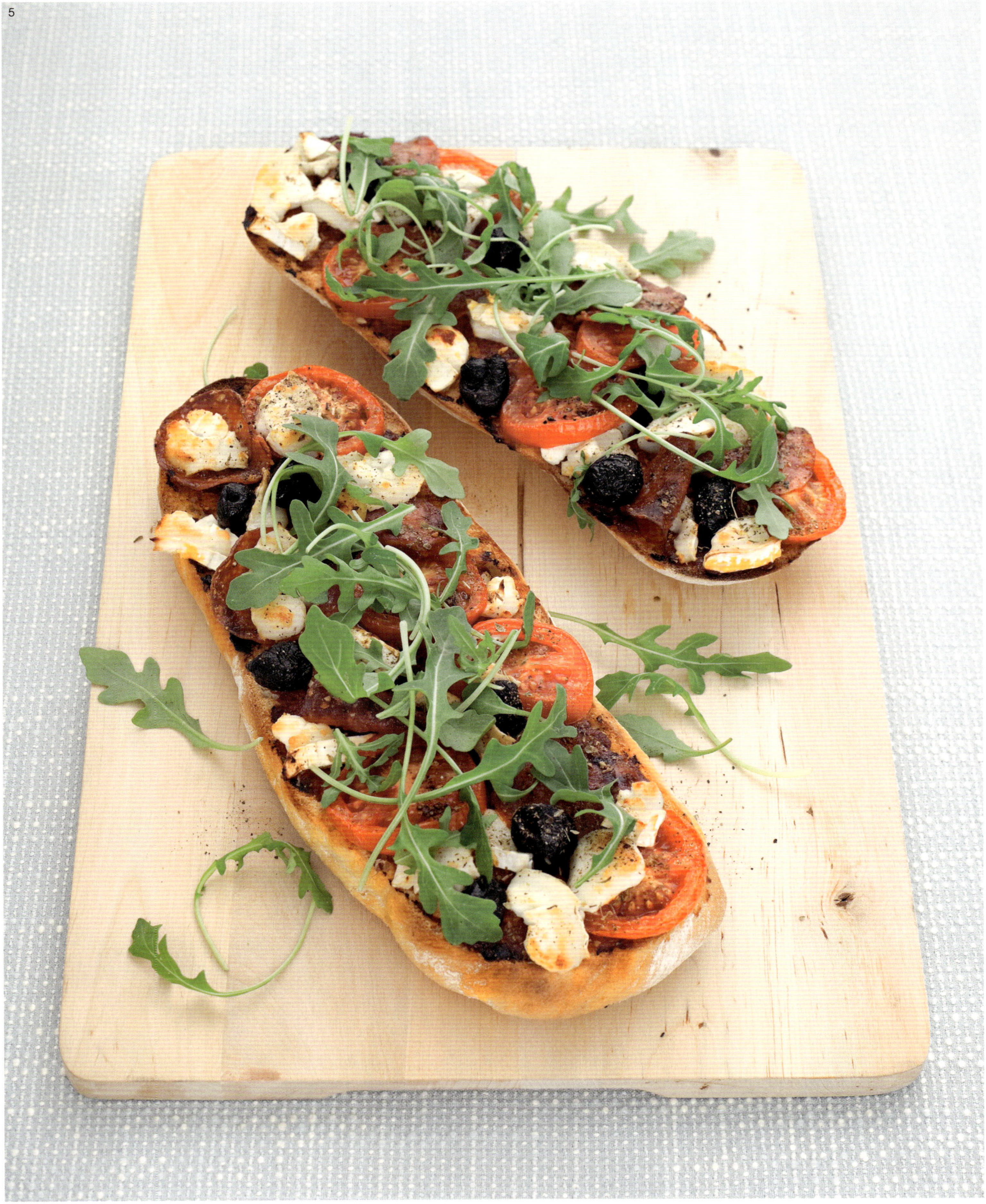

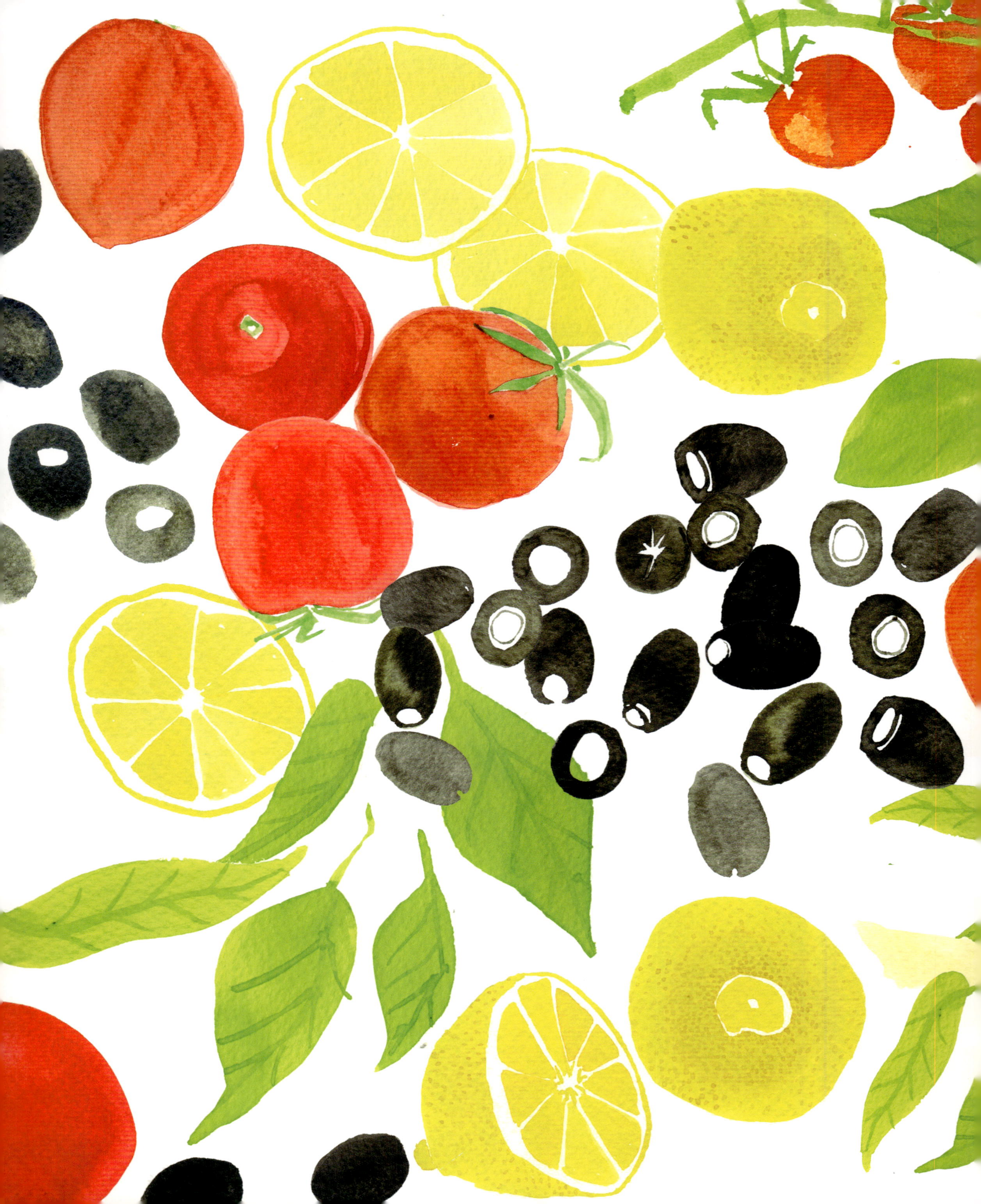

PARA COMER FORA DE CASA

Salada de macarrão com pesto de tomate

Tempo de preparo: 10 minutos
Tempo de cozimento: 8 minutos
Serve 6, como parte da refeição

Esta salada é personalizada, pois tem o sabor pronunciado do tomate seco – ingrediente do pesto. O pesto rende o dobro do necessário, portanto guarde a sobra coberta com uma camada de azeite na geladeira, por até 2 semanas.

3½ xícaras de macarrão pequeno
1¾ xícara de tomates secos em azeite, mais azeite se necessário
1 dente de alho grande
¾ xícara de pinoles tostados
1 maço de manjericão
50 g de parmesão
130 g de cogumelos portobello
150 g de tomates-cerejas
100 g de espinafre tenro
1 limão-siciliano
sal grosso e pimenta-do-reino moída na hora

1

Ferva água salgada numa panela grande e adicione o macarrão. Deixe a água voltar a ferver, mexa uma vez para o macarrão não grudar e cozinhe por 8 minutos, até ficar tenro. É melhor deixá-lo al dente se for servir como salada, pois, ao absorver o molho, ele fica mais mole.

2

Prepare o pesto. Escorra os tomates secos numa peneira, sobre uma tigela. Coloque no processador e adicione ⅔ xícara do azeite do pote. Se não houver suficiente, complete com mais azeite. Adicione o alho, os pinoles e o manjericão.

PINOLES TOSTADOS
Se não encontrar pinoles já torrados, toste-os em uma frigideira, em fogo baixo. Adicione os pinoles e deixe por 3 minutos, até começarem a dourar e liberarem aroma.

3

Bata os ingredientes do pesto no processador até ficar quase uniforme. Passe o parmesão em ralo fino e adicione à tigela. Bata mais um pouco, até o parmesão e o molho agregarem bem. Tempere com sal e pimenta a gosto.

4
Corte os cogumelos em fatias finas. Corte os tomates ao meio e esprema o suco do limão.

5
Quando o macarrão estiver pronto, reserve 1 xícara da água do cozimento e escorra-o. Esfrie sob água fria corrente, escorra bem, depois misture com um pouco de azeite, para evitar que o macarrão grude.

6
Misture o macarrão com metade do pesto e todo o suco de limão; se parecer seco, adicione um pouco da água do cozimento.

7
Junte os cogumelos fatiados e o espinafre e sirva. Se fizer a salada com antecedência, misture os cogumelos mas deixe o espinafre à parte – adicione-o apenas no momento de servir.

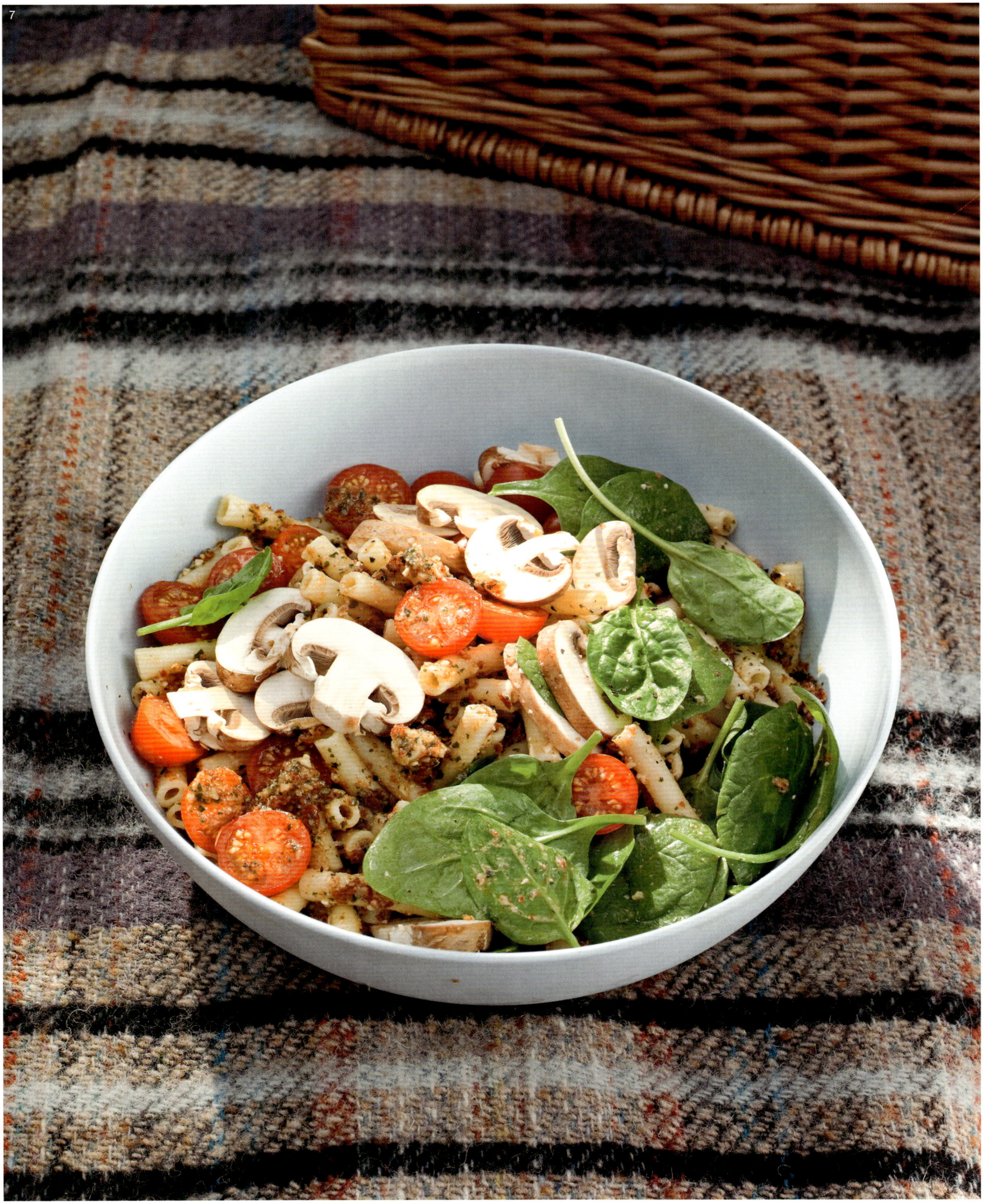

Salada fatuche com labneh

Tempo de preparo: 20 minutos, mais o tempo de espera
Tempo de cozimento: cerca de 10 minutos
Serve 4-6, como parte da refeição

Esta é a minha versão do fatuche, salada libanesa feita com pão sírio tostado. Costumo usar tortilhas, pois são bem crocantes, mas você também pode usar pão sírio. Labneh é a coalhada seca, que se harmoniza perfeitamente com a salada.

---

2 xícaras de iogurte natural grego
3 tortilhas ou wraps grandes, ou 4 menores
2-3 beterrabas cruas (ou cenouras)
½ pé de alface-americana
1 maço de cebolinha
200 g de tomates-cerejas
1 pepino
1 punhado de salsinha
1 dente de alho
1 limão-siciliano
3 colheres (sopa) de azeite extravirgem
1 colher (chá) de mel
1 colher (chá) bem cheia de hortelã seca
1 colher (chá) bem cheia de sumac
sal grosso e pimenta-do-reino moída na hora

1
Preaqueça o forno a 180ºC. Antes, prepare o labneh: ponha o iogurte em uma peneira sobre uma tigela. Cubra com filme de PVC e deixe descansando na geladeira por 30 minutos ou mais tempo (de véspera seria ideal), para o soro se separar do iogurte.

LABNEH
Este é o nome original da famosa coalhada seca, em que o iogurte se separa do soro e fica cremoso e espesso. Pode-se servir o labneh como pasta, acrescentando um pouco de suas ervas prediletas, suco de limão e azeite.

2
Corte as tortilhas em pedaços pequenos e espalhe sobre uma fôrma.

3
Toste-as no forno por 10-12 minutos, até dourarem e ficarem crocantes. Durante o procedimento, agite a assadeira para tostarem por igual. Deixe esfriar e guarde em saco plástico, vedando bem. Podem ser feitas de véspera, sem problemas.

4
Lave e descasque as beterrabas e passe em ralo grosso. É aconselhável usar luvas para não manchar as mãos. Coloque em uma vasilha grande, com tampa.

Para Comer Fora de Casa

5
Pique bem a alface e a cebolinha e fatie os tomates ao meio. Corte o pepino no sentido do comprimento, tire as sementes com 1 colher (chá) e fatie a polpa em meias-luas. Pique grosseiramente a salsinha. Empilhe sobre a beterraba, tampe a tigela e mantenha na geladeira até o uso.

6
Prepare o molho. Amasse o alho, esprema o suco de limão e misture ao alho, azeite, mel, hortelã seca, sumac, sal e pimenta. Mergulhe um pedaço do pão ou da alface e experimente. Ajuste o tempero, se necessário. Antes de sair de casa, regue o molho sobre a salada – ele vai penetrar na beterraba e as folhas não ficarão moles.

O QUE É SUMAC?
Sumac é um bago que é seco e depois moído. Muito usado na culinária libanesa, adiciona um toque ácido autêntico que lembra o limão, porém um pouco mais acre. Uma boa alternativa seria adicionar raspas do limão ao molho (além do seu suco), com uma pitada de páprica.

7
Tire a coalhada da peneira e tempere com sal e pimenta. Descarte o soro.

8
Quando estiver pronto para servir, espalhe os chips de tortilha sobre a salada e misture bem. Sirva a salada com uma colherada de labneh.

Salada fatuche com labneh

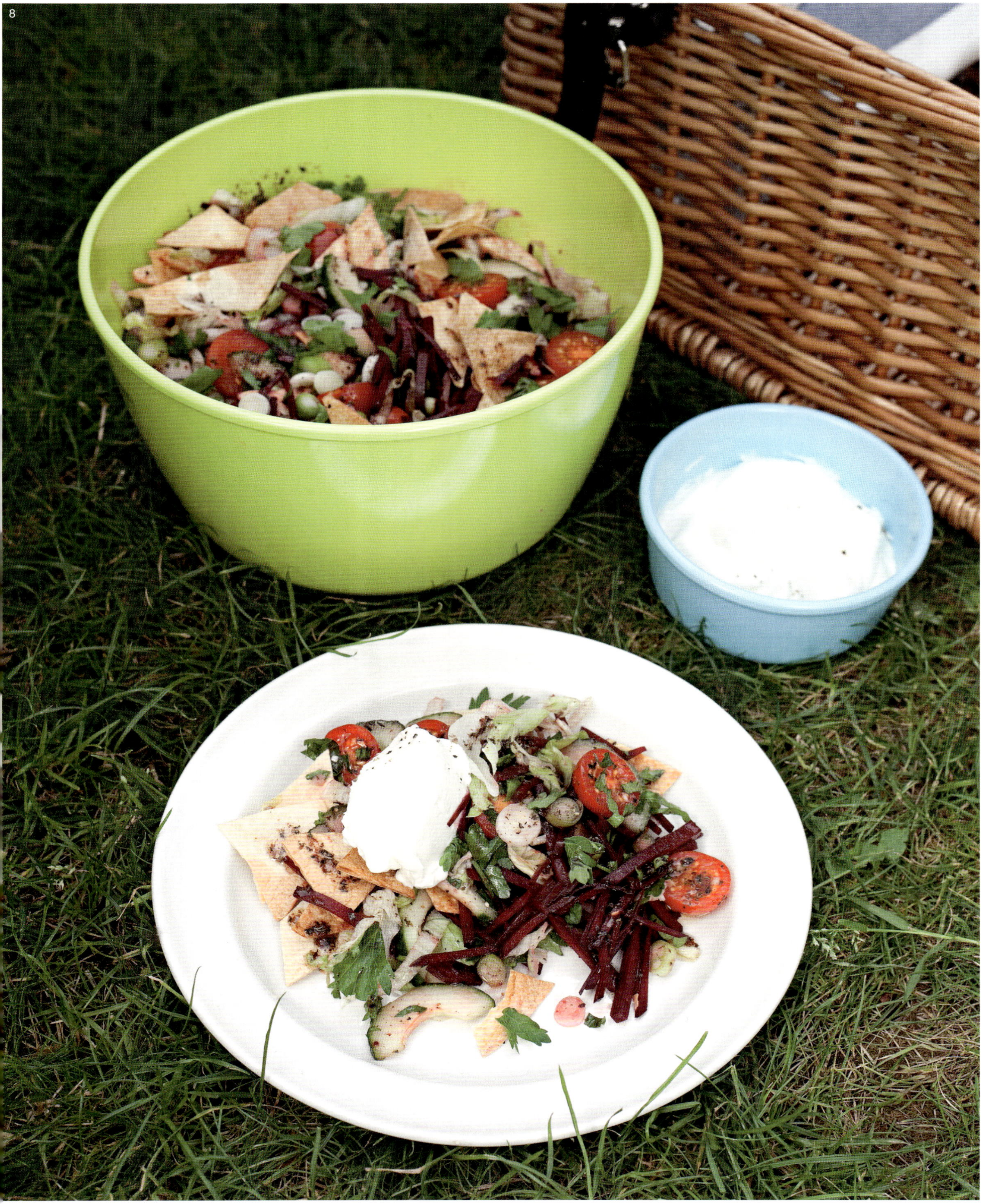

Gazpacho

Tempo de preparo: 20 minutos, mais o tempo para resfriar
Serve 4 (é fácil de multiplicar)

Provavelmente, esta é a refeição mais refrescante possível. Adicionei um pouco de raiz-forte e molho inglês a este clássico espanhol, harmonizando o sabor ardido, mas, se você preferir, não os utilize. Outra possibilidade mais exótica é acrescentar um pouquinho de vodca à mistura.

---

1 fatia de pão amanhecido
⅔ xícara de suco de tomate
600 g de tomates maduros
½ pepino (200 g)
1 maço de cebolinha
1-2 dentes de alho
5 pimentões vermelhos assados em conserva (120 g)
4 colheres (sopa) de azeite extravirgem, mais um pouco para regar
1 colher (sopa) de vinagre de xerez
½ colher (chá) de raiz-forte ralada
1-2 colheres (chá) de açúcar
algumas gotas de molho inglês
sal grosso e pimenta-do-reino moída na hora

1
Retire a casca do pão e mergulhe-o no suco de tomate por alguns minutos.

2
Corte os tomates em fatias grandes e retire as partes duras.

Para Comer Fora de Casa

3
Descasque e pique o pepino em pedaços grandes. Limpe a cebolinha e reserve duas partes brancas (serão usadas na guarnição). Pique grosseiramente o restante. Descasque o alho e ponha-o junto aos legumes num processador ou liquidificador; acrescente o pão e o suco de tomate.

4
Bata a sopa até ficar bem uniforme. Dependendo do tamanho do equipamento, será preciso fazer em duas levas. Adicione o azeite e o vinagre e depois a raiz-forte, o açúcar e o molho inglês a gosto. Tempere e leve a sopa à geladeira por algumas horas.

SOPA GELADA
Deixe a sopa gelar bem antes de colocá-la na garrafa térmica. Uma alternativa é colocá-la numa garrafa plástica, congelar (deixando espaço para o líquido se expandir) e embalar antes de colocar na cesta ou sacola. Enquanto a sopa descongela, ela refresca os outros ingredientes da refeição. Agite bem antes de servir.

5
Quando o gazpacho estiver pronto para servir, coloque-o em copos ou xícaras pequenas. Se estiver em casa, adicione 1 ou 2 cubos de gelo. Se quiser, leve uma garrafa pequena de azeite para regar o gazpacho. Espalhe sobre a sopa a cebolinha reservada e um pouco de pimenta.

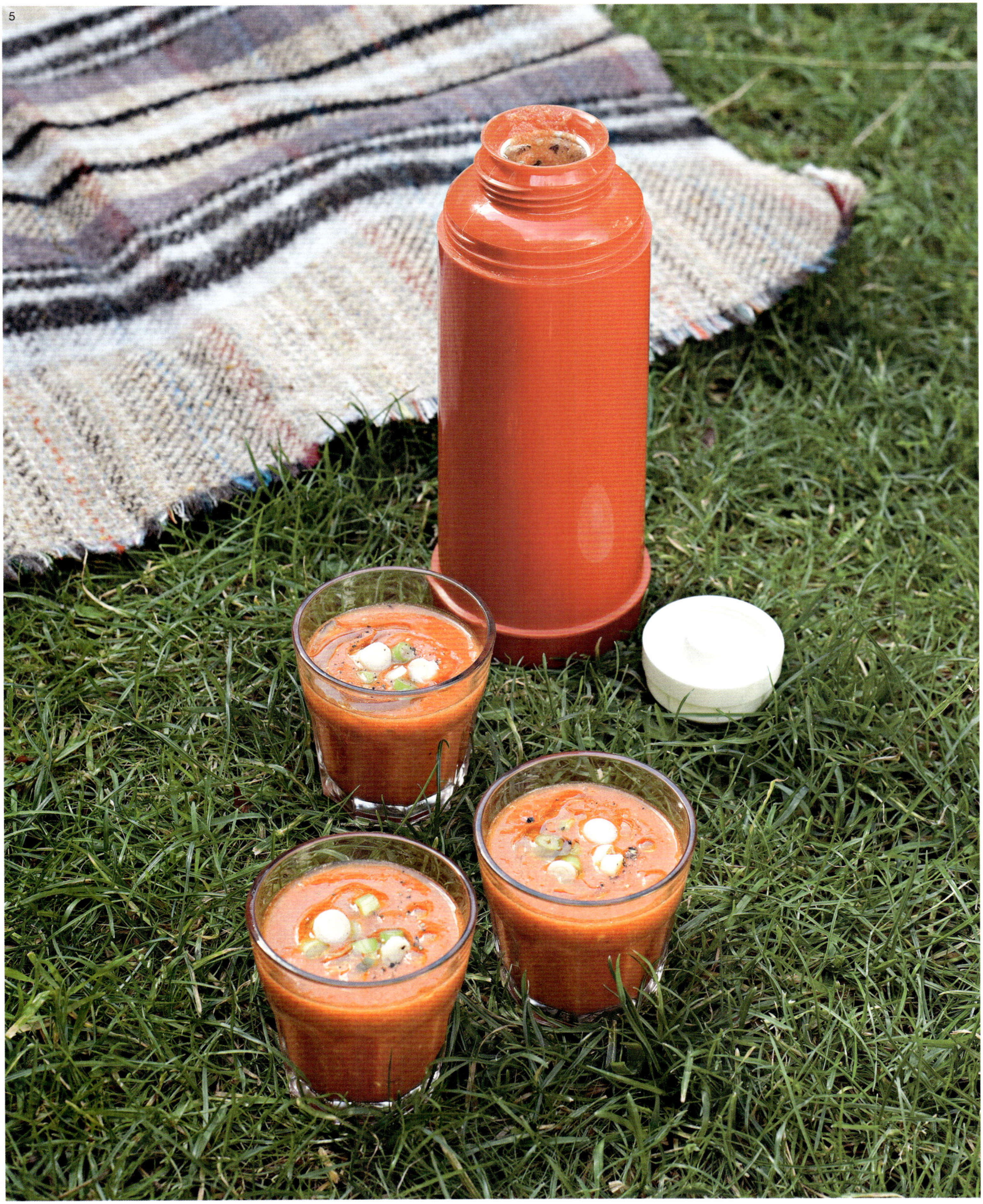

Torta de favas com presunto

Tempo de preparo: cerca de 1 hora, mais o tempo de resfriar
Tempo de cozimento: 35-40 minutos
Serve 8-10 como parte da refeição

Há vários passos na receita, mas se não tiver experiência em fazer massa de torta e quiser fazê-la direitinho, aprenda aqui. Se preferir, compre massa pronta e siga a receita a partir do 5º passo.

1¾ xícara de farinha de trigo
¼ colher (chá) de sal refinado
7 colheres (sopa) de manteiga sem sal bem gelada (100 g)
4 ovos
675 g de favas na vagem
1⅓ xícara de creme de leite fresco com algumas gotas de limão
1 colher (sopa) de mostarda em grão
1 maço de cebolinha
120 g de presunto fatiado
sal grosso e pimenta-do-reino moída na hora

1
Prepare a massa: ponha a farinha e o sal numa tigela grande. Corte a manteiga em cubinhos e adicione à tigela. Separe a gema de 1 ovo (veja página 61) e coloque-a numa tigela pequena. Adicione 2 colheres (sopa) de água fria e bata até misturar bem.

2
Esfregue a manteiga na farinha com a ponta dos dedos, até a mistura virar uma farofa. Se tiver processador, pulse alguns segundos até ficar fina. É importante que a manteiga fique fria para incorporar a farinha sem amolecer. Se sentir que está ficando grudenta, leve a tigela à geladeira por alguns minutos antes de prosseguir.

3
Espalhe a mistura de ovo sobre a tigela e trabalhe a massa usando uma faca arredondada. Se tiver processador, adicione o ovo e pulse aos poucos.

4
Ponha a massa sobre a mesa e sove ligeiramente, até ficar uniforme. (Ou pulse as lâminas do processador até a massa se juntar e formar uma bola lisa.) Faça um disco achatado, embrulhe em filme de PVC e resfrie por 30 minutos.

5
Enquanto a massa resfria, prepare a fava. Ferva água numa panela. Limpe as favas, retirando os grãos da vagem.

6
Ferva as favas por 2 minutos, escorra na peneira e passe em água corrente para deter o cozimento. Retire a película grossa do grão das favas; isso pode levar algum tempo, portanto, peça ajuda, se puder. A película é grossa, por isso é melhor tirá-la, para as favas ficarem mais tenras.

FORA DA ESTAÇÃO?
Se não encontrar favas frescas, use as congeladas ou substitua por ervilhas, mas em menor quantidade, pois as ervilhas não precisam ser descascadas duas vezes.

7
Prepare o recheio. Ponha os ovos restantes numa tigela grande e adicione o creme de leite e a mostarda. Bata até ficar uniforme. Tempere com pimenta e um pouco de sal a gosto. Pique a cebolinha e corte o presunto em pedacinhos.

Torta de favas com presunto

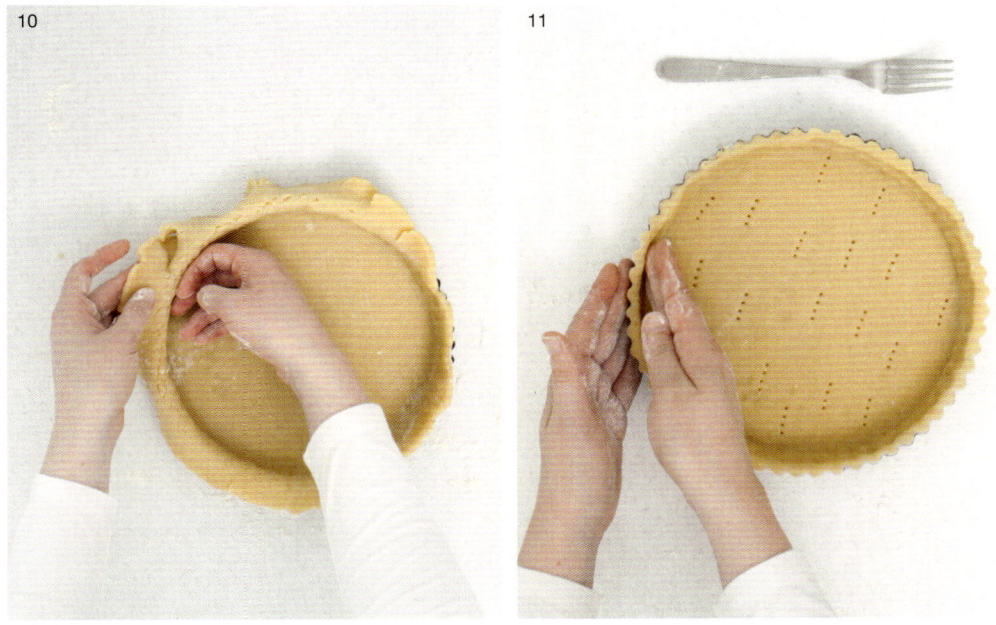

8
Enfarinhe a mesa e um rolo de macarrão. Prepare uma fôrma com aro removível de 23 cm de diâmetro. Use o rolo, pressionando a beirada da massa por igual, vire-a ¼ e repita, até ficar com 1 cm de espessura. Assim, ela esticará sem ficar dura.

9
Abra a massa, passe o rolo para a frente e para trás apenas em uma direção, virando a massa ¼ a cada passada, até ficar com 4 mm de espessura. Com a ajuda do rolo, leve a massa sobre a fôrma.

10
Estenda a massa com cuidado na fôrma, pressionando delicadamente na beirada, com as mãos.

11
Corte o excesso da massa da beirada da fôrma e fure a base da massa várias vezes com o garfo. Pressione com cuidado ao redor da lateral da fôrma, para que ela fique 4 mm acima da beirada da fôrma, pois ela encolhe um pouco depois que assa. Ponha a fôrma sobre uma assadeira e deixe na geladeira por 20 minutos até firmar. Preaqueça o forno a 200ºC.

12

Rasgue uma folha de papel-manteiga grande o suficiente para cobrir toda a fôrma. Ajuste o papel, forrando a massa. Cubra o papel com uma camada de grãos de feijão, amontoando-o nos cantos. Asse por 20 minutos, ainda com o papel, até a massa secar e começar a pegar cor.

PESOS PARA TORTA
Estas bolinhas de cerâmica são usadas como peso para a massa enquanto assa, mantendo-a no lugar e evitando que escorregue na beirada da fôrma. Os grãos de feijão substituem bem as bolinhas de cerâmica. Reutilize o feijão apenas para este uso.

13

Retire o peso e o papel. Asse a massa por mais 10 minutos, até dourar e ficar áspera ao toque. Diminua a temperatura do forno para 160ºC.

14

Distribua o presunto e a fava sobre a massa. Para não sujar o forno, puxe a grade do forno, coloque a torta com a assadeira nela e despeje a mistura de ovo. Com cuidado, deslize a grade de volta.

15

Asse a torta por 30-40 minutos, até o recheio endurecer e subir um pouco no centro. Esfrie sobre uma grade e leve à geladeira até o uso.

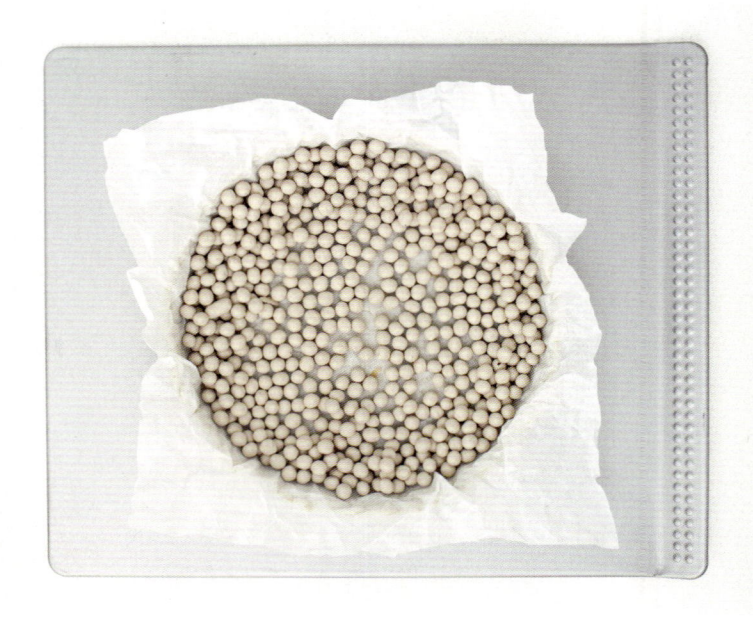

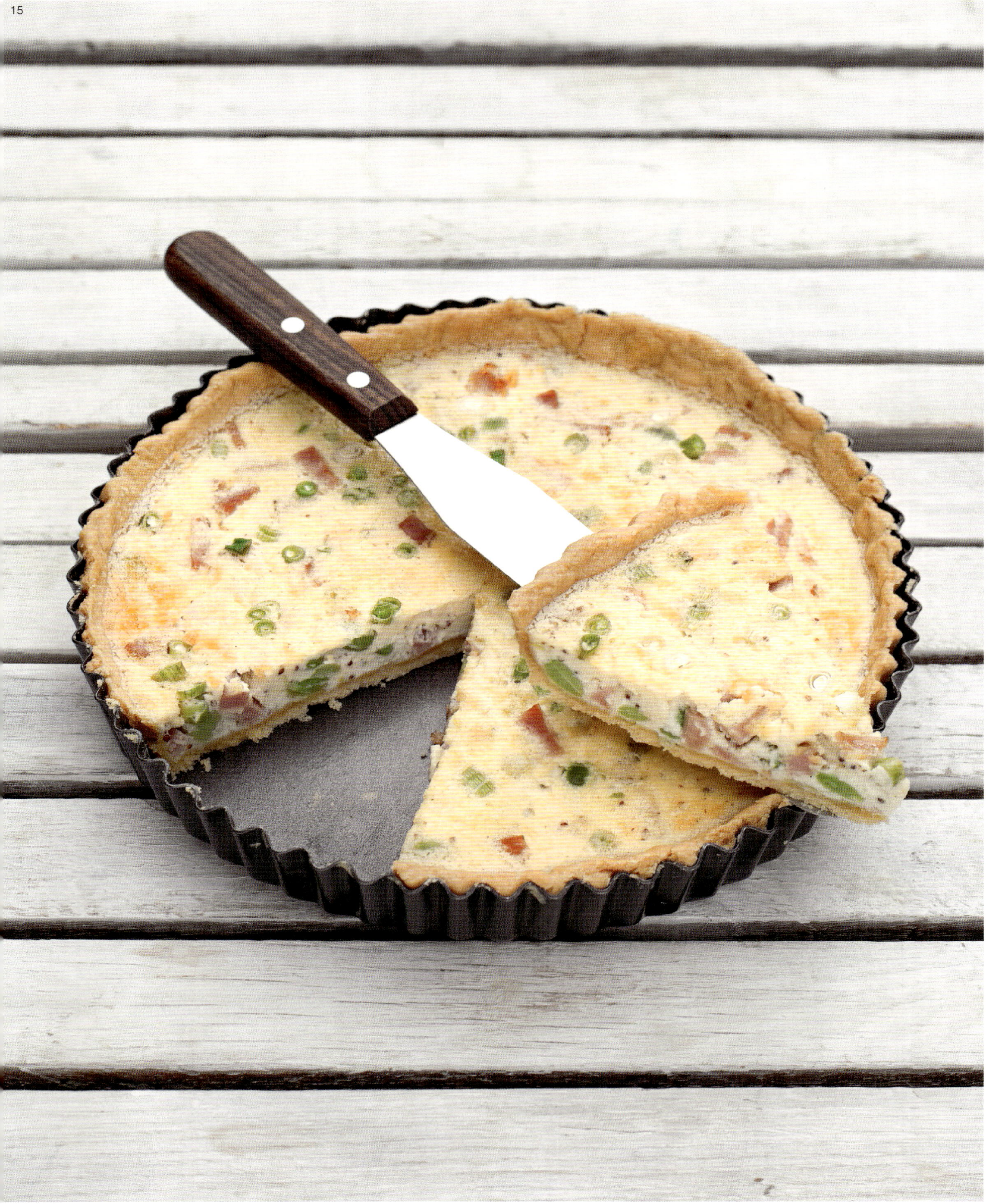

Tortinha de tomate pissaladière

Tempo de preparo: 45 minutos
Tempo de cozimento: 15-20 minutos
Rende 6

Estas tortinhas deliciosas com sabor vibrante da Provença são excelentes para as refeições fora de casa. A receita leva cebolas adocicadas e tenras com anchovas e azeitonas salgadas. Asse de manhã, antes de sair. Deixe esfriar completamente e coloque uma em cima da outra, cobertas com papel-manteiga.

---

3 cebolas grandes
2 colheres (sopa) de azeite extravirgem, mais um pouco para regar
alguns ramos de tomilho
500 g de massa folhada
um pouco de farinha de trigo para abrir a massa
3-4 tomates maduros
6 filés de anchova em azeite
100 g de azeitonas pretas
sal grosso e pimenta-do-reino moída na hora

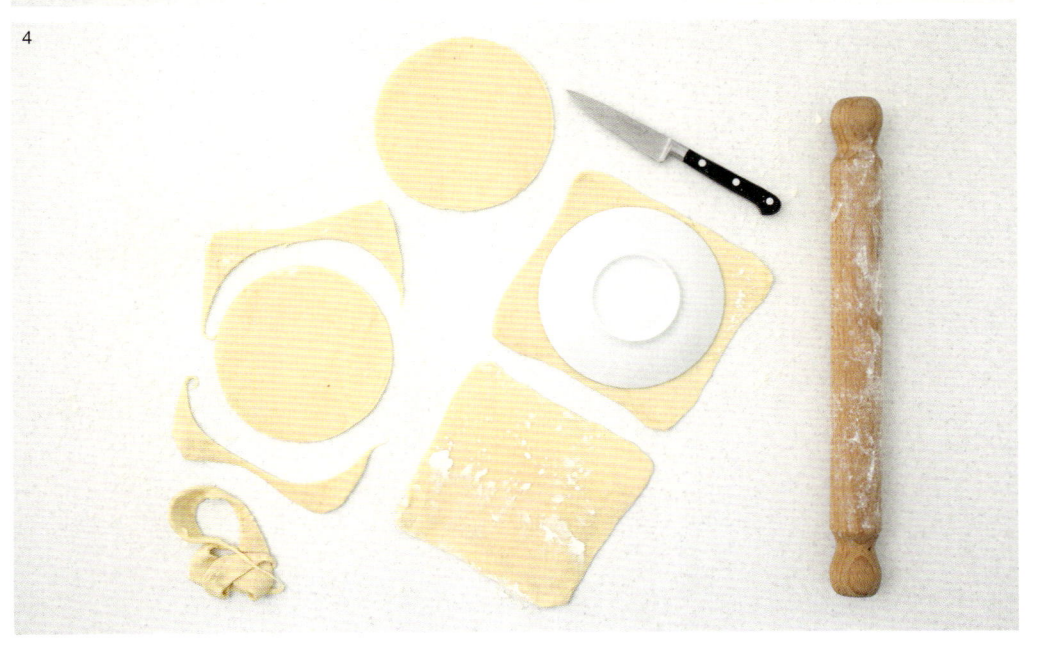

O QUE É UMA PISSALADIÈRE?
É o equivalente francês a uma pizza, normalmente feita com massa de pão, mas neste caso usamos massa folhada crocante.

1
Fatie as cebolas. Aqueça o azeite numa frigideira grande de fundo grosso, junte a cebola e mexa bem. Tempere com sal e pimenta, tire as folhas da maior parte do tomilho e adicione à frigideira.

2
Tampe a panela e deixe a cebola apurar por 30 minutos, mexendo de vez em quando até ficar bem tenra.

3
Destampe a panela, cozinhe por mais 5 minutos e aumente a temperatura até a cebola dourar um pouco. Reserve para esfriar. A cebola pode ficar na geladeira alguns dias, se quiser adiantar o serviço.

4
Prepare a massa e as outras coberturas. Corte a massa em 6 partes iguais e, usando um pouco de farinha, abra essas partes até ficarem com 4 mm de espessura. Com a ajuda de um pires, recorte um círculo de cada pedaço.

Para Comer Fora de Casa

5
Marque um círculo a cerca de 2 cm da beirada da massa, que ajudará a formar a beirada da torta mais tarde. Ponha os círculos em duas assadeiras forradas com papel-manteiga e leve à geladeira, pelo menos por 10 minutos.

6
Fatie os tomates bem finos (serão necessárias 3 rodelas por torta), depois corte as anchovas ao meio, no sentido do comprimento.

7
Coloque a cebola sobre a massa, no círculo interior da marca ou próximo dela. Disponha os tomates, as azeitonas e cruze as anchovas em cima. Espalhe as folhas de tomilho restantes e um pouco de pimenta. Não precisa pôr sal, pois as anchovas e as azeitonas são bem salgadas. Regue com um pouco mais de azeite.

8
Asse as tortinhas por 15-20 minutos, até a massa dourar e estufar na beirada. Regue com um pouco mais de azeite, se quiser. Sirva quente ou frio.

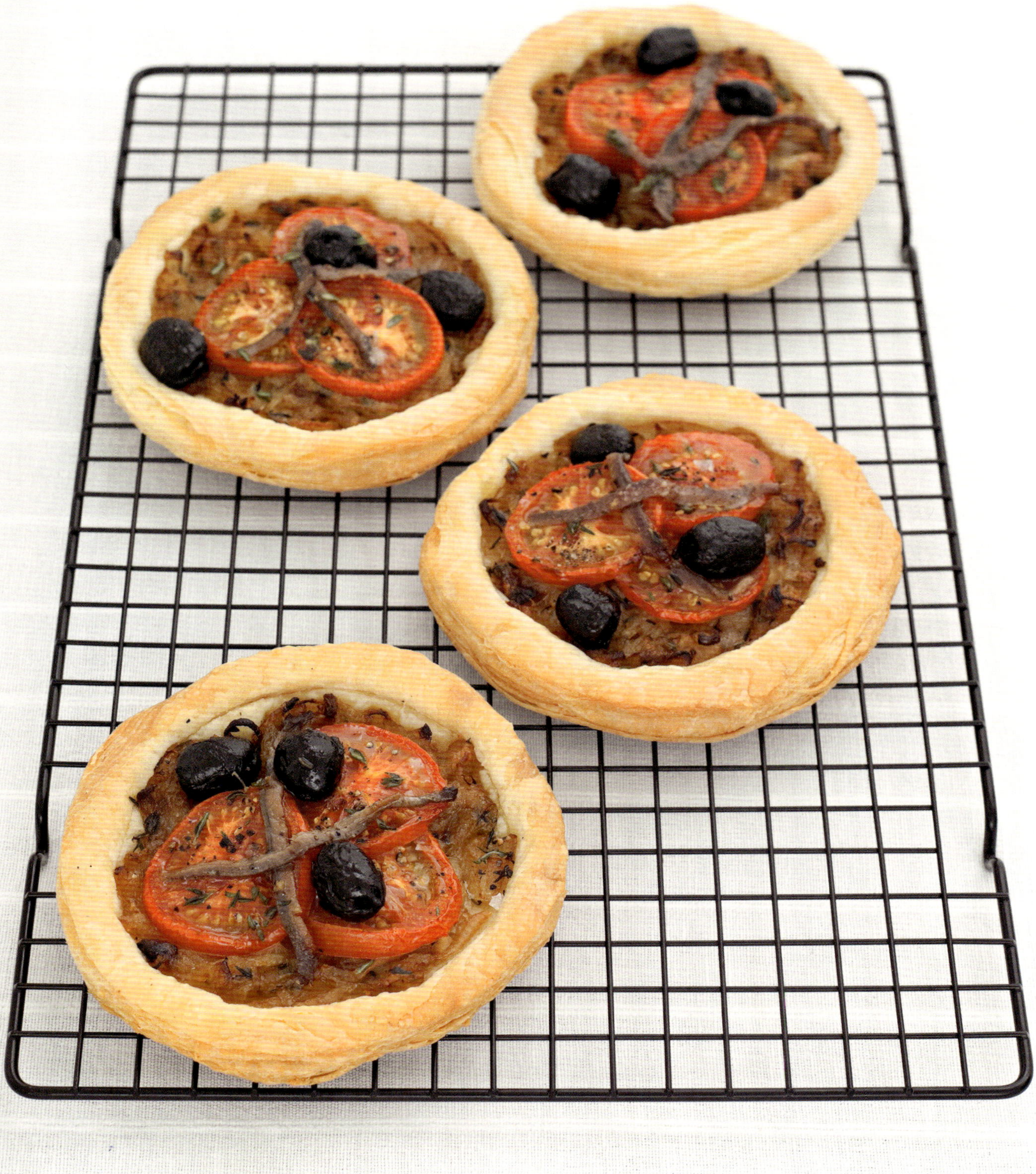

Frango picante com raita de manga

Tempo de preparo: 20 minutos, mais o tempo de marinar
Tempo de cozimento: 40 minutos
Serve 6, como parte da refeição

Com certeza você vai satisfazer os carnívoros com este clássico de verão, próprio para refeições fora de casa. A marinada feita com iogurte amacia o frango, deixando-o com uma bela cobertura dourada. O frango deve ser bem assado e mantido na geladeira para uma boa conservação (ver página 20).

---

8 peças de frango, coxas e sobrecoxas de preferência
2 colheres (sopa) de sementes de cominho
4 dentes de alho
1 colher (chá) de pimenta-do-reino moída na hora
1 colher (chá) de pimenta-calabresa em flocos (ou 2 pimentas secas amassadas)
1 colher (sopa) de azeite
1¼ xícara de iogurte natural
2 limões
1 maço grande de coentro fresco
1 manga madura grande
1 maço de cebolinha
sal grosso e pimenta-do-reino moída na hora

1
Tire a pele do frango. O modo mais fácil é segurar a pele com papel-toalha e puxar (como se estivesse tirando uma meia). Faça talhos em cada peça 2-3 vezes, até o osso.

2
Amasse as sementes de cominho num pilão, para liberar o aroma. Amasse o alho. Ponha os dois na tigela, adicione a pimenta-do-reino, a pimenta em flocos, o azeite e 3 colheres (sopa) de iogurte. Esprema o suco de 1 limão e junte à tigela. Pique bem o coentro e adicione metade aos temperos.

3
Misture bem os ingredientes, adicione o frango e mexa com as mãos, espalhando bem o tempero, principalmente nos talhos. Tampe e deixe marinar na geladeira, pelo menos por 30 minutos, e até 24 horas.

4
Prepare a raita: corte a manga o mais próximo ao caroço que conseguir. Retire a polpa que estiver ao redor. Faça cortes em cruz na fruta, parando perto da casca; inverta a casca para que a polpa fique parecida com um porco-espinho. Retire a polpa.

5
Pique a manga e a cebolinha e misture com o restante do iogurte. Adicione um pouco do suco de metade do segundo limão, o resto do coentro e tempere a gosto. Guarde numa vasilha com tampa e mantenha na geladeira.

6
Quando estiver pronto para assar, preaqueça o forno a 190°C. Coloque o frango numa assadeira e deixe por 40 minutos, virando-o no meio do cozimento. Ele deve ficar dourado e crocante. A marinada pode grudar na fôrma; se quiser, forre-a com papel-alumínio.

7
Deixe o frango esfriar totalmente e embale numa vasilha com tampa, com o limão restante cortado em fatias. Mantenha gelado. Sirva com a raita e esprema o limão por cima.

SELEÇÃO DE MANGAS
Uma manga madura é perfumada e cede um pouco quando pressionada. Todas as mangas são colhidas verdes, mas amadurecem até um amarelo suave ou um rosa e laranja vibrante, dependendo da variedade. Após amadurecerem, mantenha-as na geladeira. As mangas mais apreciadas no Brasil são a Áden e a Palmer, bem doces e sem fiapos.

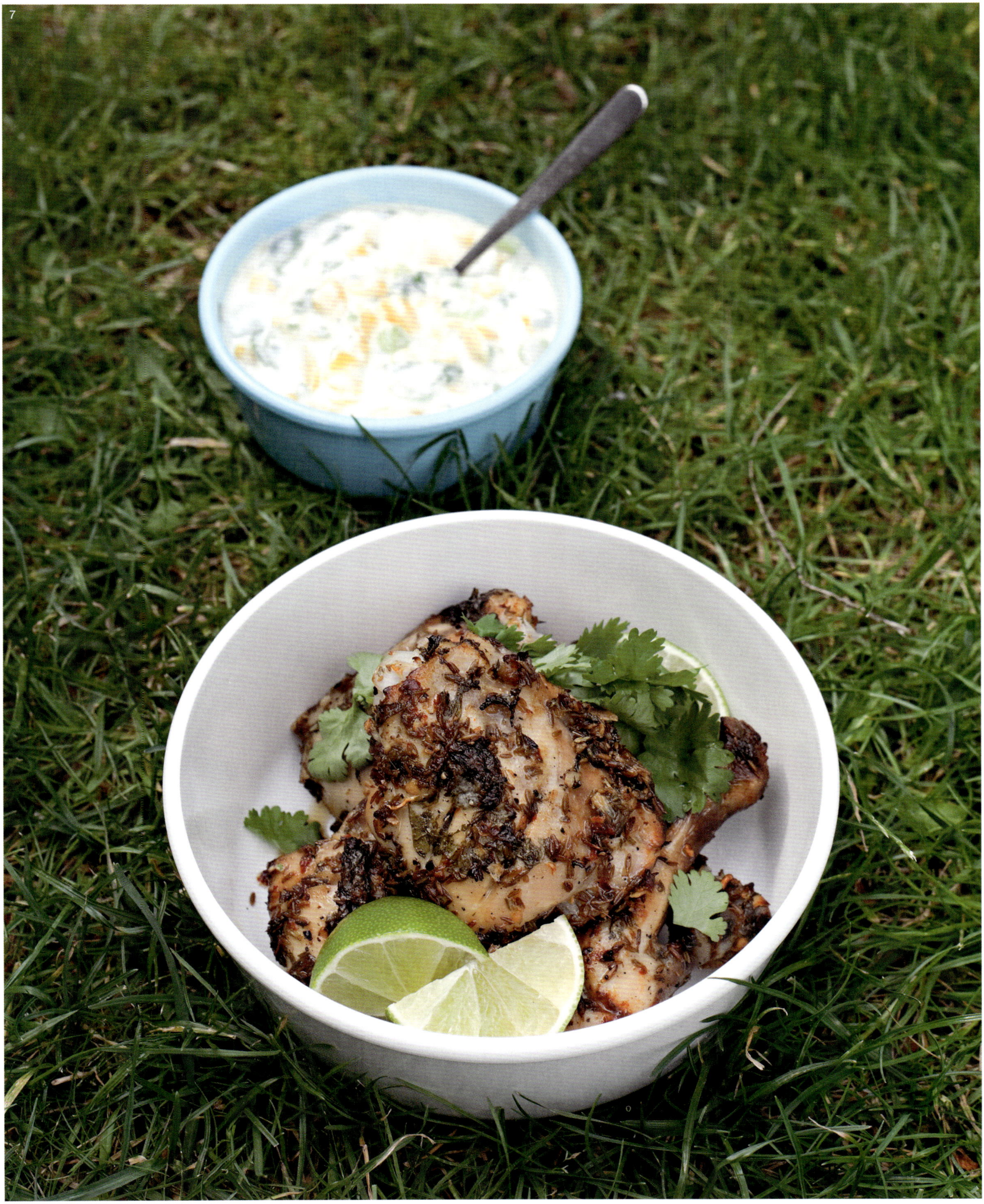

Pans bagnats

Tempo de preparo: 15 minutos, mais 2 horas de descanso
Tempo de cozimento: 7 minutos
Rende 6

Pans bagnats são sanduíches típicos de almoço na região da Provença, no sul da França. São feitos basicamente de salada niçoise, sendo ideais para piqueniques e refeições fora de casa, pois demandam algumas horas para curtir e apurar o sabor. Se alguém do grupo não gosta de peixe, fatie um bom salame e adicione ao pão no lugar do atum.

---

4 ovos
6 baguetes individuais ou miniciabattas
1 dente de alho
2 colheres (sopa) de vinagre de vinho tinto
225 g de filés de atum em conserva em óleo
6 tomates maduros
6 pimentões vermelhos em conserva
4 colheres (sopa) de azeitonas pretas sem caroços ou 1 colher (sopa) de patê de azeitonas
1 colher (sopa) de alcaparras em salmoura escorridas
1 punhado de manjericão fresco
sal grosso e pimenta-do-reino moída na hora

1
Ponha os ovos numa panela com água fria e leve ao fogo alto, até ferver. Quando a água começar a soltar bolhas grandes, abaixe o fogo e deixe cozinhar por 7 minutos, até as gemas ficarem firmes, mas não totalmente secas.

2
Retire o miolo das baguetes, abrindo espaço para o recheio. Use-o para o gazpacho da página 114 ou guarde para fazer farinha de rosca. Esfrie os ovos, colocando água fria na panela.

3
Amasse o alho, misture com o vinagre e 3 colheres (sopa) de óleo do atum e tempere com sal e pimenta. Regue o interior do pão com o molho, para umedecê-lo.

4
Fatie os tomates e os ovos. Enfileire o tomate, o pimentão, as azeitonas, as alcaparras, o ovo, o manjericão e o atum no pão, temperando e adicionando um pouco do molho. Se necessário, rasgue o pimentão com as mãos.

5
Feche os sanduíches, embrulhe em papel-manteiga e amarre com barbante. Deixe 2 horas em temperatura ambiente antes de cortar ao meio. Se quiser prepará-los com antecedência, conserve-os na geladeira e retire 2 horas antes de sair de casa. A única desvantagem é que o pão não fica tão crocante.

5

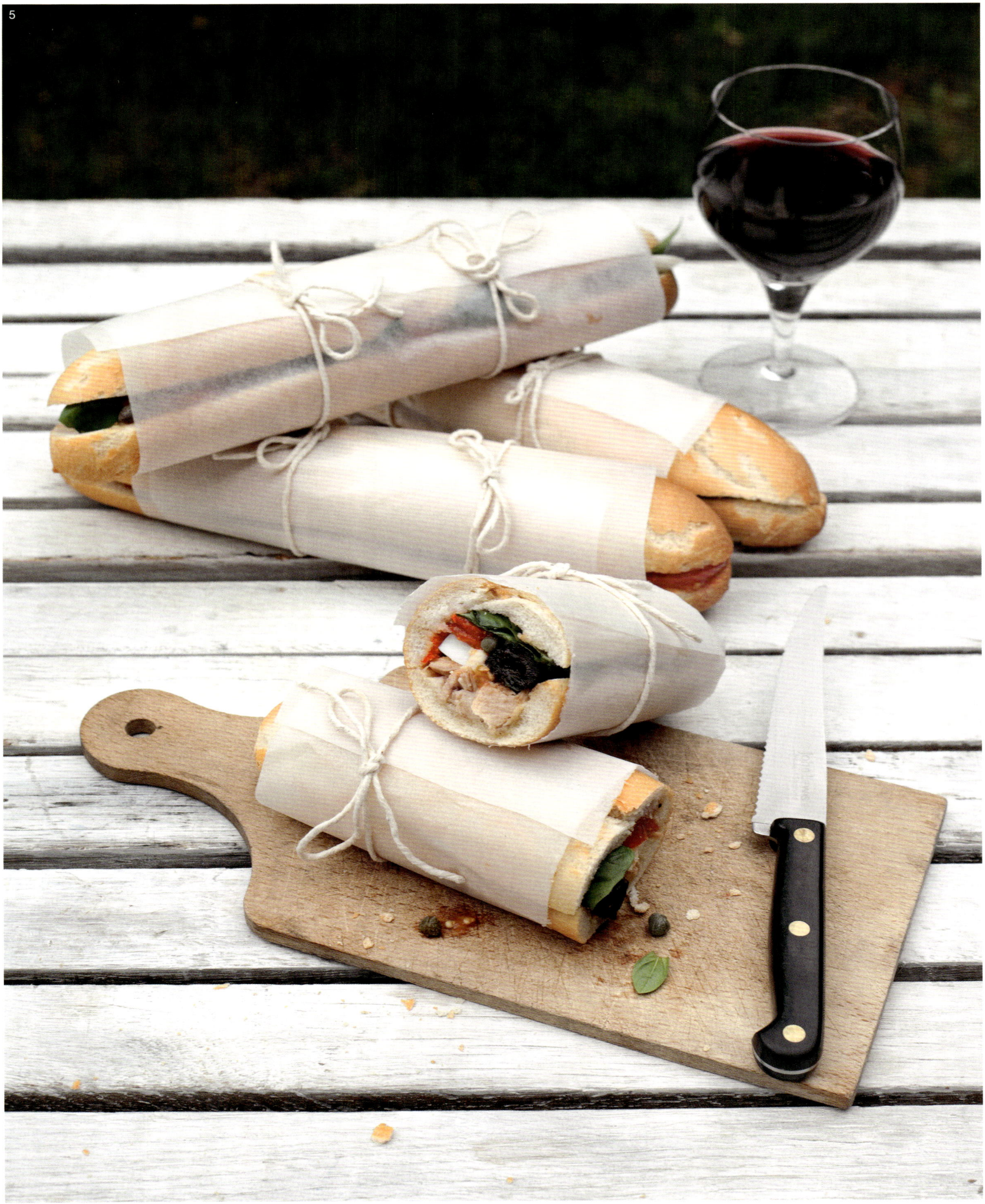

Folhados de ricota com espinafre

Tempo de preparo: 30 minutos, mais o tempo de esfriar
Tempo de cozimento: 20 minutos
Rende cerca de 18 folhados

Leve estes folhados para o trabalho, ou outro almoço fora de casa, como uma bela opção vegetariana. Gosto de usar pimentão espanhol na pasta, que tem um toque defumado e a cor vermelha vibrante e intensa.

---

400 g de espinafre tenro
250 g de cogumelos portobello
2 colheres (sopa) de azeite extravirgem
6 colheres (sopa) de manteiga sem sal
noz-moscada, para ralar
250 g de ricota escorrida
1 ovo
12 folhas de massa filo, descongeladas
1 pote de pimentão vermelho em conserva (escorrido)
1 dente de alho
sal grosso e pimenta-do-reino moída na hora

1
Leve uma chaleira com água para ferver. Ponha o espinafre num escorredor.

2
Regue o espinafre com a água fervente, até murchar. Passe-o na água fria corrente, esprema toda a água que puder com as mãos (ou use papel-toalha).

3
Fatie os cogumelos. Aqueça 1 colher (sopa) de azeite e 1 colher (chá) de manteiga numa frigideira. Quando a manteiga espumar, adicione os cogumelos e refogue por 5 minutos, até dourar e a frigideira secar.

4
Adicione o espinafre à frigideira com os cogumelos e refogue alguns minutos, até evaporar o líquido (assim os folhados se manterão crocantes). Tempere com bastante sal, pimenta e uma pitada de noz-moscada ralada. Ponha numa tigela e deixe esfriar.

5
Quando os legumes esfriarem, ou quase esfriarem, junte a ricota, quebre o ovo e misture bem. Tempere a gosto com sal e pimenta. O recheio pode ser preparado de véspera, se preferir.

6
Preaqueça o forno a 200°C. Derreta a manteiga restante numa panela pequena. Desenrole a massa, tire duas lâminas, depois cubra o resto com filme de PVC ou papel-toalha, para não secar. Deixe a parte larga diante de você e corte a massa em três tiras iguais. A massa da foto tem 24 cm x 28 cm. Pincele a parte de cima com manteiga derretida.

7
Ponha uma colherada generosa do recheio na parte inferior da tira e dobre o canto, fazendo um triângulo. Continue a dobrar o triângulo até fazer um folhado bonito. Pincele por fora com um pouco de manteiga e arrume numa assadeira. Os folhados podem ser gelados nesse ponto e assados no dia seguinte, se quiser.

8
Prepare a pasta: ponha o pimentão, o alho descascado e o azeite restante numa jarra e bata com um mixer até ficar uniforme. Pode-se também usar um processador ou picar bem o pimentão e misturar com o alho amassado e o azeite. Tempere a gosto.

9
No dia da refeição, asse os folhados por 20 minutos, até ficarem crocantes, estufados e dourados. Deixe esfriar e embale numa caixa. Sirva com a pasta de pimentão.

Folhados de ricota com espinafre

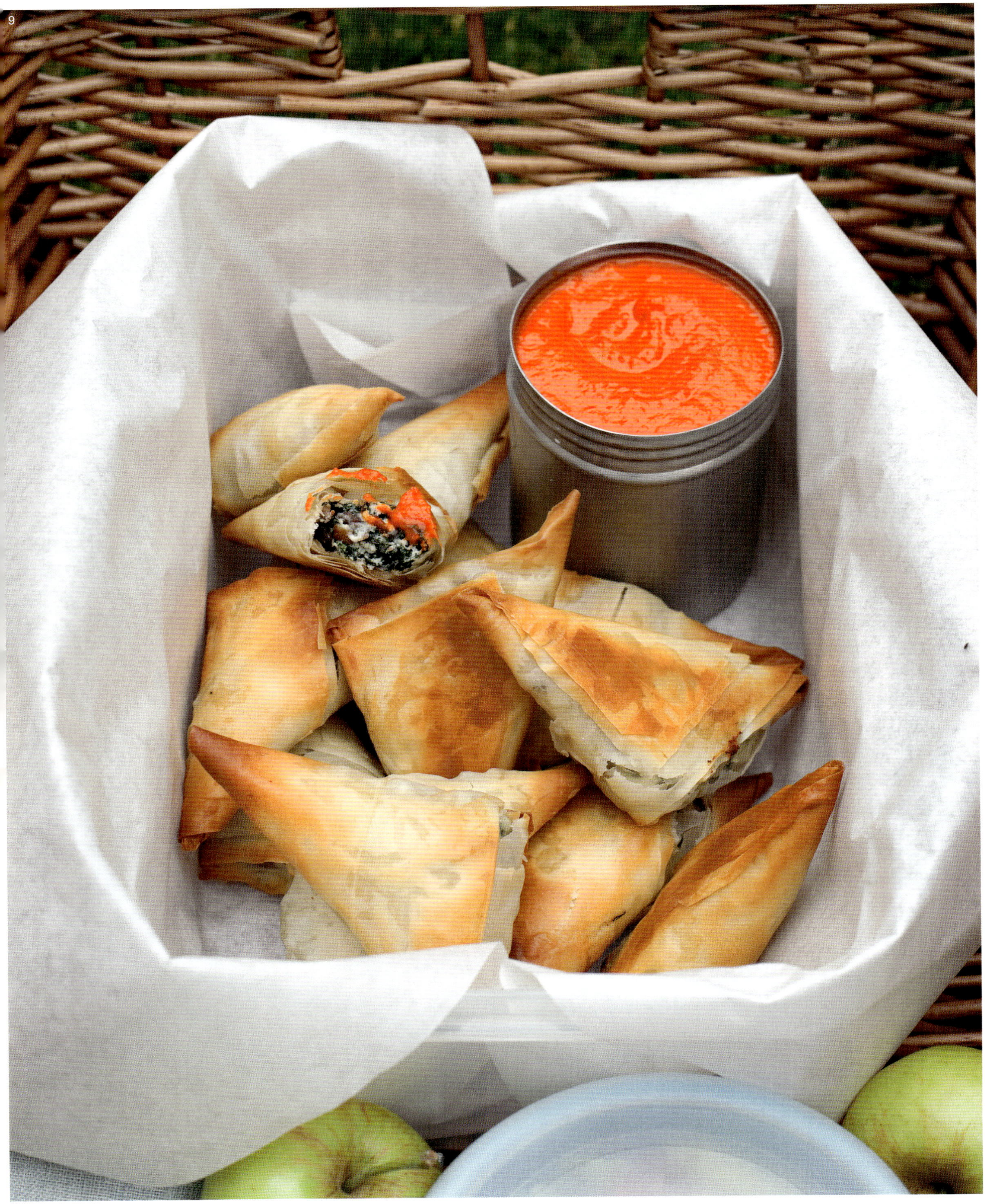

Salada cobb com molho de mostarda

Tempo de preparo: 20 minutos
Serve 4-6, como parte da refeição

Esta salada nutritiva aceita quase tudo o que quiser incluir. Além disso, não há perigo de ficar molenga. Basta dispor as camadas usando a lógica: as coisas pesadas no fundo, as delicadas em cima, e manter o molho separado até o último momento.

---

8 tiras de bacon defumado

3-4 ovos

1 kg de frango cozido

2 abacates pequenos maduros

2 colheres (chá) de vinagre de vinho branco ou tinto

1 pé de alface-romana

²/₃ xícara de leitelho ou iogurte natural desnatado

1 dente pequeno de alho

1 colher (sopa) de mel

1 colher (sopa) de mostarda com grãos

1 punhado de cebolinha fresca

sal grosso e pimenta-do-reino moída na hora

1
Aqueça uma frigideira antiaderente em fogo médio. Pique o bacon em pedaços médios e adicione à frigideira. Deixe por 5 minutos, até ficar crocante e a gordura sair da carne. Espalhe o bacon em papel-toalha, tirando o excesso de gordura.

2
Ponha os ovos numa panela com água fria para ferver. Marque o timer quando começar a soltar bolhas grandes. Ferva por 7 minutos, até as gemas ficarem firmes, mas não totalmente secas no meio.

3
Esfrie os ovos trocando a água várias vezes. Descasque-os e corte em quatro.

4
Desfie o frango em pedaços pequenos, descartando a pele e os ossos. Ponha no fundo de uma tigela ou vasilha com tampa. É mais fácil desfiar o frango quando ele está morno. Se estiver manuseando frango cozido, deixe esfriar totalmente antes de guardar na vasilha (veja dicas na página 11 se precisar de mais informações sobre a higiene dos alimentos).

5
Corte o abacate ao meio e retire o caroço. Faça um xadrez na polpa, cortando até perto da casca. Tire os pedaços com uma colher e ponha na tigela. Misture com 1 colher (chá) de vinagre, para evitar que oxide.

6
Pique a alface e use-a para cobrir o frango. A romana é forte, mas se estiver usando uma folha mais delicada, como a rúcula, deixe-a para o fim. Disponha o abacate, depois o bacon e os ovos; espalhe um pouco de sal e pimenta. Vede a embalagem e mantenha na geladeira. A salada pode ser preparada de véspera.

7
Ponha o leitelho ou o iogurte num pote. Amasse o alho e adicione ao pote com o vinagre restante, o mel, a mostarda, mais um pouco de sal e de pimenta. Corte a cebolinha com uma tesoura culinária. Tampe o pote e agite um pouco.

8
No momento de consumir, no trabalho ou em outra refeição fora de casa, remexa a tigela para todos pegarem um pouco de cada ingrediente, agite o molho rapidamente e regue cada porção.

142 Salada cobb com molho de mostarda

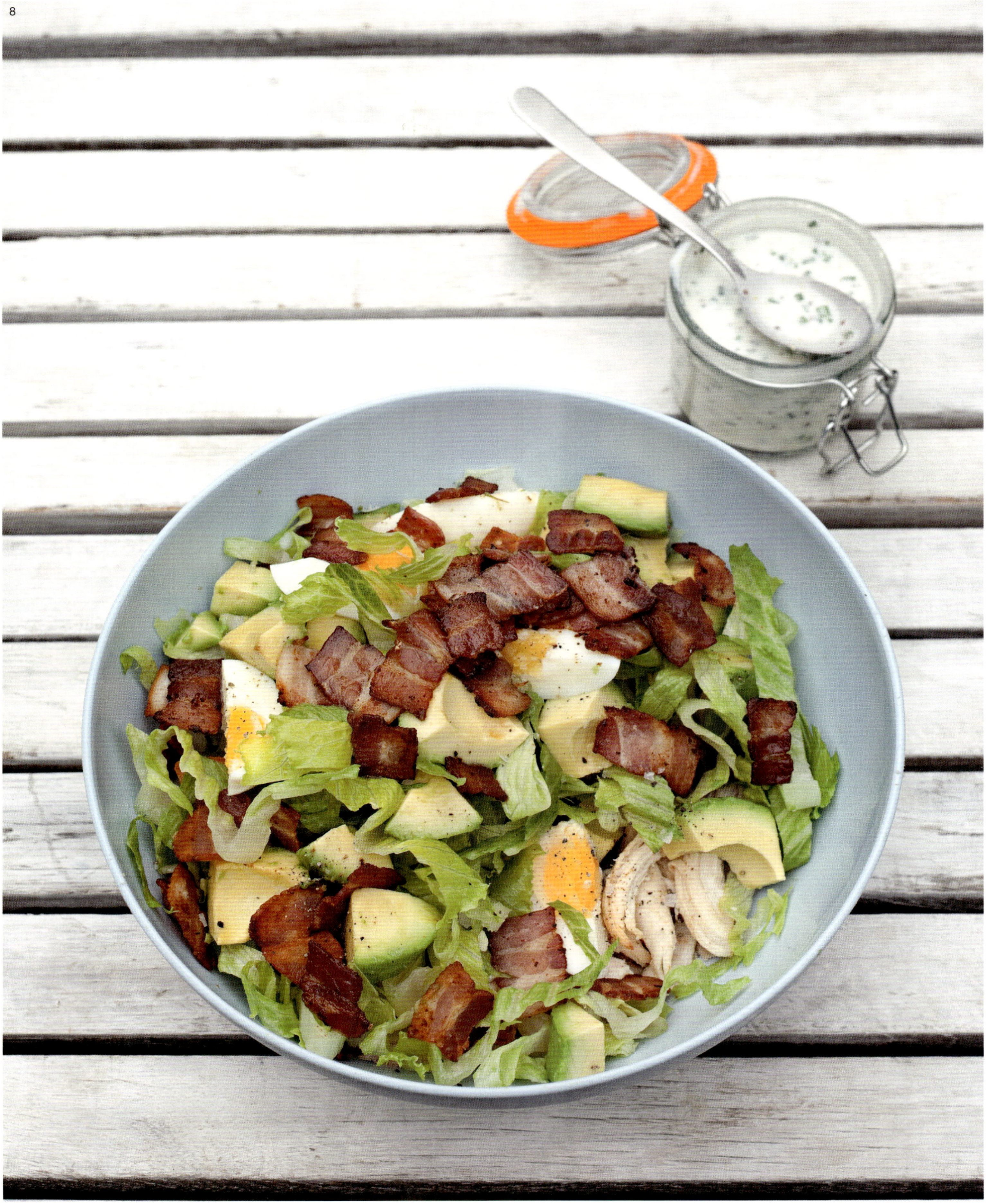

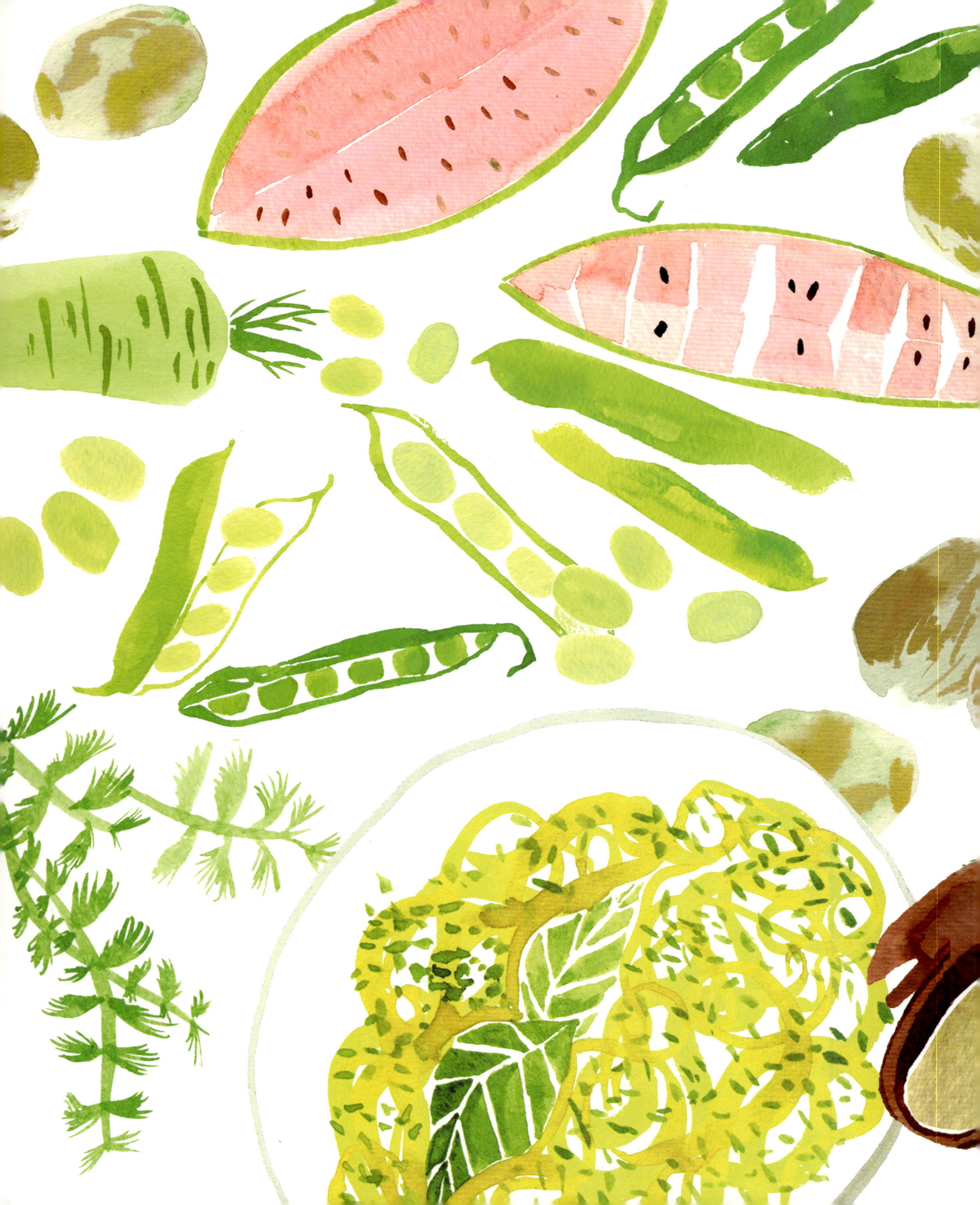

PARA COMER JUNTOS

Cordeiro com purê de ervilhas e tomate

Tempo de preparo: 20 minutos, mais o tempo de descanso
Tempo de cozimento: 20 minutos
Serve 6

Dependendo do apetite dos convidados, sirva duas ou três costeletas por pessoa. É possível comprá-las já limpas, sem pele e gordura, para que o efeito no prato seja mais bonito e fique mais fácil de comer e servir.

---

1 punhado de tomilho fresco
1½ xícara de farinha de rosca fresca
2 colheres (sopa) de azeite extravirgem, mais um pouco para regar
2 carrés de cordeiro (com 7-8 costeletas cada) limpos (peça ao açougueiro para fazê-lo)
1 colher (sopa) cheia de mostarda de Dijon
1 cebola grande ou 2 pequenas
6 colheres (sopa) de manteiga sem sal
3½ xícaras de ervilhas congeladas ou frescas
1 xícara de caldo de legumes
6 punhados pequenos de tomates-cerejas
1 punhado de hortelã fresca
sal grosso e pimenta-do-reino moída na hora

1
Tire 2 colheres (sopa) de folhas dos galhos de tomilho, pique bem e misture com a farinha de rosca, o azeite, o sal e a pimenta. Isso pode ser feito de véspera, se preferir.

2
Corte os carrés em porções com 3-4 costeletas cada. Tempere com sal e pimenta, passe mostarda na carne.

3
Pressione a mistura de farinha de rosca na carne, usando as mãos. O cordeiro poderá ficar na geladeira por até 1 dia. Lembre-se de tirar da geladeira 1 hora antes de assar, para que o tempo de cozimento seja equivalente ao meu.

4
Prepare o purê de ervilhas: pique a cebola. Derreta a manteiga em frigideira média e adicione a cebola com sal e pimenta. Refogue em fogo brando por 10 minutos, até ficar bem tenra.

Para Comer Juntos

5
Adicione as ervilhas e o caldo de legumes à panela. Deixe ferver e apure por 2 minutos, até as ervilhas ficarem com cor viva e tenras.

6
Com um mixer, bata as ervilhas até formar um creme espesso e uniforme e tempere a gosto com sal e pimenta. Se não tiver um mixer, use o liquidificador, processador ou passe na peneira.

7
Preaqueça o forno a 200ºC. Asse o cordeiro por 20 minutos, adicione os tomates na fôrma 10 minutos após ter colocado o cordeiro no forno. Quando a carne estiver pronta, a farinha de rosca estará dourada e os tomates começarão a partir e a ficar suculentos. Esse é o tempo de cordeiro malpassado: rosado e suculento no centro. Se preferir carne bem passada, deixe mais 5 minutos (embora a carne fique mais dura e mais seca, o que não é recomendável).

8
Deixe o cordeiro repousar por 5 minutos e fatie (se preferir, sirva a peça inteira, mas o corte facilita o manuseio aos convidados).

9
Sirva o purê nos pratos, coloque o cordeiro em cima e finalize com os tomates; regue com um fio de azeite e espalhe folhas de hortelã ao redor.

148 Cordeiro com purê de ervilhas e tomate

9

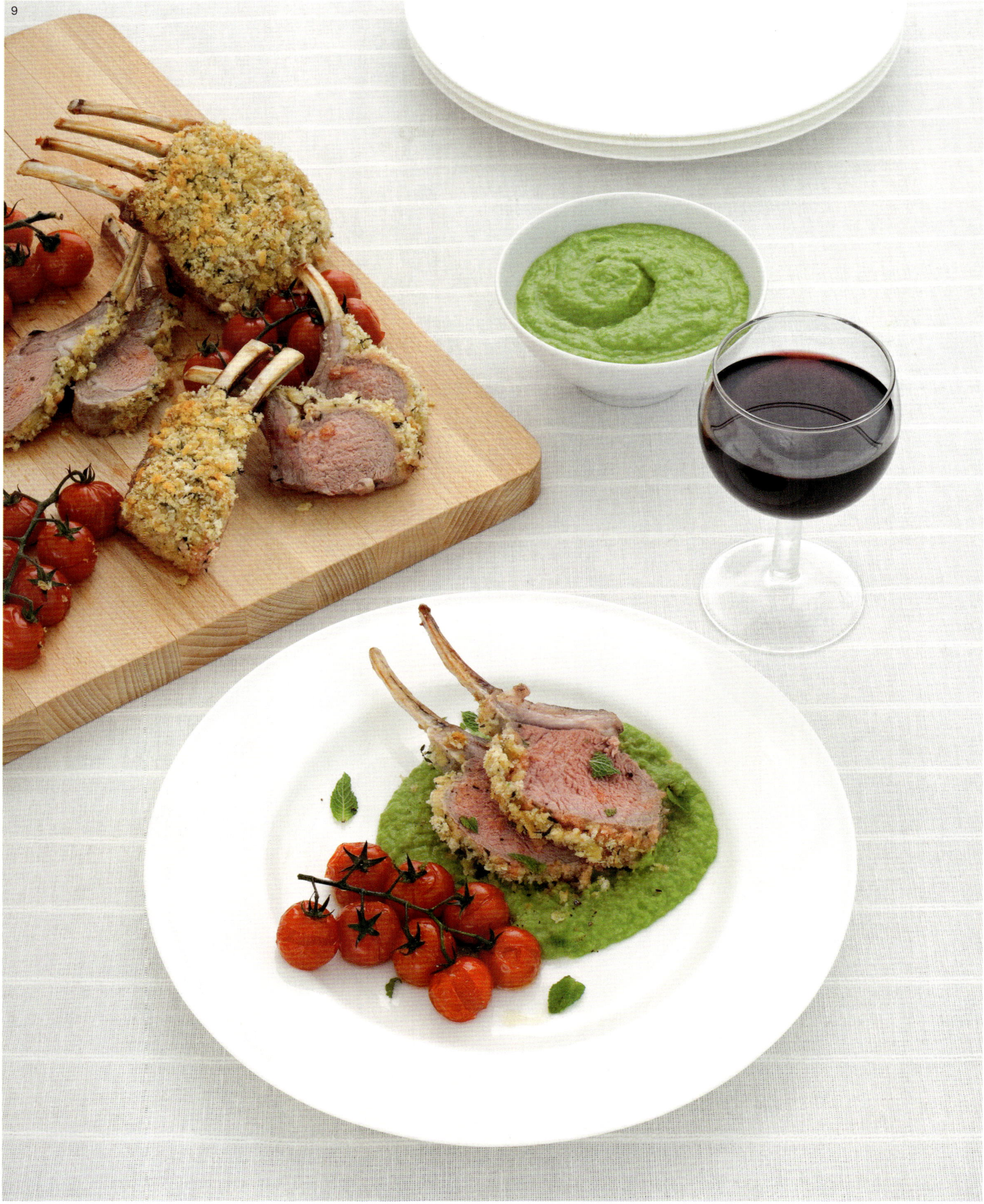

Frango assado ao molho de estragão

Tempo de preparo: 10 minutos
Tempo de cozimento: 1h20
Serve 4-6

Este frango, ideal para um domingo, vai agradar a todos, além de ser prático, pois tudo é feito em apenas um recipiente. O estragão, clássico acompanhamento de frango e de pratos cremosos, pode ser substituído pela salsinha ou pelo cerefólio. Se a sua família for grande, asse dois frangos ao mesmo tempo.

---

frango de 1,5 kg
1 cebola
1 limão-siciliano
1 punhado de estragão fresco
1 colher (sopa) de manteiga sem sal
750 g de batatas-bolinha
1 colher (sopa) de azeite
250 g de aspargos ou vagens
½ xícara de vinho branco seco
⅔ xícara de creme de leite
1¼ xícara de caldo de galinha
150 g de ervilhas
sal grosso e pimenta-do-reino moída na hora

1

Preaqueça o forno a 200°C. Ponha o frango sobre uma tábua, limpe e retire os miúdos. Corte a cebola e o limão ao meio, enfie metade da cebola e do limão e um ramo pequeno de estragão dentro da cavidade.

2

Amarre as coxas juntas com barbante, sem prender muito. Espalhe manteiga no peito e nas coxas e tempere com bastante sal e pimenta. Coloque o frango numa fôrma e asse por 20 minutos.

AMARRANDO O FRANGO
Quando o frango ou o peru é preso firme demais, o calor não penetra tão bem na ave, ou seja, a carne do peito, que não necessita de tanto cozimento, pode passar do ponto antes de as outras partes estarem prontas. Se amarrar mais solto, o ar quente circula ao redor da carne.

3

Corte as batatas grandes ao meio e adicione todas à assadeira assim que o frango tiver assado por 20 minutos. Regue com 1 colher (sopa) de azeite e misture o líquido que estiver no fundo da assadeira. Leve de volta ao forno por mais 40 minutos.

4

Retire 5 cm do talo dos aspargos, pois a ponta pode ser fibrosa. Corte-os em pedaços.

Para Comer Juntos

5
Quando o frango estiver dourado e cozido e as batatas tenras, transfira tudo para uma travessa grande. Deixe no forno desligado, com a porta entreaberta, para mantê-lo aquecido.

TESTE DO COZIMENTO DO FRANGO
O frango está pronto quando as coxas se soltarem facilmente das juntas do quadril – isso indica que a carne cozinhou e contraiu na parte mais grossa da ave, soltando as pernas. Outro teste é inserir um espeto na parte mais grossa da coxa: se o suco que sair estiver claro, sem sinais de sangue, a ave está cozida.

6
Agora está na hora de preparar o molho e cozinhar os legumes. Tire o excesso de gordura da fôrma. Aqueça-a em fogo baixo, depois adicione o vinho e deixe ferver por 1 minuto. Junte o creme de leite e o caldo de galinha.

7
Acrescente os aspargos na fôrma e apure por 3 minutos. Junte as ervilhas e deixe ferver novamente, até os legumes ficarem tenros.

8
Pique grosseiramente o resto do estragão e adicione ao molho. Tempere a gosto – adicione um pouco de suco do limão restante, se quiser. Sirva o frango com as batatas e os legumes.

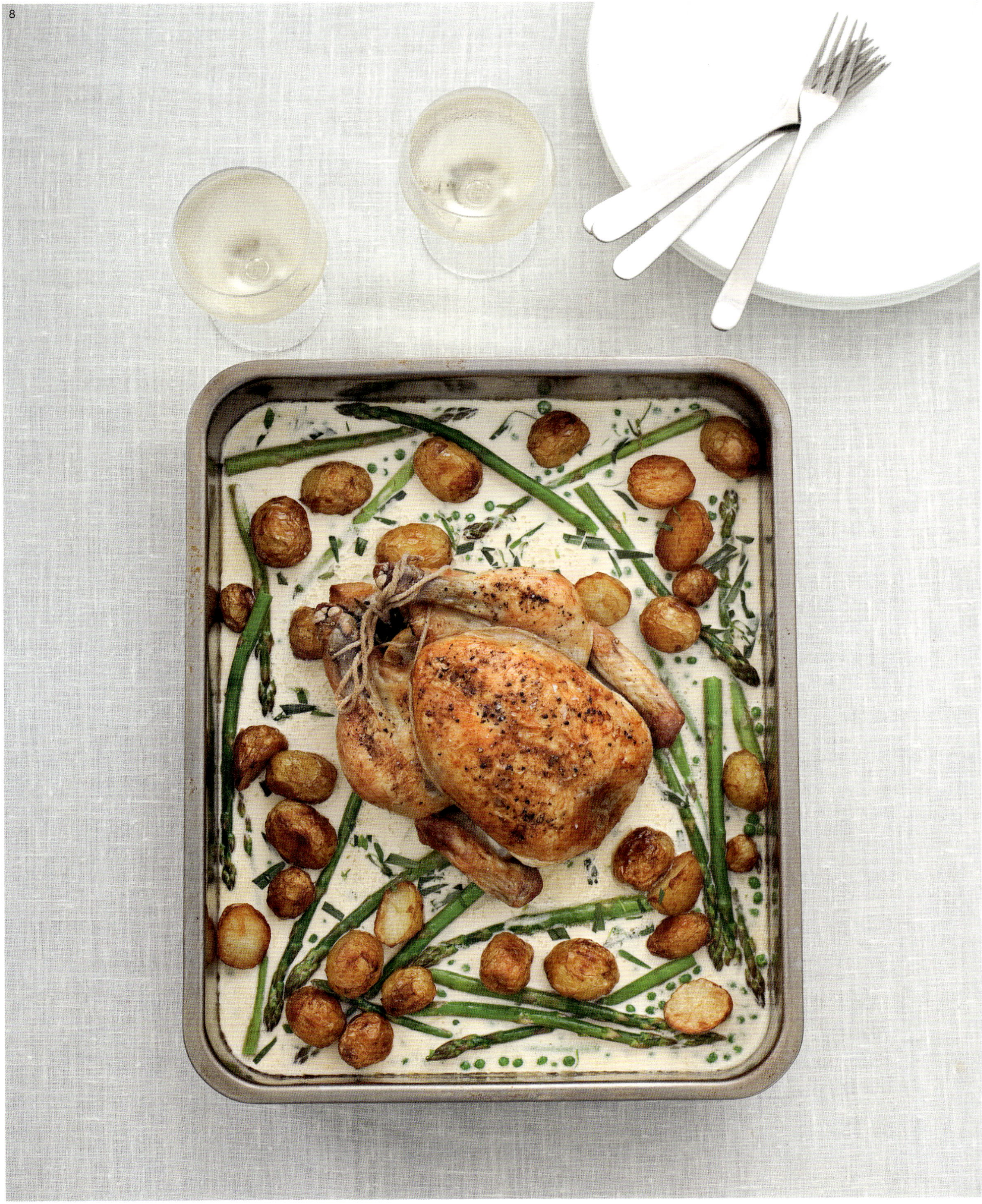

Atum selado com molho vierge

Tempo de preparo: 15 minutos
Tempo de cozimento: menos de 5 minutos
Serve 4-6

O molho vierge, que significa molho virgem, é um acompanhamento clássico de peixe. Assim que dominar esta receita, experimente-a com salmão ou peixe de carne branca. É realmente importante escolher o atum com cuidado, pois muitos peixes não são pescados de modo sustentável. Procure um fornecedor de fontes alternativas sustentáveis.

---

750 g de batatas-bolinha
1 echalota ou cebola pequena
2 colheres (sopa) de vinagre de vinho branco
250 g de tomates-cerejas
1 punhado de estragão fresco
1 punhado de cebolinha
1 colher (sopa) de alcaparras em salmoura escorridas
6 colheres (sopa) de azeite extravirgem, mais um pouco para regar
300 g de vagem
1 colher (sopa) de manteiga sem sal
4-6 filés grossos de atum (ou de outro peixe de carne firme)
1 colher (chá) de coentro em pó
sal grosso e pimenta-do-reino moída na hora

1
Corte as batatas em fatias grossas, ponha numa panela grande com água fria salgada, deixe ferver e cozinhe por 7 minutos, até começarem a amolecer na beirada. Prepare o molho vierge. Pique bem a echalota, ponha numa tigela e regue com o vinagre, que começará a amolecer e adocicá-la.

2
Corte os tomates em quatro. Pique bem o estragão e a cebolinha. Adicione à tigela com a echalota, junto com as alcaparras e o azeite. Tempere a gosto com sal e pimenta.

3
Limpe as vagens e adicione à panela com batatas. Deixe voltar a ferver e cozinhe por 4-5 minutos, até ficarem tenras.

4
Escorra as batatas e as vagens e leve de volta à panela quente. Misture com a manteiga e reserve. Os legumes devem estar mornos e não quentes no prato final, o que dará tempo para se concentrar no peixe.

5
Aqueça uma grelha ou frigideira. Seque o peixe em papel-toalha e coloque num prato. Tempere dos dois lados com coentro, sal e pimenta.

6
Quando a grelha estiver bem quente, mas sem soltar fumaça, regue o peixe com um pouco de azeite e ponha na frigideira. Grelhe por 2 minutos de cada lado, deixando o centro ligeiramente rosado. Não mexa no atum durante o cozimento, pois é preciso tempo para formar uma crosta dourada que o ajuda a soltar da frigideira com facilidade. Assim que estiver grelhado, retire-o do fogo para não passar do ponto.

GRUPOS GRANDES
Se quiser fazer este prato para mais que 6 pessoas, provavelmente precisará grelhar o peixe em duas levas, a menos que tenha uma frigideira bem grande. Tire a primeira leva antes de chegar ao ponto e conserve em forno baixo enquanto prepara a segunda. Para obter um bom resultado, mantenha a temperatura da frigideira bem alta e não a encha demais.

7
Distribua os legumes mornos nos pratos e ponha o atum em cima. Espalhe o molho sobre o peixe e sirva.

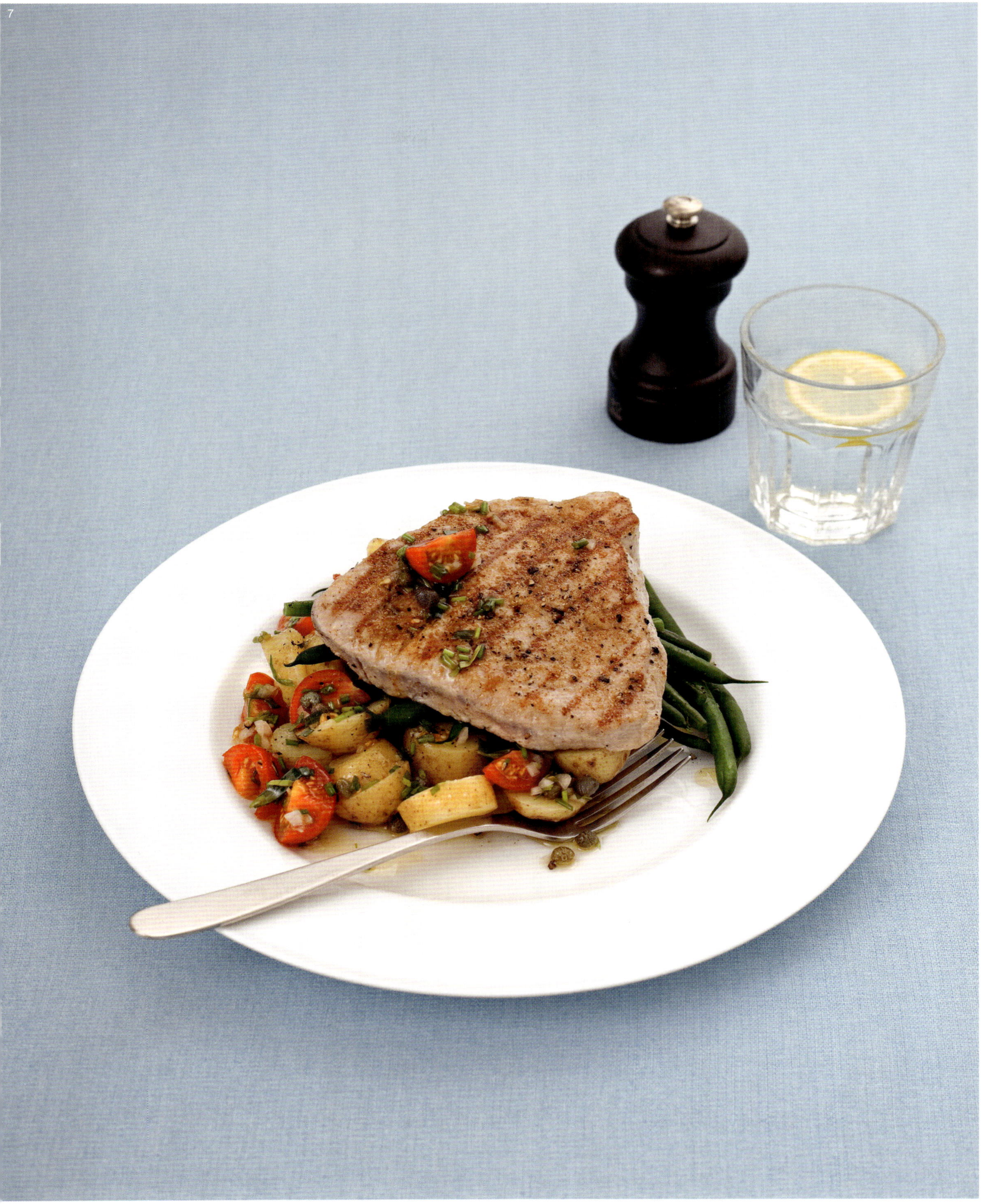

Tagliata de filé com alcachofra

Tempo de preparo: 10 minutos, mais o tempo de marinar e de descanso
Tempo de cozimento: 5 minutos
Serve 2 (é fácil de multiplicar)

Os italianos adoram comer tagliata (cuja tradução é "cortada"), uma combinação clássica de filé grelhado, verduras picantes e lascas de parmesão. Acho que é a alternativa perfeita ao bom filé com fritas quando o tempo está mais quente. A carne das fotografias é contrafilé, mas você também pode usar outros cortes (ver página 160).

---

250 g de filé, contrafilé ou alcatra sem gordura

2 ramos de alecrim

1 colher (sopa) de azeite extravirgem, mais 1 colher (chá); pode-se usar o azeite das alcachofras, se for extravirgem

50 g de rúcula

80 g de corações de alcachofra em azeite, escorridos

1 pedaço pequeno de parmesão, para tirar lascas

2 colheres (chá) de alcaparras em salmoura, escorridas

2 colheres (chá) de vinagre balsâmico

sal grosso e pimenta-do-reino moída na hora

1

Ponha o filé num prato. Pique bem as folhas de alecrim e esfregue na carne com 1 colher (chá) de azeite. Tampe e deixe marinar pelo menos por 30 minutos em temperatura ambiente, ou até 24 horas na geladeira.

TEMPERATURA DA CARNE
Carne muito gelada tende a passar do ponto, pois leva mais tempo para o calor alcançar o centro. Marine a carne com antecedência e tire da geladeira 30 minutos antes de grelhar; ou tire a carne da geladeira, esfregue a marinada nos bifes e reserve pelo menos por 30 minutos.

2

Aqueça bem uma frigideira de fundo grosso. Tempere a carne generosamente. Coloque-a na frigideira e deixe sem mexer por 2 minutos, ou um pouco mais, se o filé for especialmente grosso. Pressione a carne algumas vezes com pinça ou espátula, para formar uma crosta dourada.

GRELHANDO CARNE
É melhor untar a carne com azeite que passar azeite na panela – pois isso reduz a fumaça. Se o filé não fizer um barulho alto assim que tocar na panela, ela não está quente o suficiente – retire. O fogo alto faz a carne desenvolver uma crosta dourada e dá um ótimo sabor.

3

Após 2 minutos, vire o filé e deixe mais 2 minutos. Se houver gordura na carne, segure essa parte contra a panela por 30 segundos, até dourar.

4
Transfira a carne para um prato, tampe e deixe descansar por 2 minutos, até soltar o suco.

QUE CARNE?
Selecione a que quiser: o filé é mais macio, mas também é mais caro. Como ele tem pouca gordura entremeada na carne, fica melhor malpassado. O contrafilé também é uma boa escolha: tem um bom marmorizado de gordura e é tenro. A alcatra é saborosa, um corte com bom custo-benefício, mas pode ser mais dura que o contrafilé.

5
Arrume a rúcula e as alcachofras no prato. Tire lascas do parmesão com um cortador de legumes ou passe no ralo grosso. Basta um punhado.

6
Com uma faca afiada, corte a carne em fatias grossas.

7
Arrume a carne sobre a salada e regue com o suco dela. Espalhe o parmesão, as alcaparras, o azeite e o vinagre por cima. Sirva imediatamente.

Tagliata de filé com alcachofra

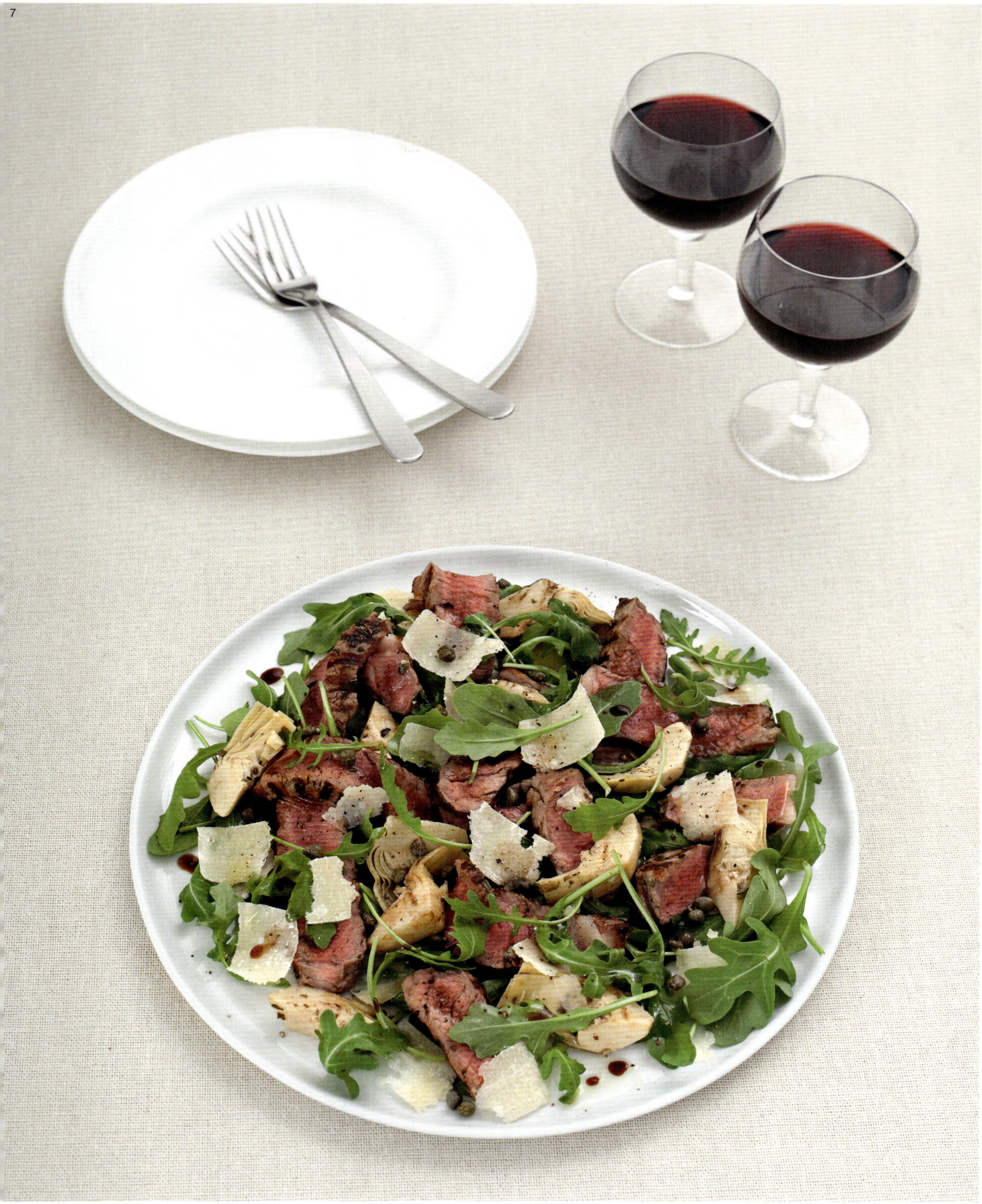

Pato com salada de abacaxi

Tempo de preparo: 20 minutos, mais o tempo de marinar
Tempo de cozimento: cerca de 15 minutos
Serve 2 (é fácil de multiplicar)

Costumo servir este prato para o jantar, pois é mais refrescante, vibrante e mais leve que o curry tailandês. Gosto de usar pato, mas a salada também fica ótima com lombo de porco, filé em fatias ou até camarão. Sirva com arroz, se quiser algo mais substancioso.

---

2 peitos grandes de pato com a pele
2 colheres (chá) de cinco especiarias chinesas (anis-estrelado, sementes de erva-doce ou dill, pimenta, cravo e canela em pó)
5 colheres (sopa), mais 1 colher (chá) de óleo vegetal
3 echalotas ou cebolas pequenas
1 colher (sopa) de farinha de trigo
1 bulbo de erva-doce
1 abacaxi pequeno maduro (900 g)
1 dente de alho pequeno
3 colheres (sopa) de amendoim tostado
1 colher (sopa) de açúcar mascavo
1 pimenta-dedo-de-moça grande
1 limão
1 colher (sopa) de molho de peixe
1 maço de manjericão
sal grosso e pimenta-do-reino moída na hora

1
Faça linhas em xadrez na pele do pato usando uma faca bem afiada. Cuidado para não cortar a carne. Assim, o pato grelhará por igual, sem encolher, e liberará a gordura da pele.

2
Ponha o pato num prato, espalhe as especiarias chinesas e 1 colher (chá) do óleo. Esfregue o tempero na carne e na pele. Se tiver tempo, cubra com filme de PVC e deixe marinar na geladeira por algumas horas. Retire da geladeira 30 minutos antes do uso ou quando for preparar a salada.

3
Fatie as echalotas bem fininhas e passe na farinha com uma pitada de sal. Aqueça o óleo numa panela por alguns minutos. Forre um prato com algumas folhas de papel-toalha e deixe pronto para uso em alguns minutos.

COMO DESCASCAR ECHALOTAS
Se a casca não sair com facilidade, use este truque simples. Cubra-as com água fervente e deixe de molho por 5 minutos; escorra e descasque.

Para Comer Juntos

4
Tire o excesso de farinha de metade das echalotas e frite todas por 3-4 minutos, até dourarem bem e ficarem crocantes. Mexa sempre para dourar por igual, tomando cuidado no fim do preparo, pois elas queimam com facilidade. Quando estiverem prontas, tire-as com uma escumadeira e deixe escorrer no papel-toalha. Repita com a segunda leva.

5
Corte a erva-doce ao meio e retire as folhas externas mais duras. Fatie fino. Reserve as folhas, se houver.

6
Corte o topo e a parte de baixo do abacaxi, retire a casca e elimine todas as partes marrons. Uma faca serrilhada é ideal para esta tarefa. Corte o abacaxi em quatro, tire o miolo e fatie a polpa. Adicione à tigela da erva-doce.

O ABACAXI ESTÁ MADURO?
Para ver se a fruta está madura e pronta para uso, puxe delicadamente uma das folhas internas da coroa. Se sair com facilidade, está pronta para o consumo. Outra indicação de que está madura é o aroma perfumado e adocicado que exala.

7
Prepare o molho: coloque o alho, o amendoim e o açúcar no pilão. Pique grosseiramente metade da pimenta, inclusive as sementes, e adicione também no pilão.

8
Bata os ingredientes no pilão formando uma pasta com grumos. Esprema o suco de 1 limão, misture o molho de peixe e 2 colheres (sopa) do suco de limão e reserve. Mergulhe um pedaço de erva-doce no molho e verifique o tempero. Adicione mais açúcar, pimenta, limão ou molho de peixe, se achar necessário, mas lembre-se de que depois o abacaxi vai proporcionar bastante acidez.

NÃO TEM PILÃO?
Nesse caso, use um processador, ou amasse o alho, pique bem a pimenta e o amendoim, depois misture com os outros ingredientes.

9
Quando estiver pronto para comer, tempere os peitos de pato com sal e pimenta e coloque-os com a pele para baixo numa frigideira grossa e fria. Aqueça em fogo médio, até a gordura começar a sair da pele, chiando. Grelhe o pato por 8 minutos, até quase toda a gordura escorrer da pele e ela ficar crocante e dourada. Tire o excesso de gordura com uma colher. Vire e deixe mais 6 minutos. Assim, a ave ficará rosada e suculenta por dentro.

Para Comer Juntos

10
Ponha o pato sobre uma tábua e deixe em repouso por 2-3 minutos. Fatie a carne na diagonal com uma faca grande.

DESCANSAR A CARNE
É realmente importante deixar a carne em repouso antes de fatiá-la. Alguns minutos são suficientes para porções pequenas de carne ou ave como esta; ela precisa descansar, mas não ficar fria. O cozimento em temperatura alta faz contrair as fibras musculares. Enquanto a carne repousa, elas se soltam novamente. Uma peça descansada soltará o suco e será mais fácil de cortar e mais macia para comer.

11
Ponha o molho de amendoim junto com a erva-doce e o abacaxi. Adicione as folhas de manjericão rasgadas.

12
Distribua a salada nos pratos, coloque o pato em cima, espalhe a echalota crocante e sirva com mais pimenta vermelha, se quiser.

Pato com salada de abacaxi

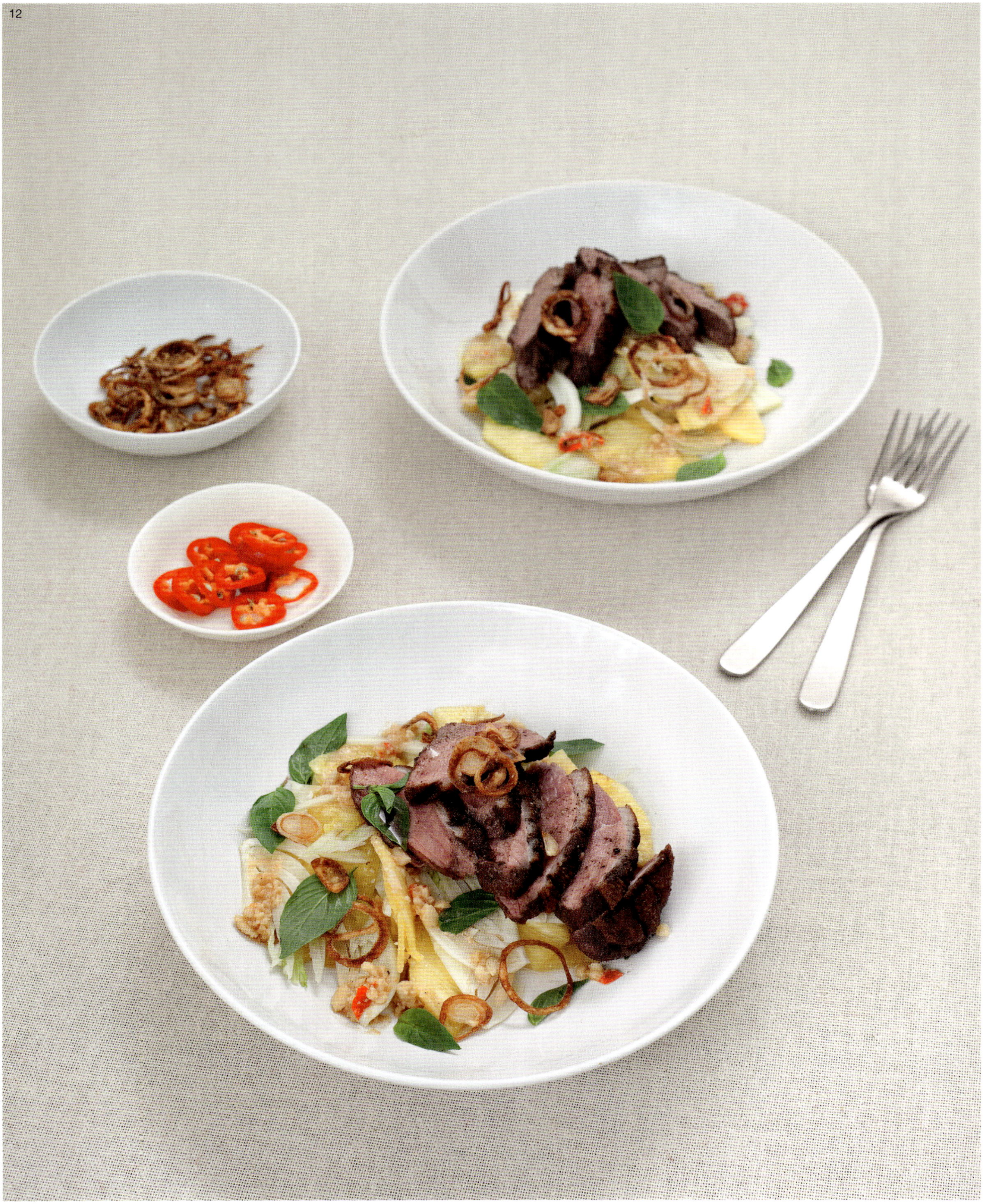

Gnudi com limão e manjericão

Tempo de preparo: 30 minutos, mais 1 hora na geladeira
Tempo de cozimento: 15 minutos
Serve 4-6 (também é uma ótima entrada)

Gnudis são pequenos nhoques de ricota, primos do nhoque de batata, porém mais leves e de preparo mais simples. São uma opção fantástica para os vegetarianos, que estão aumentando em número a cada dia. Se não conseguir obter favas frescas, use vagens.

2¼ xícaras de ricota escorrida
1 ovo
1 maço de manjericão
1 limão-siciliano, de preferência orgânico
120 g de parmesão
1 colher (sopa) de farinha de trigo, mais um tanto para modelar
½ xícara de farinha de rosca fresca
1 kg de favas
2 dentes de alho
6 colheres (sopa) de manteiga
1 colher (chá) de pimenta-calabresa em flocos
sal grosso e pimenta-do-reino moída na hora

1
Ponha a ricota e o ovo numa tigela grande. Pique grosseiramente metade do manjericão, adicione à mistura e rale a casca do limão e ¾ do parmesão. Tempere com bastante pimenta e um pouco de sal. Reserve o limão.

2
Bata os ingredientes até ficar uniforme, depois peneire a farinha e adicione a farinha de rosca.

3
Misture bem a farinha de trigo e a farinha de rosca na ricota. Espalhe bastante farinha de trigo numa assadeira. Ponha algumas colheradas (chá) da massa do gnudi separadamente na farinha da assadeira e enrole até cobri-las com a farinha. Faça bolinhas com as mãos secas. Coloque num prato enfarinhado e repita o processo com o resto da massa. Leve o gnudi à geladeira por 1 hora, pelo menos, ou até 24 horas. Ele ficará firme e pronto para cozinhar.

4
Prepare a fava. Leve uma panela de água salgada para ferver. Abra as vagens e tire as favas. Descarte as vagens.

5
Ferva-as por 3 minutos – elas vão flutuar na panela. Escorra numa peneira e resfrie em água fria corrente. Retire a película das favas. Esfrie mais um pouco em água corrente e reserve.

6
Quando estiver pronto para fazer o gnudi, leve uma panela funda com água salgada para ferver e coloque alguns pratos para aquecer no forno baixo. Adicione metade do gnudi à panela (deixe-os cair com cuidado, um de cada vez, para não grudarem). Eles vão afundar. Assim que subirem para a superfície, conte 2-3 minutos e coloque nos pratos aquecidos. Repita o processo até cozinhar todos. Quando está no ponto, ele fica firme e retorna à posição normal, se pressionado ligeiramente.

7
Pouco antes de servir, prepare o molho amanteigado. Amasse o alho. Aqueça uma frigideira grande em fogo médio-alto. Junte a manteiga e a pimenta em flocos e deixe ferver por 1 minuto.

8
Junte as favas e o manjericão restante e esprema um pouco de limão – a manteiga vai ferver e ficar ligeiramente dourada. Tempere a gosto.

9
Ponha o alho e a manteiga com favas sobre o gnudi e sirva com o parmesão restante ralado.

Gnudi com limão e manjericão

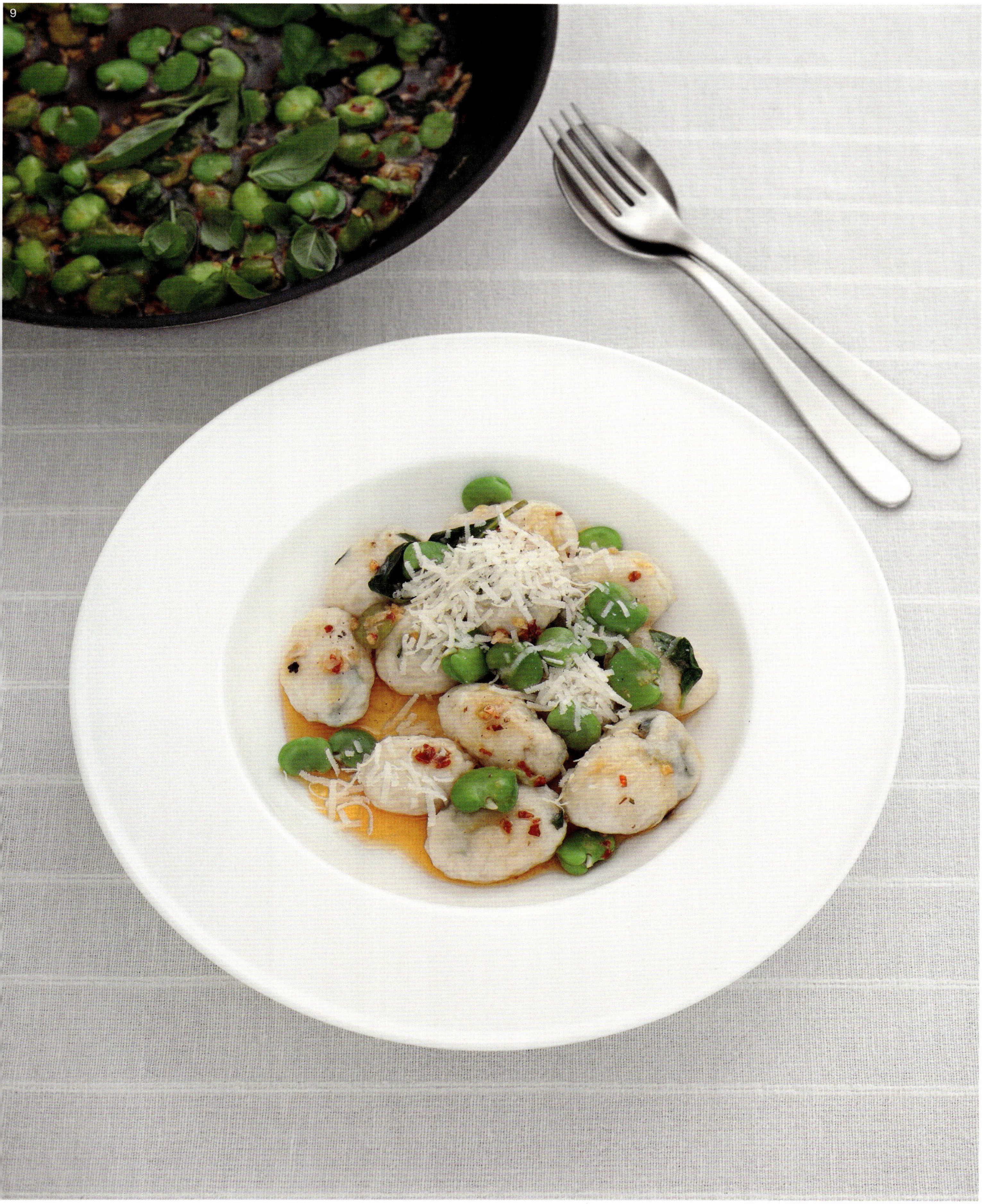

Vieiras com chorizo e grão-de-bico

Tempo de preparo: 20 minutos
Tempo de cozimento: 5 minutos
Serve 4 como refeição principal ou 6 como entrada

Apesar do que as pessoas dizem, as vieiras não são difíceis de preparar – basta apenas deixar a frigideira bem quente e procurar os sinais que indico na receita. O resto do prato pode ser preparado com antecedência. Então, basta arrumar um bom pão e despejar o restante do xerez nas taças.

---

120 g de chorizo ou linguiça calabresa
1 cebola
2 dentes de alho
250 g de tomates-cerejas bem maduros
400 g de grão-de-bico já cozido
12 vieiras grandes (eu prefiro com os corais)
1 pitada de páprica defumada
3 colheres (sopa) de xerez seco ou de vinho branco seco
1 punhado de salsinha fresca
sal grosso e pimenta-do-reino moída na hora
azeite extravirgem e pão crocante para servir (opcional)

1
Pique o chorizo em pedaços pequenos. Aqueça uma frigideira grande, adicione o chorizo e frite por 5 minutos, até dourar e ficar cercado de óleo vermelho. Pique bem a cebola e fatie o alho.

2
Quando o chorizo estiver pronto, transfira para uma tigela. Passe o excesso de gordura para outra tigela, deixando cerca de 2 colheres (sopa). Se o chorizo não soltar tanto óleo, adicione um pouco de azeite. Acrescente a cebola e o alho à panela e misture.

3
Refogue em fogo brando por 10 minutos, até amaciar. Corte os tomates ao meio. Junte os tomates, o grão-de-bico e o chorizo tostado e refogue por um tempo, até o tomate começar a desmanchar. Tempere a gosto e ponha tudo numa tigela. Isso pode ser feito com bastante antecedência e mantido tampado na geladeira, se quiser. Limpe a panela com papel-toalha.

4
Seque as vieiras em papel-toalha, pois qualquer excesso de água vai impedir que elas caramelizem da forma adequada na panela. Tire a parte dura e branca e tempere com sal, pimenta e um pouco de páprica defumada.

COMPRA DE VIEIRAS
Selecione vieiras com cor leitosa e não branco-brilhante. Vieiras muito brancas podem ter sido mergulhadas em água e vão desfazer durante o cozimento, impedindo que caramelizem. A pesca de vieiras com barcos-dragas não é sustentável, por isso procure comprar as capturadas à mão.

5
Aqueça a frigideira em fogo médio-alto e adicione um pouco do óleo do chorizo reservado ou azeite. Deixe aquecer por 30 segundos e coloque as vieiras, deixando espaço entre elas. A primeira deve chiar imediatamente ao atingir a panela. Após 2 minutos, formará um anel dourado ao redor. Erga uma delas, se sair fácil da frigideira e estiver dourada e caramelizada, vire e repita o processo com o restante. Deixe mais 1 minuto e retire. Mantenha a frigideira em fogo alto.

6
Recoloque a mistura de grão-de-bico na outra frigideira, espalhe o xerez ou vinho e cozinhe por 2 minutos, agitando a frigideira, para esquentar por igual. Volte as vieiras à panela e arrume-as entre o grão-de-bico e o molho.

7
Pique grosseiramente a salsinha, espalhe sobre as vieiras e regue com um pouco mais de azeite. Sirva com um bom pão crocante.

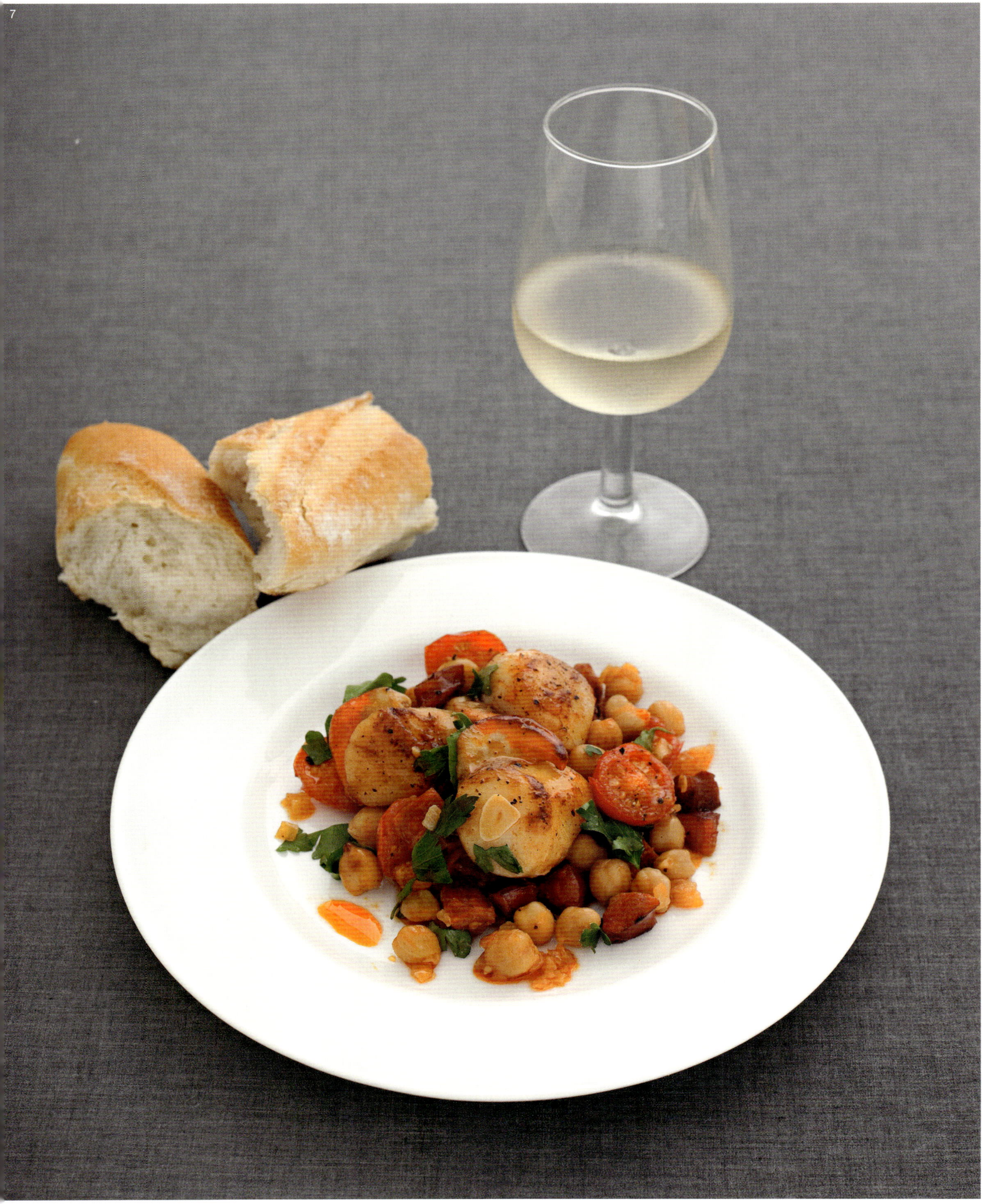

Risoto de frutos do mar

Tempo de preparo: 25 minutos
Tempo de cozimento: 18 minutos
Serve 4-6

O preparo é a coisa mais importante ao fazer um bom risoto de frutos do mar, e é muito mais fácil do que se imagina. O uso das cascas e cabeças dos camarões para fazer o caldo confere muito sabor ao prato. Você pode cozinhar os frutos do mar no caldo com antecedência e ficar relaxado e pronto para se concentrar em fazer o risoto, mexendo o arroz até obter aquela perfeição cremosa.

---

18 camarões crus grandes (com casca e cabeça)
2 colheres (sopa) de azeite
2 cebolas
1 bulbo de erva-doce
6 colheres (sopa) de manteiga sem sal
2 dentes de alho
2 xícaras de arroz para risoto, de preferência carnaroli
¾ xícara de vinho branco seco
1 pitada pequena de açafrão autêntico (opcional, mas vale o gasto) ou cúrcuma (açafrão da terra)
150 g de lulas pequenas (3 tubos com tentáculos); peça ao peixeiro para limpar e tirar a cartilagem
500 g de mariscos e vôngoles misturados
1 punhado pequeno de salsinha
1 limão-siciliano
sal grosso e pimenta-do-reino moída na hora

1
Retire as cabeças e as cascas dos camarões. Para tirar a cabeça, segure o camarão atrás da cabeça e torça o corpo. Ponha a cabeça numa panela. Tire a casca do corpo com o polegar, deixando a cauda. Adicione a casca à panela. Repita o processo com todos os camarões.

2
Retire a tripa do camarão (um fio escuro que corre pelo corpo). Use um palito ou a ponta de uma faquinha para fazer um furo nas costas do camarão; puxe o fio e descarte. Mantenha na geladeira até o uso. Corte a lula em anéis.

LIMPEZA DO CAMARÃO
Qualquer peixeiro pode limpar os camarões para você e também arrumar as cabeças e cascas. Se preferir, pode usar camarão cru, sem casca, e caldo de peixe pronto.

Para Comer Juntos

3
Prepare o molho: adicione 1 colher (sopa) de azeite à panela com as cabeças e cascas de camarão e cozinhe em fogo alto por alguns minutos, até ficarem rosadas e dourarem.

4
Despeje 1,5 litro de água, tampe e apure por 10 minutos, enquanto continua com o preparo.

5
Pique bem a cebola e a erva-doce. Aqueça uma panela grande em fogo médio, adicione o azeite restante e 2 colheres (sopa) de manteiga. Assim que a manteiga derreter, ponha a cebola e a erva-doce e refogue por 10 minutos em fogo brando, até ficarem tenros e transparentes. Amasse o alho e adicione à panela.

6

Aumente o fogo para médio, ponha o arroz e mexa, até untá-lo com o azeite. Refogue por 2 minutos, até os grãos começarem a ficar transparentes na beirada. Regue o vinho e deixe ferver, até quase evaporar por completo. Isso ocorre rapidamente. Tire a panela do fogo por alguns instantes, enquanto prepara os frutos do mar.

7

Coe o caldo de camarão numa panela limpa; descarte as cabeças e as cascas. Mantenha o caldo em ebulição lenta e junte o açafrão. Acrescente o camarão descascado, apure por 2 minutos até ficarem bem rosados e transfira-os com uma escumadeira para um prato. Repita o processo com as lulas (leva apenas alguns segundos para cozinharem e ficarem brancas), depois com os mexilhões e os vôngoles. Espere as conchas abrirem antes de tirá-los do caldo. Reserve os frutos do mar e mantenha o caldo ainda fervendo em fogo brando, tampado. Descarte os mariscos que não abrirem.

PREPARO DE MARISCOS

Lave bem os mexilhões e os vôngoles em água fria, tirando a barba verde-amarronzada dos mexilhões. Retire as conchas quebradas e as que não se fecharem após uma batida na superfície. Retire as cracas com uma faca. Coloque os mariscos em uma tigela funda com água fria – isso ajudará a soltar a areia.

Para Comer Juntos

8
Leve a panela de arroz ao fogo novamente, adicione uma concha de caldo quente e mexa até o arroz absorvê-lo. Fique de olho na temperatura; se estiver quente demais, o caldo vai borbulhar e evaporar imediatamente, em vez de ser absorvido pelo arroz.

9
Continue adicionando o caldo pouco a pouco, até o arroz crescer e ficar cercado de um molho cremoso. Quando estiver pronto, o arroz deverá estar tenro, sem sabor de calcário – experimente um pouco. Talvez não precise usar todo o caldo – algo entre 1,3 e 1,5 litro deve ser a média, dependendo do arroz; o processo todo deve levar 16-18 minutos. Quando tiver acrescido a última concha de caldo, não deixe que seja absorvido, mas mantenha o risoto úmido. Tempere com sal e pimenta a gosto e tire a panela do fogo.

10
Com cuidado, misture os frutos do mar cozidos e a manteiga restante em pedaços pequenos. Tampe e deixe o risoto descansar por 2 minutos. A manteiga derrete no arroz, tornando-o mais cremoso ainda. Pique a salsinha e corte o limão em fatias, enquanto aguarda.

11
Se achar que o risoto precisa ficar mais solto, adicione mais uma concha de caldo. Ele deve ficar solto e cremoso, não deve ficar pesado e espesso. Sirva em pratos fundos, guarnecido com salsinha, uma fatia de limão e mais pimenta-do-reino.

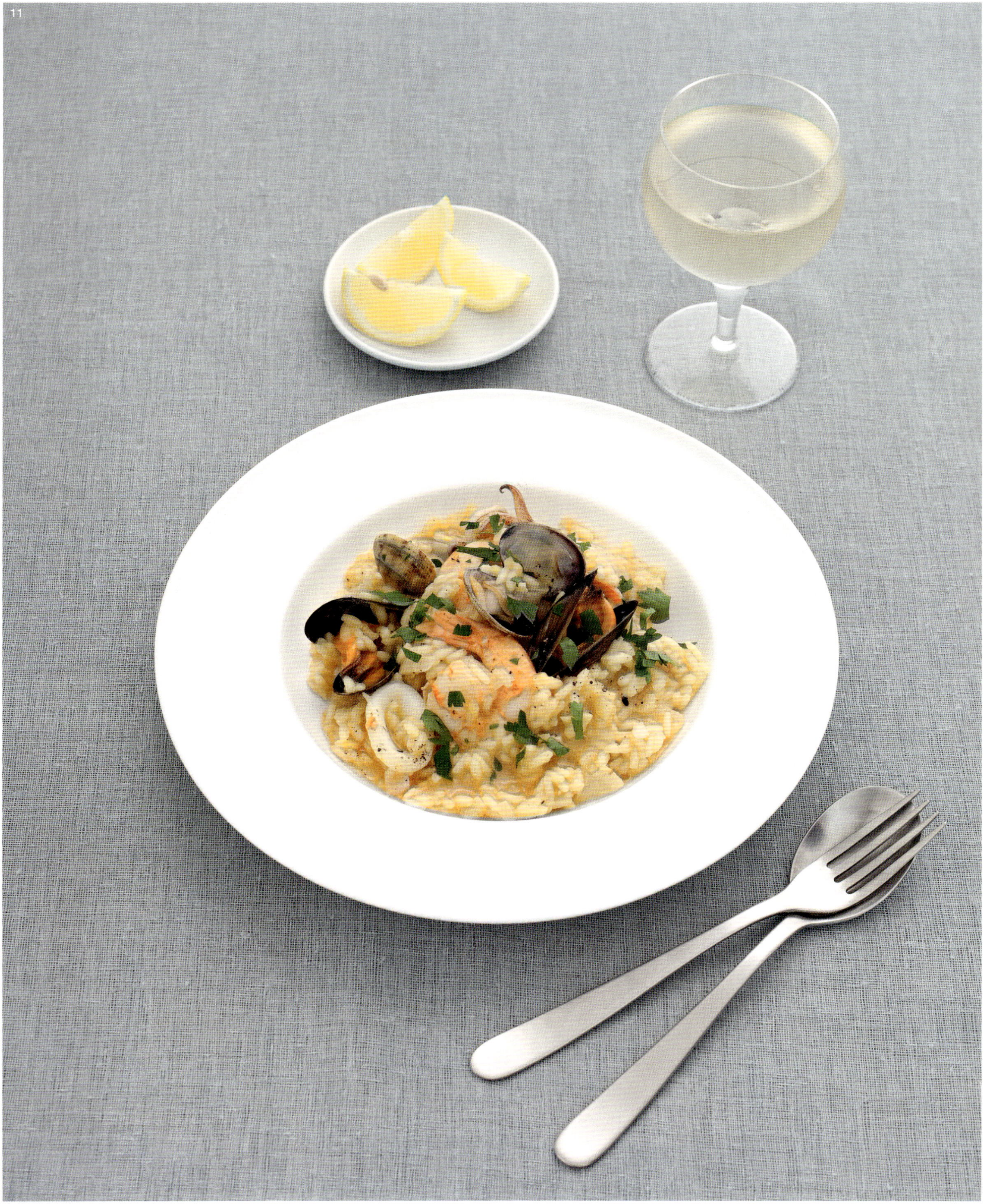

Carnitas

Tempo de preparo: 30 minutos
Tempo de cozimento: cerca de 2 horas
Serve 4-6 (é fácil de multiplicar)

Aqui está a minha versão de carnitas de porco, um prato mexicano divertido e delicioso para compartilhar com amigos junto com algumas cervejas. É mais aromático que picante, portanto, se gosta de comida condimentada, adicione mais pimenta fresca ao molho.

- 2 colheres (sopa) de azeite extravirgem
- 1 kg de paleta de porco sem osso, cortada em pedaços grandes (peça ao açougueiro para fazê-lo)
- 2 cebolas roxas
- 2 dentes de alho
- 1 colher (sopa) de cominho em pó
- 1 colher (sopa) de coentro em pó
- 1 colher (chá) de páprica picante, ou adicione ½ colher (chá) de pimenta moída à páprica normal
- 1 colher (chá) de canela em pó
- 1 colher (sopa) de orégano
- 4 colheres (sopa) de vinagre de maçã ou de vinho branco
- 1 colher (sopa) de purê de tomate (passata)
- 2 limões
- 400 g de feijão-preto cozido (ou em lata) e escorrido
- 2 abacates pequenos, maduros
- 1 maço de coentro
- sal grosso e pimenta-do-reino moída na hora
- tortilhas de farinha de trigo ou farinha de milho, para servir

1

Preaqueça o forno a 160°C. Coloque uma caçarola refratária em fogo médio-alto e adicione uma colherada de azeite. Tempere a carne de porco com sal e pimenta; adicione metade à panela, espaçando-a bem. Vire a carne de tempos em tempos, até dourar bem. Se não soltar facilmente da panela, aguarde e tente novamente, um pouco mais tarde. Transfira a primeira leva para um prato e reserve. Repita o processo com a segunda leva, adicionando mais azeite, se necessário.

2

Enquanto isso, corte a cebola em fatias finas e amasse o alho.

3

Transfira a segunda leva de carne da panela. Abaixe o fogo, adicione metade da cebola e todo o alho e refogue na gordura por 5 minutos.

4

Adicione os temperos e o orégano até liberar o aroma, ponha o vinagre, o purê de tomate e acrescente a carne de volta à panela. O cheiro será ácido neste momento, mas não se preocupe. Despeje 450 ml de água ou o suficiente para cobrir pela metade os pedaços de carne. Tampe a panela, deixando uma abertura pequena para o vapor escapar. Leve ao forno e cozinhe por 2 horas.

ACELERANDO O PROCESSO
Cozinhe a carne de porco com até 2 dias de antecedência e mantenha-a na geladeira. Os sabores vão se acentuar e também ficará mais fácil tirar o excesso de gordura.

Para Comer Juntos

5
Enquanto isso, prepare os acompanhamentos. Ponha a cebola restante numa tigela. Adicione o suco de 1 limão e uma pitada de sal; misture e deixe apurar na geladeira. A cebola vai ficar mais rosada.

6
Faça o molho. Coloque o feijão numa tigela. Corte os abacates ao meio e tire os caroços; faça um xadrez na polpa, sem cortar a casca. Vire o abacate numa tigela. Esprema o limão restante, misture e tempere com sal e pimenta. Pique o coentro grosseiramente e espalhe por cima.

7
Quando a carne de porco estiver pronta, ficará bem tenra, macia o suficiente para ser cortada com uma colher. Se não estiver pronta, leve de volta ao forno e deixe por mais 30 minutos. Transfira a carne para uma tábua ou prato. Tire o excesso de gordura da panela e apure o molho, até ficar consistente e com gosto apurado. Experimente o tempero e reserve.

8
Aqueça as tortilhas segundo as instruções da embalagem. Desfie a carne usando 2 garfos e coloque numa travessa. Misture com o molho ou sirva separadamente. Arrume a carne e o molho sobre as tortilhas com um pouco de salsinha e cebola, enrole e delicie-se imediatamente.

184 Carnitas

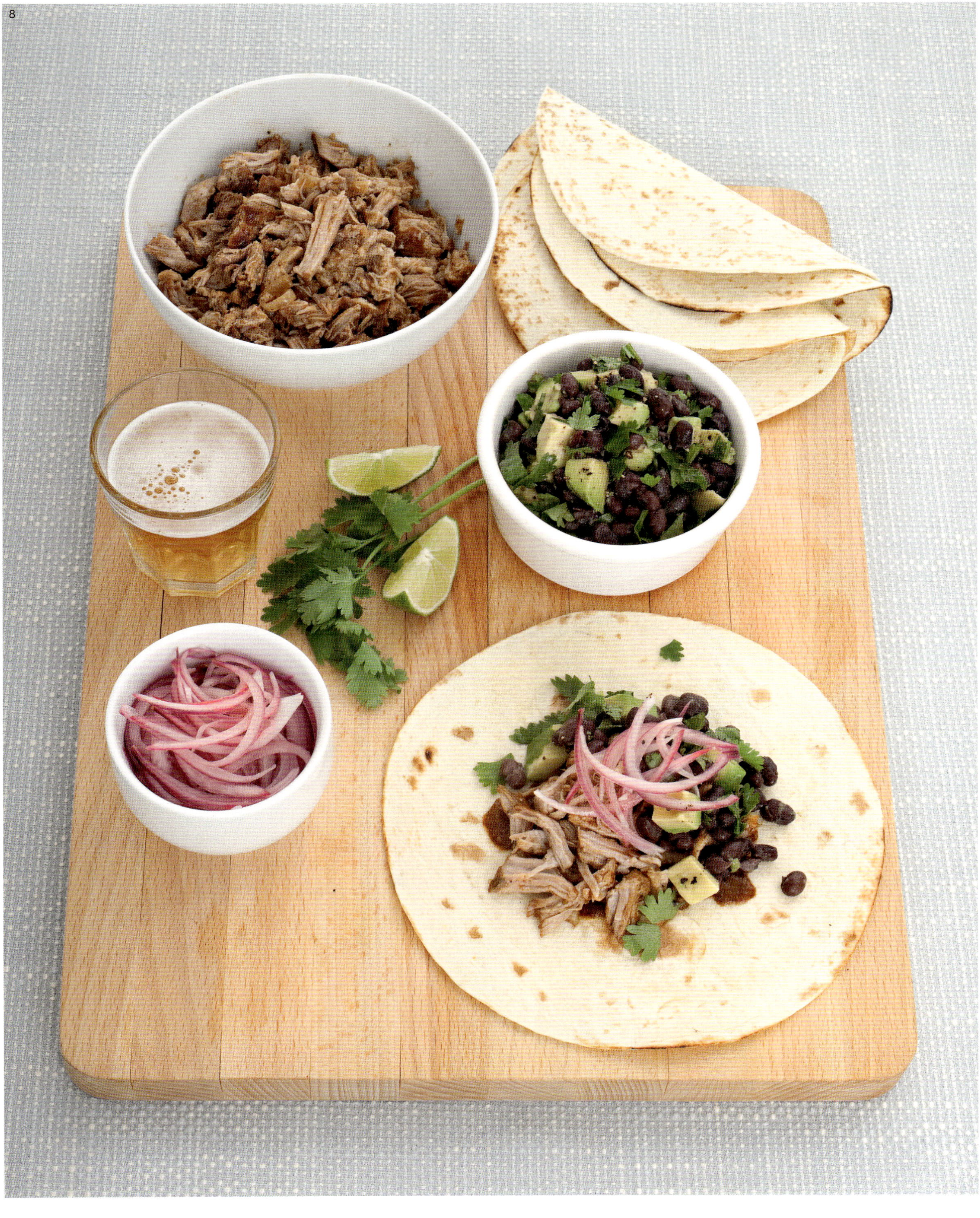

Lasanha de ricota com legumes

Tempo de preparo: 1h15
Tempo de cozimento: 30 minutos
Serve 6

Esta lasanha de ricota e abobrinha é a resposta de verão para a tradicional lasanha com carne e ideal para uma refeição relaxante no jardim. Se não tiver tempo para preparar o molho de tomate e pimentão, use 2 xícaras de molho pronto.

- 10 tomates grandes e maduros (1 kg)
- 3 pimentões vermelhos
- 1 punhado de orégano fresco
- 6 colheres (sopa) de azeite extravirgem
- 2 talos de aipo (salsão)
- 1 cebola
- 2 dentes de alho
- 5 abobrinhas
- 500 g de ricota
- 4 colheres (sopa) de mascarpone (opcional)
- 50 g de parmesão
- 1 noz-moscada, para ralar
- 6 tiras de lasanha fresca – depende do tamanho da fôrma
- 1 punhado de pinoles
- sal grosso e pimenta-do-reino moída na hora
- salada fresca, para servir

1
Preaqueça o forno a 200°C. Reserve 2 tomates e corte o restante ao meio. Tire a pele dos pimentões usando um cortador de legumes, corte-os ao meio e retire as sementes e as membranas brancas. Não se preocupe se não conseguir tirar tudo, isso ajuda o pimentão a cozinhar mais rápido e evita ter que tirar a casca mais tarde.

2
Espalhe os tomates e pimentões com o lado cortado para cima em duas assadeiras, de preferência antiaderentes. Espalhe um pouco de orégano e bastante sal e pimenta. Regue com 3 colheres (sopa) de azeite e asse por 45-60 minutos, até amaciar, dourar e começar a murchar.

3
Enquanto isso, vamos à camada de abobrinha. Pique bem o aipo e a cebola.

4
Aqueça o azeite restante numa frigideira grande, junte o aipo e a cebola e tempere com sal e pimenta. Tampe e deixe em fogo brando por 10 minutos. Cozinhar o aipo com tampa é a melhor forma de fazê-lo amolecer rapidamente. Fatie o alho e passe a abobrinha no ralo grosso. Quando os legumes ficarem tenros, desligue o fogo e junte a abobrinha.

5
Refogue por 5 minutos, mexendo sempre, até a abobrinha escurecer um pouco e a panela ficar quase seca. Junte o alho, cozinhe mais 1 minuto e retire a panela do fogo.

Para Comer Juntos

6

Misture ⅔ da ricota, o mascarpone, se usar, e metade do parmesão. Tempere a gosto com sal, pimenta e uma pitada de noz-moscada ralada.

7

Quando os tomates e os pimentões estiverem prontos, coloque em um processador ou use um mixer e bata, formando um molho espesso e saboroso. Fatie os tomates reservados.

8

Monte as camadas da lasanha. Comece pondo metade das abobrinhas em uma fôrma grande. Cubra com uma camada de tiras de lasanha e espalhe por cima mais da metade do molho de tomate. Repita as camadas, terminando com o molho de tomate. Cubra com as fatias de tomate, a ricota restante, os pinoles e mais orégano. A fôrma pode ser coberta com filme de PVC e refrigerada até 24 horas.

LASANHA SECA
A lasanha fresca é mais rápida para cozinhar e mais fácil de usar, mas se tiver lasanha seca, basta ferver água numa panela grande, adicionar as tiras de massa e mexer, para não grudarem. Deixe cerca de 5 minutos, até amolecer, mas sem cozinhar demais. Retire, escorra e regue com um pouco de azeite para evitar que grudem. Use conforme as instruções acima.

9

Asse a lasanha até dourar e borbulhar nas bordas. Levará cerca de 30 minutos, se você seguiu todos os passos consecutivamente, pois a maioria das camadas ainda estará quente. Se a lasanha estiver gelada, acrescente 15 minutos ao tempo de cozimento, mantendo-a coberta com papel-alumínio até a metade do tempo. Sirva com uma salada verde.

Lasanha de ricota com legumes

9

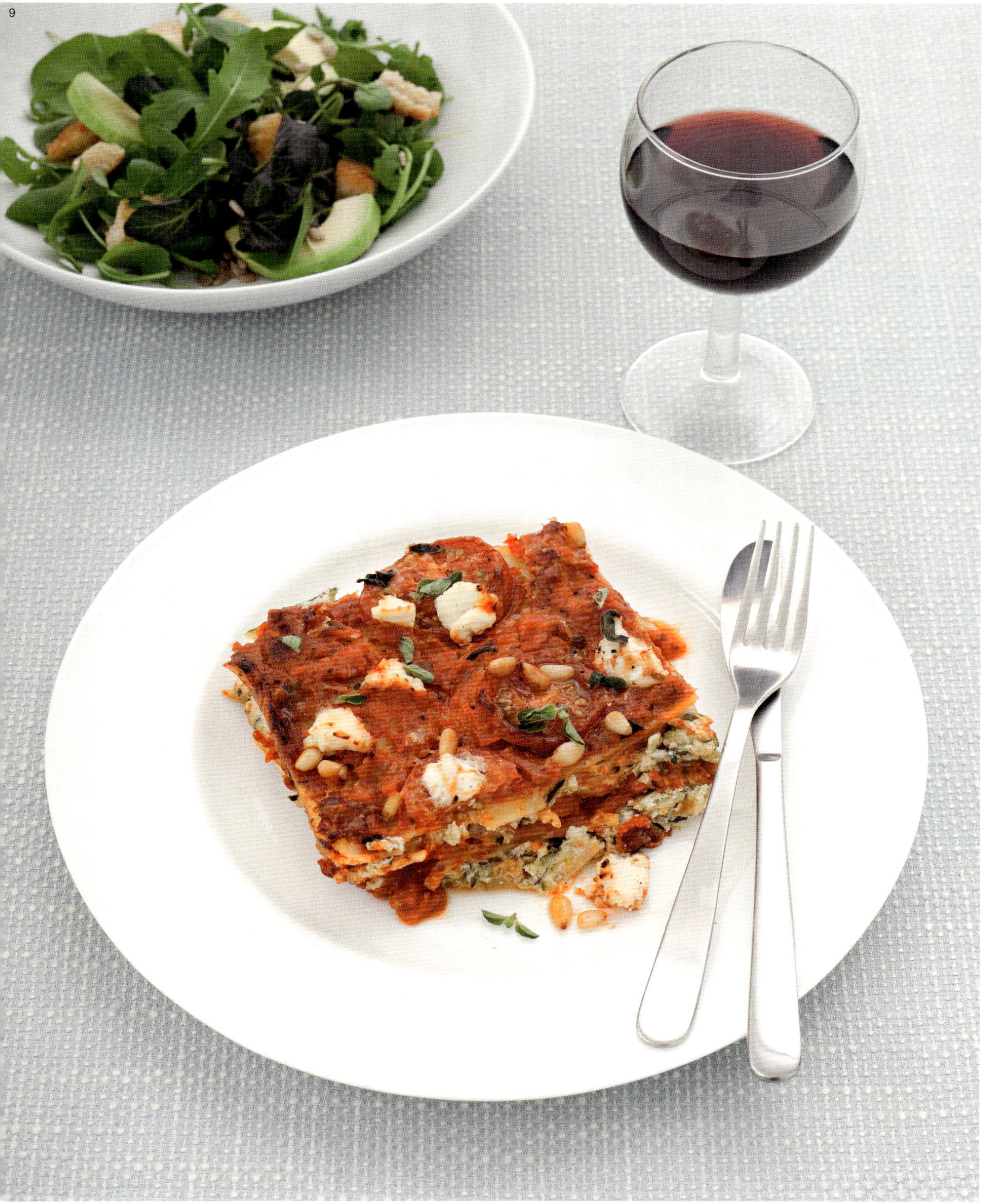

Frango perfumado com salada de quinoa

Tempo de preparo: 15 minutos, mais o tempo de marinar, se quiser
Tempo de cozimento: 35 minutos
Serve 6-8

Esta salada saudável, mais fresca que um tagine, mas com os mesmos sabores exóticos do Norte da África, é uma das maneiras mais fáceis de alimentar uma multidão. Ponha a travessa na mesa, talvez com uma tigela de iogurte consistente ao lado, e deixe todos se servirem dela.

---

10 peças de frango: 4 coxas, 4 sobrecoxas e 2 peitos é uma boa variedade
2 dentes de alho
2 colheres (sopa) de ras el hanout (tempero marroquino)
1 colher (chá) de pimenta-calabresa em flocos
4 colheres (sopa) de óleo vegetal
2 cebolas
300 g de quinoa
2½ xícaras de caldo de legumes ou de galinha
300 g de vagens
2 limões (4 colheres de sopa do sumo)
1 colher (sopa) de mel
2 colheres (sopa) de óleo de nozes
3 endívias vermelhas
3 colheres (sopa) de melaço de romã
1 macinho de coentro
½ xícara de pistaches, nozes ou amêndoas
sal grosso e pimenta-do-reino moída na hora

1
Faça alguns talhos nos pedaços de frango e arrume numa assadeira grande.

2
Amasse o alho. Misture metade dele, o ras el hanout, a pimenta em flocos e 2 colheres (sopa) de óleo com bastante sal e pimenta e esfregue bem nos pedaços de frango. Se tiver tempo, deixe o frango marinar por 30 minutos, ou até mesmo de véspera, na geladeira.

RAS EL HANOUT
É uma mistura de especiarias, que inclui canela, gengibre, cominho, coentro, cardamomo, pimenta-da--jamaica e páprica; muitas vezes, é perfumada com pétalas de rosa. Como alternativa caseira, misture 1 colher (chá) de cada: canela em pó, cominho, páprica doce defumada, coentro em pó, gengibre em pó e ½ colher (chá) de pimenta--do-reino moída.

3
Prepare a salada. Corte as cebolas em fatias finas. Aqueça 1 colher (sopa) de óleo numa panela grande, adicione a cebola e refogue em fogo médio, mexendo sempre, até ficar tenra e dourada.

4
Junte a quinoa e o caldo de legumes e deixe ferver.

QUINOA?
A quinoa é um grão integral nutritivo e uma excelente alternativa ao arroz ou couscous. Nesta receita, eu a cozinho com caldo e cebola refogada em uma panela tampada, para absorver todo o seu sabor, como o arroz é cozido no Brasil, na Grécia e no Oriente Médio. O grão está cozido quando o pequeno germe (que se parece com uma cauda) estoura e os grãos ficam tenros.

Para Comer Juntos

5

Tampe a panela e cozinhe a quinoa por 10 minutos. Enquanto isso, limpe e corte as vagens em pedaços pequenos.

6

Após a quinoa cozinhar por 10 minutos, adicione a vagem na panela, tampe e deixe por mais 5 minutos, até tudo cozinhar no ponto. Espalhe a quinoa e a vagem sobre uma travessa ou assadeira grande para ajudar a esfriar o mais rapidamente possível. Vire com um garfo, de vez em quando, enquanto esfria.

7

Prepare o molho para a quinoa: esprema o suco de limão e misture com o mel, o óleo de nozes, o alho restante e um pouco de sal e pimenta. Separe o máximo de folhas de endívia que puder e pique as folhas internas.

8

Quando estiver pronto para assar, preaqueça o forno a 200°C. Leve o frango ao forno por 20 minutos, com a pele para cima. Após 20 minutos, retire as peças de peito e volte a assadeira ao forno com as coxas e as sobrecoxas, pois necessitam de mais tempo de cozimento. Deixe mais 15 minutos. Recoloque os peitos de frango na fôrma, regue o melaço de romã por cima e leve ao forno novamente, até o melaço borbulhar.

9

Pouco antes de servir, pique grosseiramente o coentro. Misture o coentro, a endívia e o molho na quinoa fria. Cubra com o frango (fatie a carne do peito) e regue com o molho do cozimento. Espalhe os pistaches por cima e sirva.

9

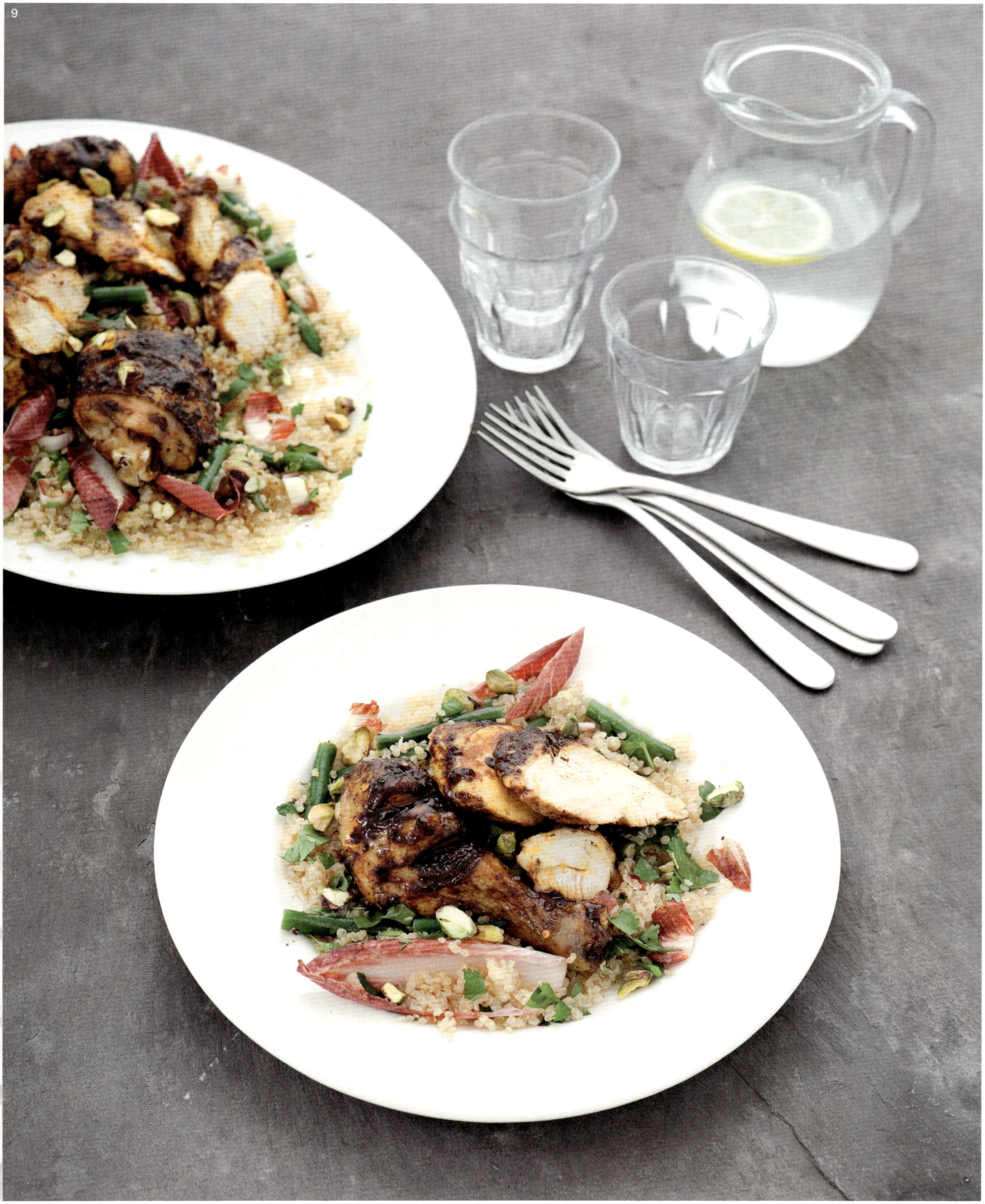

Peixe assado com limão e vagem

Tempo de preparo: 15 minutos
Tempo de cozimento: 30 minutos
Serve 6 (é fácil de dividir)

Como em muitas das receitas deste livro, gostaria que você pensasse nesta não apenas como um prato único, mas também como uma ótima maneira de preparar duas coisas: peixe, que harmoniza com quase tudo, e vagem à moda turca, que também combina com carne assada, arroz ou polenta.

---

2 cebolas
2 dentes de alho
6 colheres (sopa) de azeite extravirgem
1 folha de louro
cerca de 1 kg de vagens
600 g de tomates pelados picados
3 colheres (sopa) de purê de tomate (passata)
1 pitada de açúcar, ou a gosto
1½ xícara de caldo de legumes ou de galinha
6 filés grandes de peixe, com pele
1 limão-siciliano
1 macinho de manjerona ou orégano fresco
sal grosso e pimenta-do-reino moída na hora

1
Prepare as vagens. Elas podem ser feitas de véspera e reaquecidas, se quiser. Pique as cebolas e fatie o alho. Aqueça 5 colheres (sopa) de azeite numa panela grande ou caçarola, adicione a cebola, o alho, o louro e uma boa pitada de sal.

2
Refogue em fogo baixo por 10 minutos, até tudo ficar tenro.

3
A não ser que tenha preparado de véspera, enquanto a cebola é refogada, limpe as vagens e corte-as em pedaços. Às vezes elas podem ter fios nas laterais: se precisar retirá-los, acho mais simples passar um descascador de legumes ao longo das bordas algumas vezes.

4
Adicione a vagem, o tomate, o purê de tomate, o açúcar e o caldo de legumes na panela e mexa bem. Deixe apurar em fogo brando por 30 minutos. O molho de tomate ficará espesso e rico até o final do cozimento, mas, se a panela começar a parecer muito seca em algum ponto do cozimento, basta adicionar um pouco de água.

COZIMENTO LENTO?
Atualmente não é comum defender o cozimento de legumes até ficarem bem tenros, mas este é um método clássico na culinária turca, que deixa a vagem com o sabor muito rico do tomate e do azeite. Também é deliciosa fria.

5
Veja se as escamas do peixe foram bem removidas. Passe as costas da faca para a frente e para trás na pele, assim as escamas saem facilmente.

6
Preaqueça o forno a 220°C. Lave o peixe e seque em papel-toalha. Dê alguns talhos na lateral e tempere com sal e pimenta. Raspe a casca do limão e depois corte-o em fatias finas. Unte ligeiramente uma assadeira grande, espalhe as fatias de limão sobre ela e arrume o peixe em cima. Espalhe um punhado de ervas rasgadas e as raspas de limão e regue o azeite restante.

Asse o peixe por cerca de 15 minutos, até a carne ficar branca e se partir com facilidade. A pele deve abrir um pouco onde foi cortada.

PEIXE ASSADO
Esta é a maneira ideal de assar peixe, pois as fatias de limão impregnam seu sabor através da carne; durante o cozimento, os sucos criam vapor, mantendo a carne úmida, e as fatias de limão protegem o peixe do calor direto da fôrma. Se quiser experimentar assar um peixe inteiro pequeno para esta receita, escolha algo não muito grande, como um robalo pequeno ou dourada-do-mar. Peça ao peixeiro para limpar e tirar as escamas do peixe. Recheie a barriga dele com fatias de limão e mais ervas e asse por 20 minutos, até a carne se soltar facilmente da espinha dorsal.

7
Quando a vagem estiver pronta, ficará tenra e o molho espesso e rico. Verifique o tempero.

8
Sirva o peixe sobre a vagem e se delicie com pão crocante, couscous simples ou arroz.

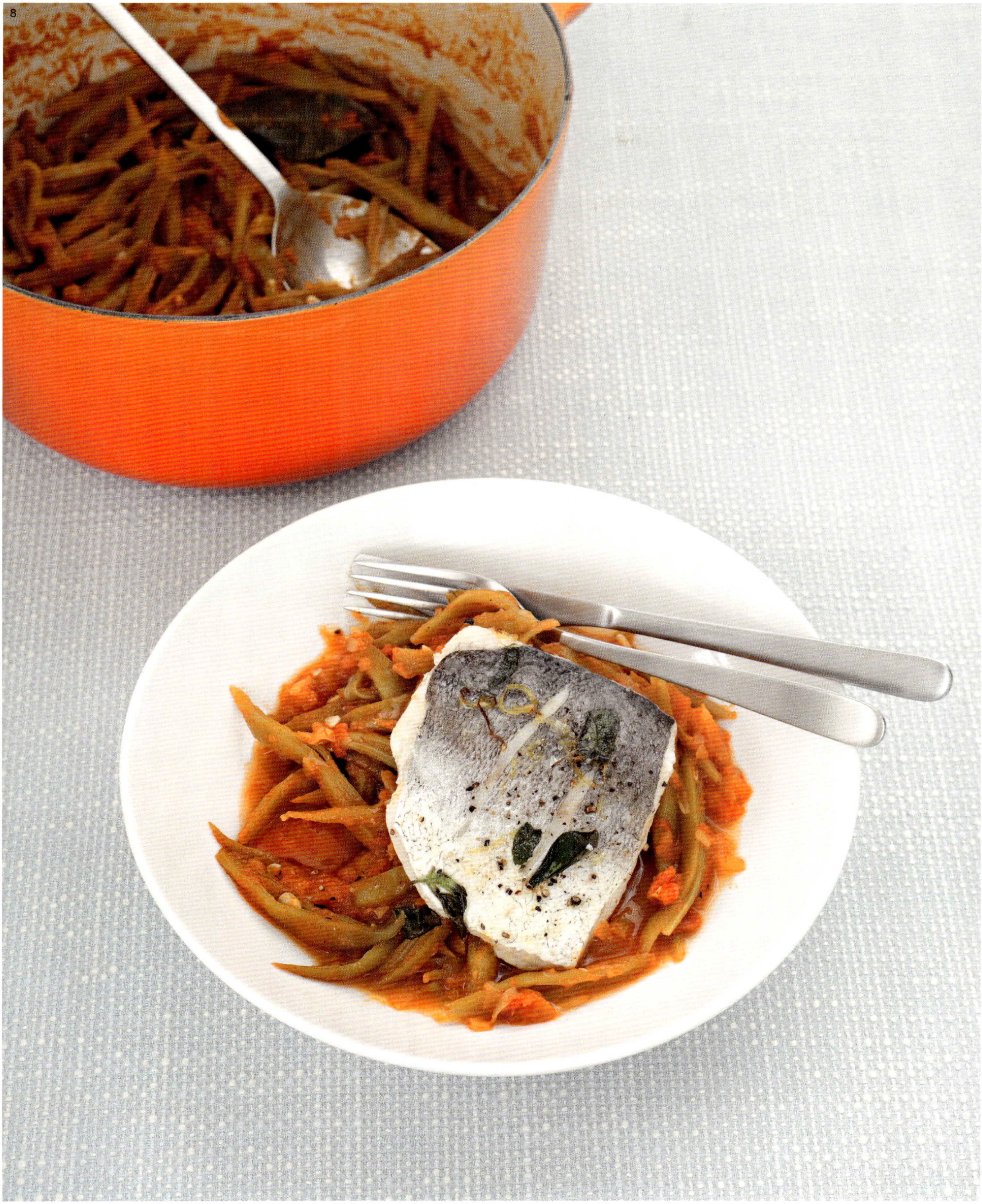

Mezze

Tempo de preparo: 20 minutos
Tempo de cozimento: 10 minutos
Rendimento: 6 porções como aperitivo (é fácil de multiplicar)

Esta é uma pequena fusão de alguns dos meus petiscos favoritos – pasta de berinjela, dukkah, salada de melancia e pão sírio – tudo fácil de preparar, fazendo uma mesa bem colorida. Se você ainda não experimentou melancia com queijo feta, então se prepare para uma experiência sensorial – o queijo salgado combinado com o sabor fresco da fruta é revigorante.

---

azeite extravirgem, para pincelar e regar
3 berinjelas
2 dentes de alho
²⁄₃ xícara de iogurte grego natural
1 limão-siciliano
1 maço de dill fresco
1 colher (sopa) de gergelim
½ xícara de avelãs tostadas picadas
1 colher (chá) de páprica
1 colher (chá) de garam masala
½ melancia
100 g de queijo feta
1 punhado de hortelã fresca
sal grosso e pimenta-do-reino moída na hora
pão sírio, para servir
   (ver receita na página 268)

1
Preaqueça o forno e unte ligeiramente uma assadeira grande. Corte as berinjelas ao meio e faça talhos profundos na polpa. Arrume-as sobre uma fôrma.

2
Asse as berinjelas por 10 minutos de cada lado até a polpa ficar bem tenra. Enquanto isso, amasse o alho.

3
Use uma colher para tirar a polpa da berinjela na tigela do processador.

4
Adicione o iogurte, o alho, as raspas de limão e metade do sumo. Processe até ficar homogêneo, tire a lâmina e ponha as folhas de dill. Misture bem. Tempere com sal e pimenta a gosto.

NÃO TEM PROCESSADOR?
Se não tiver um processador, use um mixer, ou simplesmente pique a berinjela assada e misture com os ingredientes restantes em uma tigela.

Para Comer Juntos

5
Prepare o dukkah. Ponha o gergelim numa panela quente e misture por alguns minutos, até dourar e tostar. Transfira as sementes para uma tigela e misture com as avelãs, a páprica e o garam masala. Tempere com bastante sal.

O QUE É DUKKAH?
Dukkah é um acompanhamento aromático egípcio, feito com a mistura de vários condimentos e castanhas moídas. Usei o garam masala indiano como base de especiarias, um ótimo ingrediente e bem parecido, que é um mix de cominho, coentro e outros temperos usados para fazer dukkah. Para comer, rasgue um pedaço de pão, mergulhe no azeite e depois no dukkah. Também fica ótimo usado como crosta de bistecas de cordeiro.

6
Corte a melancia em fatias finas, depois corte em direção à casca em espaços de 1 cm; deslize a faca sob a polpa formando peças triangulares.

7
Arrume a melancia num prato, desmanche o queijo feta em cima e espalhe as folhas de hortelã. Regue com um pouco de azeite e tempere com sal e pimenta.

8
Sirva a pasta de berinjela, o dukkah e a salada de melancia juntos, com azeite e pães à parte.

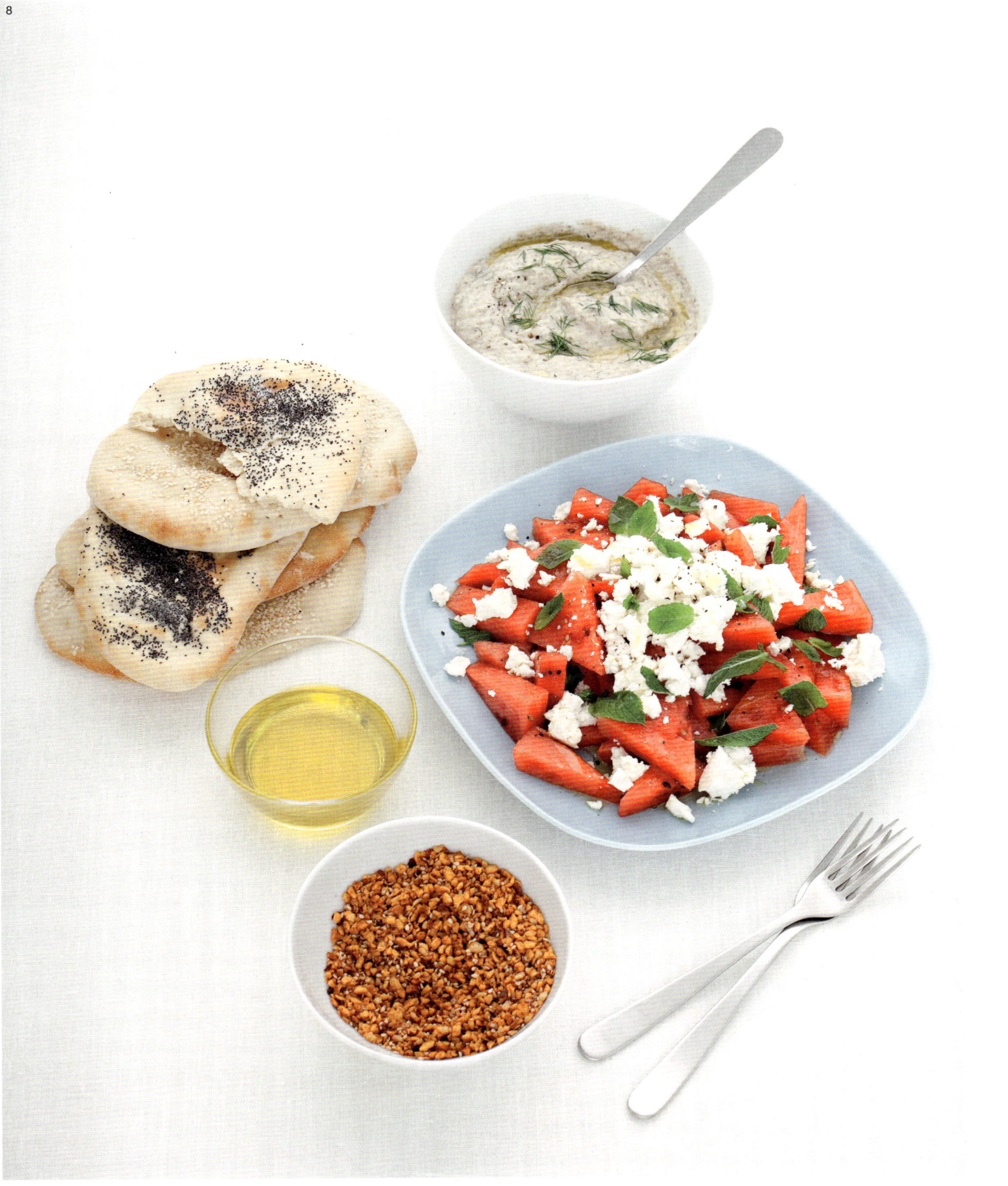

GRELHADOS

Frango à barbecue

Tempo de preparo: 40 minutos, mais o tempo de marinar
Tempo de cozimento: 40 minutos
Serve 6 (é fácil de multiplicar)

Sempre asso pedaços de frango no forno e depois ponho na churrasqueira para ficarem bem tenros. Assim, o carvão propicia o sabor grelhado, e o frango fica macio e desprende do osso. Também significa que você terá mais espaço na grelha. O molho "viciante" é ideal para mergulhar linguiças e asinhas.

---

12 pedaços de frango: coxas e sobrecoxas, de preferência com pele
2 colheres (sopa) de páprica
1 punhado de tomilho fresco
2 colheres (chá) de sal marinho
½ colher (chá) de pimenta-do-reino moída na hora
1 colher (chá) de pimenta vermelha em pó
½ xícara de açúcar mascavo escuro
⅔ xícara de ketchup
1 colher (chá) de molho de pimenta
2 colheres (sopa) de molho inglês
1 repolho roxo pequeno
2 maçãs ácidas
1 cebola
⅔ xícara de maionese
2 colheres (sopa) de vinagre de maçã
1 colher (chá) cheia de sementes de nigella (kalongi) ou de cominho
sal grosso e pimenta-do-reino moída na hora

1
Faça talhos nos pedaços de frango com uma faca afiada, indo até o osso, para ajudar os temperos a penetrar bem e também deixar o calor entrar na carne enquanto ela assa.

2
Misture a páprica, o tomilho, o sal, a pimenta-do-reino, a pimenta vermelha e 3 colheres (sopa) de açúcar numa tigela grande ou saco plástico; adicione o frango e misture bem. Deixe marinar pelo menos por 1 hora – de preferência até 12 horas na geladeira.

3
Preaqueça o forno a 180°C. Prepare o molho do churrasco: misture o açúcar restante, o ketchup, o molho de pimenta e o molho inglês até ficar uniforme. Pode ser feito com vários dias de antecedência e guardado na geladeira até por 2 semanas.

4
Arrume o frango numa assadeira grande. Asse por 30 minutos, até cozinhar bem (espete a coxa com uma faca afiada para verificar – a carne ainda pode estar um pouco rosada, pois é a carne mais escura da perna, porém, não deve sair sangue). Isso pode ser feito com várias horas de antecedência, se quiser – esfrie o frango e ponha na geladeira o mais rapidamente possível.

Grelhados

5
Prepare a salada: corte o repolho, retire o miolo duro e pique bem.

6
Corte a cebola e as maçãs em fatias finas (não precisa descascar as maçãs) numa tigela grande e adicione o repolho.

7
Misture a maionese e o vinagre para fazer o molho.

8
Adicione o molho à salada, tempere com sal e pimenta a gosto e polvilhe as sementes de nigella. A salada pode ser feita com até 1 dia de antecedência.

9
Antes de começar a assar, veja se as brasas da churrasqueira estão cobertas de cinzas, ou se a churrasqueira a gás está preaquecida a 200°C. Adicione o frango e asse por 10 minutos, virando de vez em quando, até chamuscar e ficar bem quente no centro. Pincele ou regue com um pouco do molho e sirva o frango com a salada de repolho e o restante do molho para acompanhar.

SE CHOVER
Ligue o forno a 220°C. Deixe o frango mais 10 minutos no forno até chiar e dourar, depois finalize com o molho como antes.

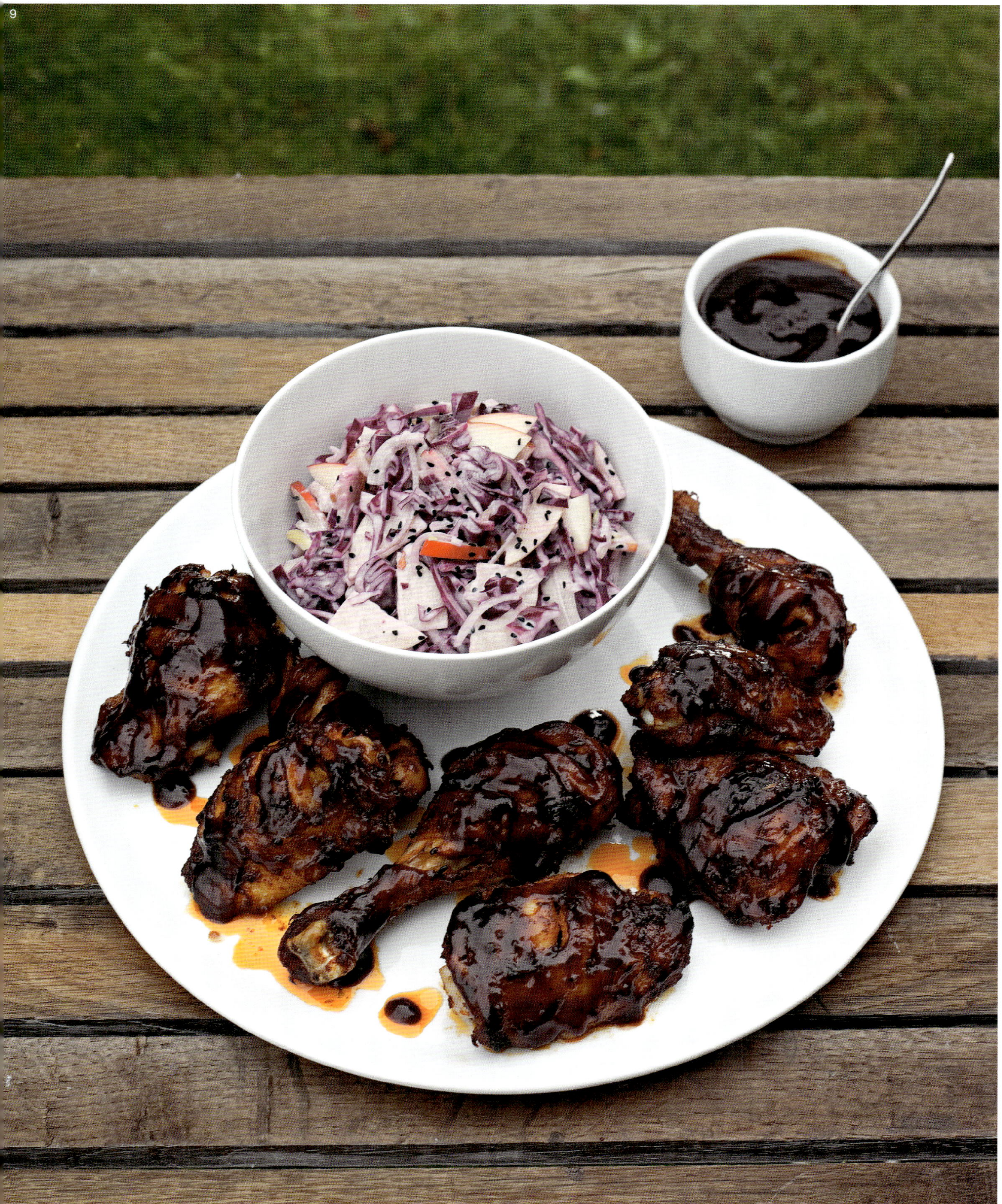

Cafta de cordeiro com tzatziki

Tempo de preparo: 40 minutos, mais o tempo de resfriar
Tempo de cozimento: 10-15 minutos
Serve 6 (é fácil de multiplicar)

A cafta, clássica almôndega de cordeiro servida em todo o Oriente Médio, é uma ótima alternativa ao hambúrguer, além de ser econômica e de preparo simples. Esta mistura é muito condimentada – em termos de aroma e não de pimenta – e equilibrada por uma colherada do refrescante pepino ao molho de iogurte.

---

2 cebolas
2 dentes de alho
¼ xícara de damascos secos
1 maço de hortelã
800 g de cordeiro moído
1 colher (sopa) de cominho em pó
1 colher (chá) de pimenta vermelha em pó
1 colher (chá) de tomilho seco
1 ovo
2 pepinos
300 ml de iogurte natural cremoso
6 pães achatados (ver página 268), ou pães sírios, para servir
sal grosso e pimenta-do-reino moída na hora

1
Pique bem as cebolas e amasse o alho, depois faça o mesmo com os damascos e metade da hortelã.

2
Coloque o cordeiro moído numa tigela grande com a cebola, o alho, os damascos, a hortelã, o cominho, a pimenta vermelha, o tomilho e o ovo. Tempere generosamente com ½ colher (chá) de sal e de pimenta.

3
Misture tudo com as mãos. Se quiser verificar o tempero da cafta, frite um pedacinho da massa e ajuste o sabor. Com as mãos ligeiramente úmidas, molde a massa da cafta em 25-30 bolas do tamanho de uma noz. Cubra e leve à geladeira pelo menos por 30 minutos, ou até por 2 dias.

4
Prepare o tzatziki: descasque os pepinos e retire as sementes com uma colherinha. Se deixá-las, o molho ficará aguado. Corte em fatias finas ou rale a polpa.

5
Misture o pepino com o iogurte. Rasgue as folhas de hortelã restantes, adicione e tempere a gosto com sal e pimenta.

6
Antes de começar a assar, veja se as brasas da churrasqueira estão cobertas com cinzas, ou se a churrasqueira a gás está preaquecida a 200ºC. Asse a cafta por uns 10 minutos, virando várias vezes, até dourar e aquecer por igual. Quando estiver pronta, sirva com o tzatziki e pães.

SE CHOVER
Frite a cafta numa frigideira grande – talvez precise fazê-lo em duas levas. Ou asse em uma grade no forno quente.

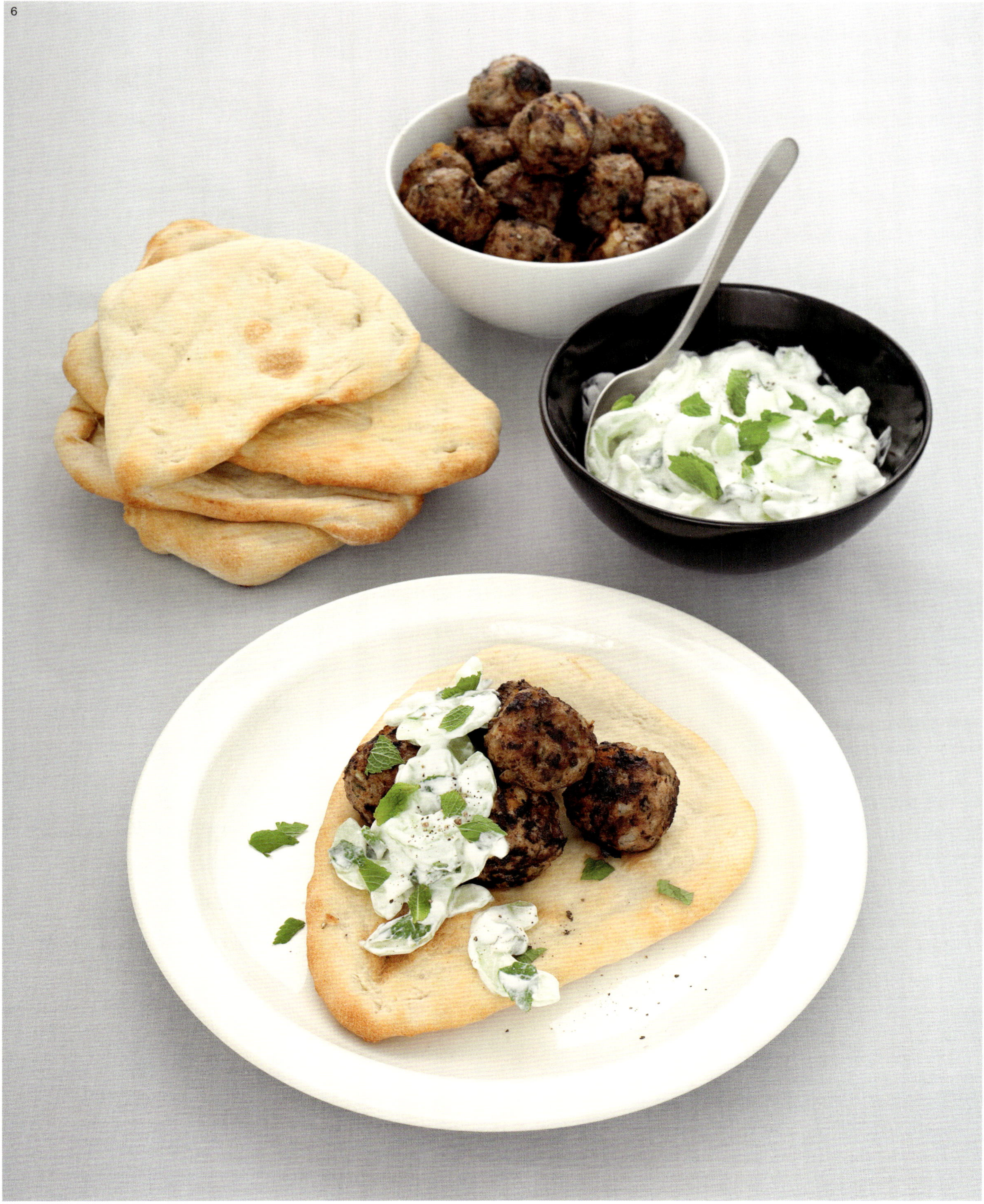

Lombo de porco com salada de erva-doce

Tempo de preparo: 30 minutos, mais o tempo de marinar
Tempo de cozimento: 12-15 minutos
Serve 4-6 (é fácil de multiplicar)

O lombo de porco é ideal para churrascos; como é tão magro e tenro, leva apenas alguns minutos para assar. Quando enfiá-lo nos espetos, tente não deixar os cubos muito juntos. O calor precisa penetrar por igual em toda a carne, para não assar demais no exterior e ficar cru no meio.

---

2 lombos de porco, cerca de 700 g no total
2 dentes grandes de alho
2 limões-sicilianos
4 colheres (sopa) de vinho branco
6 colheres (sopa) de azeite extravirgem, mais um pouco para untar
2 colheres (chá) de tomilho seco
2 colheres (chá) de sementes de erva-doce
cerca de 600 g de batatas-bolinha
3 bulbos de erva-doce
50 g de parmesão ou pecorino
1 maço de hortelã
sal grosso e pimenta-do-reino moída na hora

1
Corte o lombo em cubos grandes e apare todas as membranas esbranquiçadas.

2
Amasse bem o alho e rale a casca dos limões. Ponha a carne em um saco plástico grande ou tigela não metálica e adicione o alho, as raspas de limão, o vinho, 4 colheres (sopa) de azeite, o tomilho e a erva-doce. Mexa bem para cobrir a carne, tampe e deixe marinar na geladeira pelo menos por 2 horas, ou de véspera.

3
Coloque as batatas numa panela com água fria salgada e leve para ferver. Cozinhe por 15 minutos, até ficarem tenras. Escorra e reserve. Isso pode ser feito até com 1 dia de antecedência.

Grelhados

4
A salada pode ser preparada algumas horas antes também. Corte a erva-doce em fatias finas. Tire lascas do queijo usando um descascador de legumes e mantenha tudo tampado na geladeira até o uso.

5
Antes de assar, veja se as brasas da churrasqueira estão cobertas de cinzas, ou se a churrasqueira a gás está preaquecida a 200°C. Tire o lombo da marinada, distribua em seis espetos alternando com as batatas e tempere bem. Para adiantar o serviço, monte os espetos horas antes e guarde na geladeira. Deixe-os por alguns minutos em temperatura ambiente antes de assar.

ESPETOS DE METAL E DE MADEIRA
Se planeja fazer vários churrascos, um conjunto de espetos de metal é um bom investimento.
Espetos de madeira devem ser deixados de molho em água fria pelo menos por 30 minutos antes de assar (sem a carne, é claro) para não queimarem e minimizar o calor.

6
Asse os espetos por 12-15 minutos, virando quatro vezes durante o preparo, até a carne dourar por igual e ficar firme quando pressionada, não mais rosada no centro. Cuidado com este corte magro, pois pode secar facilmente. Enquanto aguarda, esprema o suco de 1 limão e corte o outro em 6 fatias. Misture o suco e 2 colheres (sopa) de azeite na salada de erva-doce, tempere e espalhe folhas de hortelã rasgadas. Sirva com os espetinhos e fatias de limão.

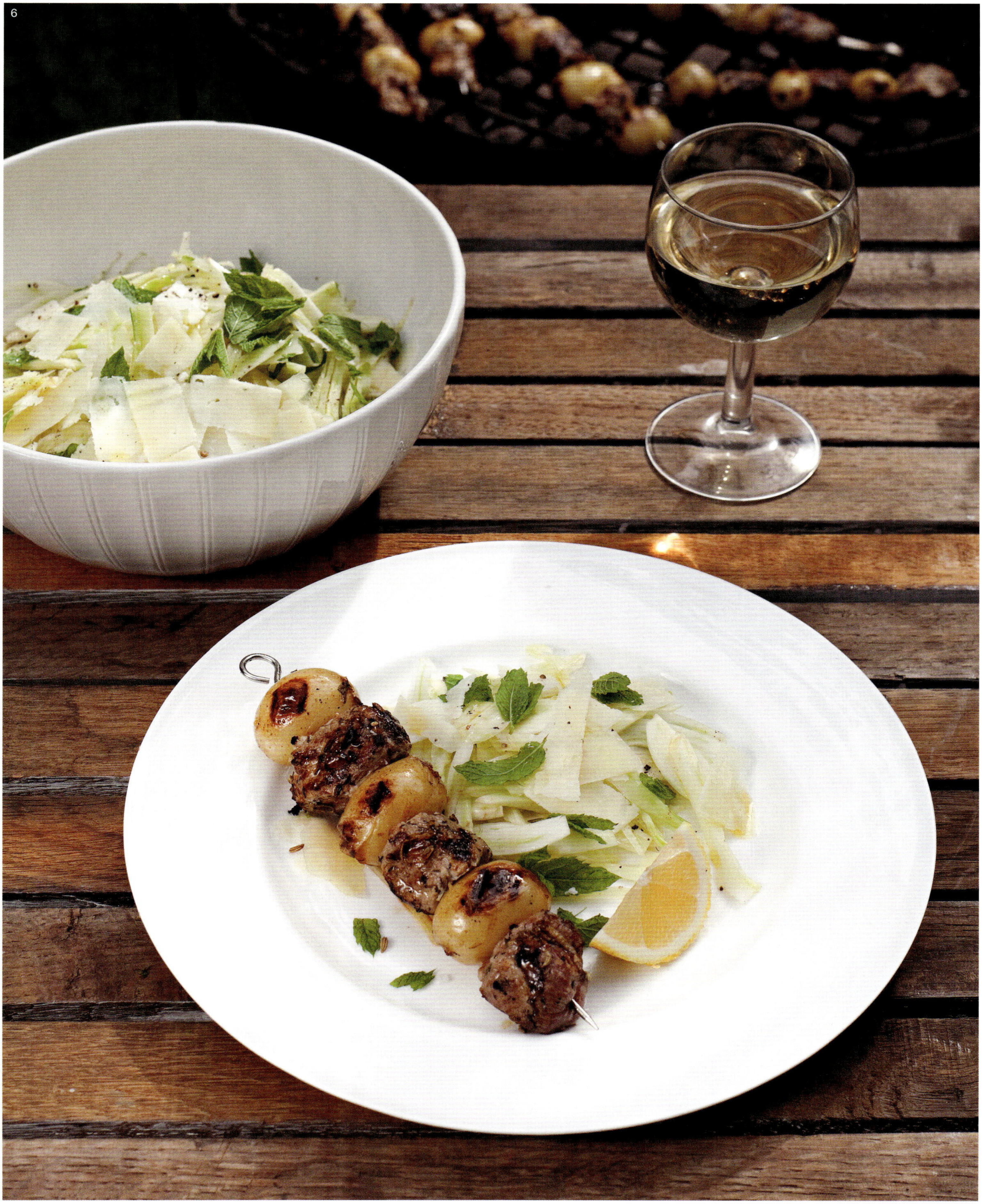

Cavalinha picante com salada de laranja

Tempo de preparo: 20 minutos, mais o tempo de marinar
Tempo de cozimento: 6-10 minutos
Serve 6 (é fácil de multiplicar)

Peixes gordos como a cavalinha e a sardinha ficam deliciosos com temperos picantes, como a harissa ou a pasta de curry, que cortam a gordura da carne. O peixe inteiro assa bem na churrasqueira, mas existem alguns truques para obter o melhor resultado. Antes de começar, leia as dicas na página 13 para mais informações sobre como assar peixes.

---

6 cavalinhas pequenas ou 3 maiores – peça ao peixeiro para limpá-las e retirar as cabeças
1 colher (sopa) de pasta de harissa
2 colheres (sopa) de azeite extravirgem, mais um pouco para untar
3 laranjas grandes ou 6 pequenas
300 g de rabanetes
1 cebola roxa
2 colheres (sopa) de vinagre de xerez
1 maço de salsinha
sal grosso e pimenta-do-reino moída na hora

1
Lave o peixe sob água fria para retirar todo vestígio de sangue e seque em papel-toalha. Faça 3-4 talhos na diagonal em cada lado dos peixes pequenos ou 5 nos peixes grandes.

2
Misture a pasta de harissa, 1 colher (sopa) de azeite e bastante sal e pimenta e esfregue no peixe. Deixe marinar na geladeira por alguns minutos (ou até 3 horas), enquanto prepara a salada.

SOBRE A HARISSA
Esta pasta condimentada de pimenta vermelha seca, alho e especiarias é originária da Tunísia, mas pode ser encontrada em supermercados grandes e delicatessens. Como alternativa, misture 1 colher (sopa) de azeite, 1 dente de alho esmagado e ½ colher (chá) de cominho em pó e de coentro em 1 colher (sopa) de pasta ou de molho de pimenta.

3
Corte o topo e a base das laranjas e, com uma faca de serrinha, retire a casca e a parte branca. Cuidado para seguir a linha da polpa da laranja e não cortar muito dela. Pique em fatias finas.

4
Fatie os rabanetes e a cebola roxa em rodelas finas. Ponha numa travessa com as laranjas, vinagre e o azeite restante. Tempere com sal e pimenta.

5
Antes de assar, veja se as brasas da churrasqueira estão cobertas de cinzas, ou se a churrasqueira a gás está preaquecida a 200ºC. Use um pincel resistente ao fogo para untar as grades da churrasqueira, depois asse os peixes pequenos por 3 minutos ou os grandes por 5-6 minutos de cada lado, até chamuscarem e ficarem no ponto. Se a churrasqueira tiver tampa, use-a. Teste com uma faca: a carne deve se soltar facilmente da espinha. Espalhe a salsinha sobre a salada e sirva com o peixe.

PEIXE NA GRELHA
Com certeza, alguma pele de peixe vai grudar na grade. Untar ajuda, mas, se você pretende assar bastante, invista em uma grelha para peixe: uma armação de arame com alças que prende o alimento e que pode ser virada facilmente. Unte-a também. Ou aqueça uma frigideira ou chapa sobre a churrasqueira. Assim, o sabor do peixe não se transfere para as grades.

SE CHOVER
Preaqueça o forno e asse o peixe numa assadeira por 10 minutos, virando com cuidado uma vez.

5

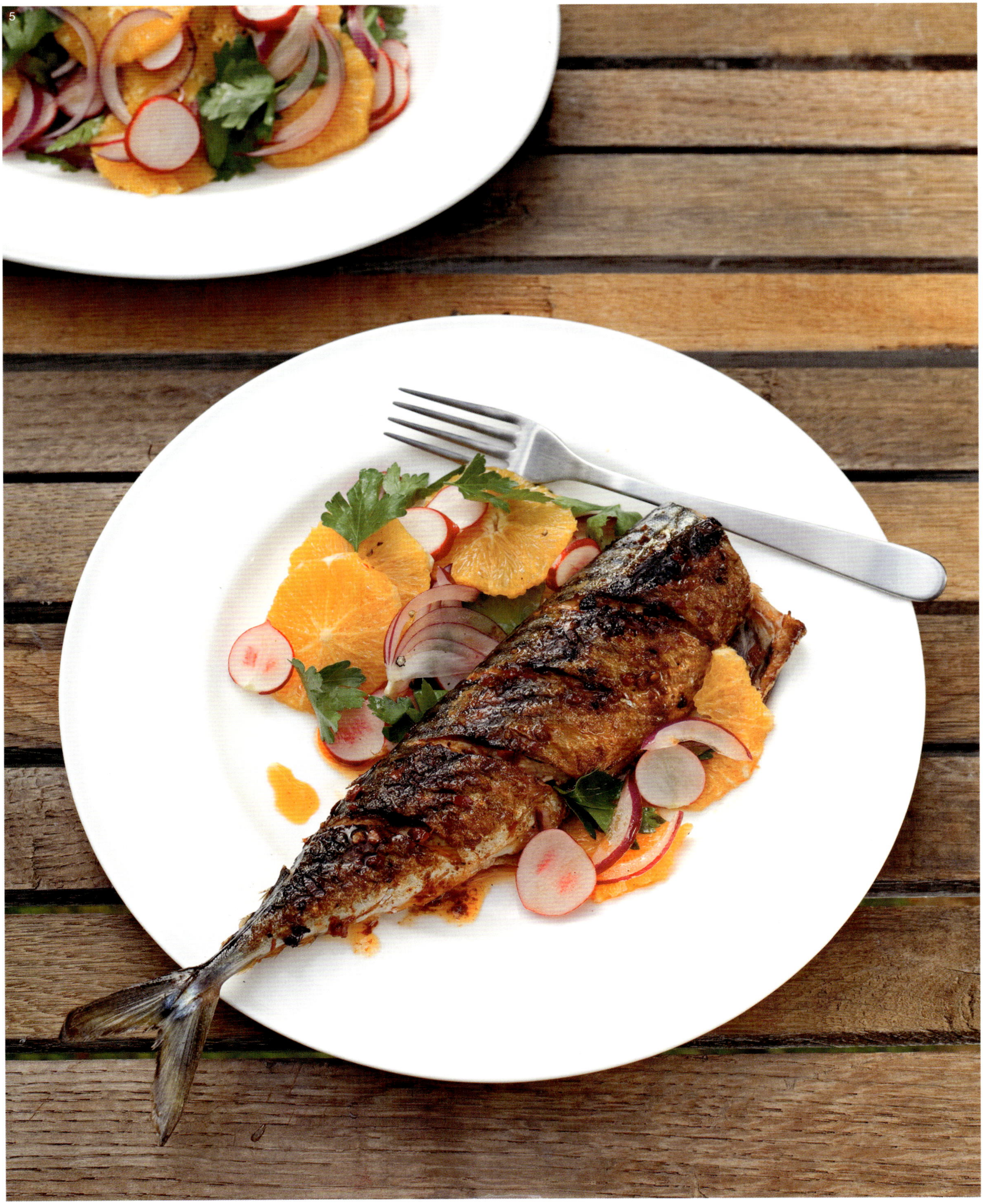

Espetinhos de camarão com aspargos

Tempo de preparo: 20 minutos
Tempo de cozimento: 6-7 minutos
Rende 6 espetos (é fácil de multiplicar)

Mantenha os camarões com a casca para fazer o churrasco, pois ela protege a carne do fogo e também conserva os sucos saborosos, prontos para quando você descascá-los à mesa. O aïoli é fácil de fazer usando uma técnica de mixer.

---

12 aspargos bem grossos
18 camarões grandes crus, com casca
2 ovos, em temperatura ambiente
2 limões-sicilianos
1 dente de alho
1 colher (chá) de mostarda de Dijon
1 xícara rasa de azeite
1 punhado pequeno de hortelã
sal grosso e pimenta-do-reino moída na hora

1
Ferva água com sal numa panela. Tire 5 cm da ponta dos aspargos, pois pode ser um pouco fibrosa. Corte os brotos no sentido do comprimento (fatias de dois dedos de espessura).

2
Ferva por apenas 2 minutos, depois escorra. Mergulhe em água fria para interromper o cozimento e escorra novamente.

POR QUE COZINHAR ANTES?
Sem isso, os aspargos levariam muito mais tempo que os camarões para assar na churrasqueira. Também facilita na hora de enfiá-los nos espetos.

Grelhados   221

3
Enfie 3 camarões e 4 pedaços de aspargos em 6 espetos. Cubra e deixe na geladeira até o uso.

4
Prepare o aïoli: separe as gemas (ver página 61) e ponha-as numa jarra alta ou tigela. Esprema 1 limão e pique o alho grosseiramente. Adicione o alho, a mostarda, 2 colheres (sopa) de suco de limão e o azeite nas gemas.

5
Coloque a haste do mixer no fundo da jarra e ligue. Puxe a haste muito lentamente a partir do fundo da jarra. Enquanto traz o mixer para mais perto do topo da jarra, a maionese engrossa rapidamente e você sente a sucção puxando sob as lâminas. Acrescente mais suco de limão, sal e pimenta a gosto. Se a maionese ficar um pouco grossa, mas com sabor suficiente de limão, adicione um pouco de água e bata novamente. Se quiser, pode ser feita com alguns dias de antecedência, pois se mantém bem na geladeira.

6
Antes de começar a assar, veja se as brasas da churrasqueira estão cobertas de cinzas, ou se a churrasqueira a gás ou elétrica está preaquecida a 200°C. Tempere os espetos com sal e pimenta, asse na churrasqueira por 2-3 minutos de cada lado, até os aspargos ficarem ligeiramente chamuscados e os camarões bem rosados. Pique a hortelã e adicione à maionese. Corte o limão restante em fatias, para decorar. Sirva imediatamente, acompanhado do aïoli com hortelã.

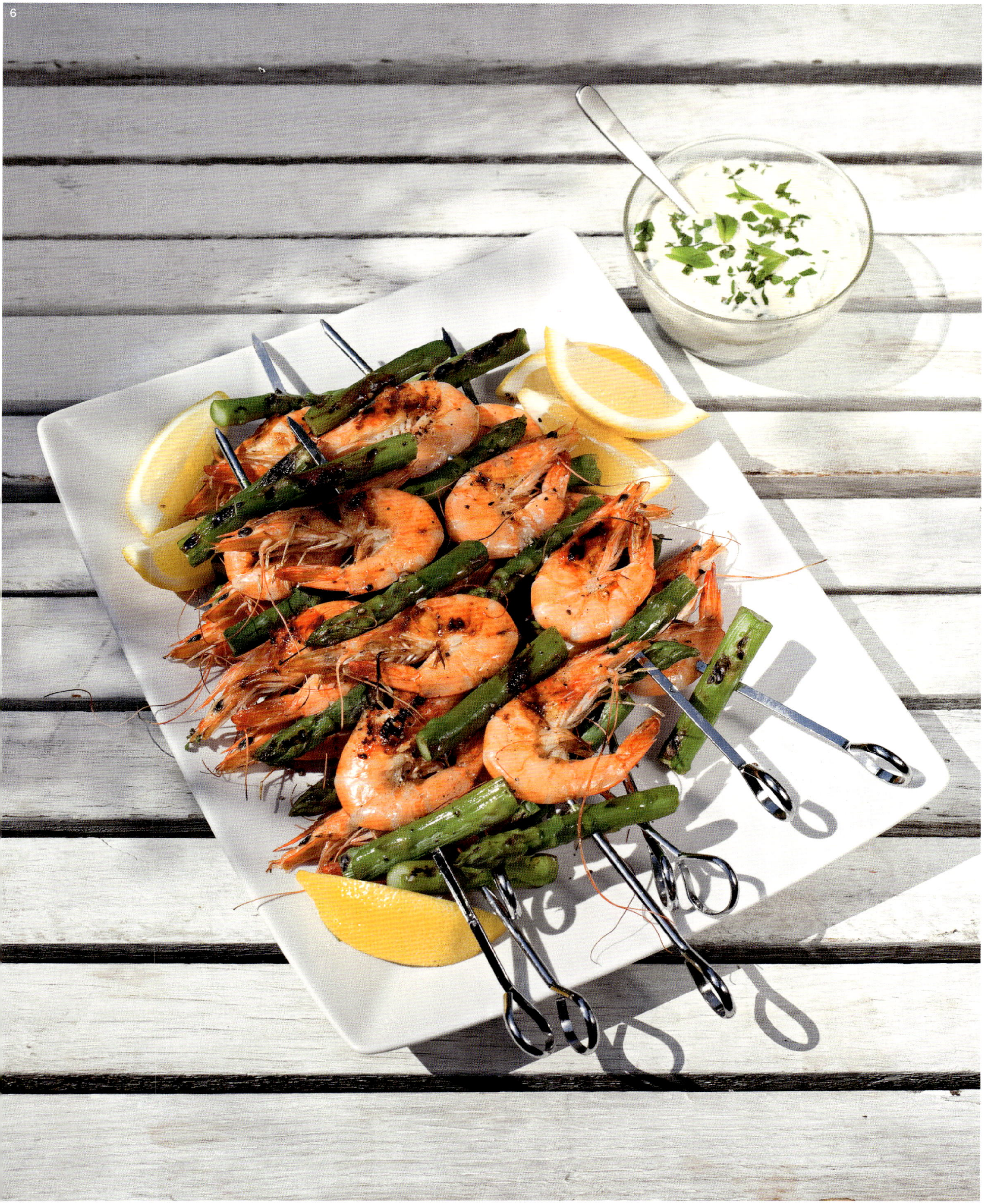

Costelinhas ao shoyu com salada asiática

Tempo de preparo: 20 minutos, mais o tempo de marinar
Tempo de cozimento: cerca de 3 horas
Serve 6 (é fácil de multiplicar)

Satisfaça o homem (ou a mulher) das cavernas que existe dentro de nós com estas costelinhas saborosas. Ficam tenras, sendo cozidas até derreter, no forno, e depois grelhadas na churrasqueira, até dourar e ficar crocante. Peça ao açougueiro para retirar a membrana (da parte traseira da costela).

---

1 pedaço de 5 cm de gengibre fresco
3 dentes grandes de alho
2 kg de costelinhas de porco
½ xícara de açúcar
1 colher (sopa) de cinco especiarias chinesas (anis-estrelado, sementes de erva-doce ou dill, pimenta, cravo e canela em pó)
⅔ xícara de shoyu light
2 colheres (chá) de óleo de gergelim
1 pé de acelga
1 maço de cebolinha
1 pimenta-malagueta grande
½ xícara rasa de vinagre de arroz
2 colheres (sopa) de gergelim
sal grosso e pimenta-do-reino moída na hora

1
Rale o gengibre e o alho e esfregue nas costelinhas.

2
Coloque 5 colheres (sopa) de açúcar, as cinco especiarias, o shoyu e 1 colher (sopa) de óleo de gergelim num recipiente não metálico ou num saco plástico de alimentos grande. Misture tudo e adicione as costelas. Esfregue a marinada na carne e deixe na geladeira pelo menos por 2 horas, ou de véspera. Quanto mais tempo, melhor.

3
Preaqueça o forno a 160°C. Tire as costelinhas da marinada e ponha numa assadeira grande. Reserve a marinada. Espalhe um copo de água no fundo da fôrma e cubra tudo com papel-alumínio – as costelas vão cozinhar no vapor até ficarem tenras.

4
Asse as costelinhas por 2h30 e observe. A carne deve estar bem macia, fácil de afastar dos ossos. Caso contrário, regue-a com o caldo do cozimento e adicione mais água. Se a fôrma parecer seca, cubra a carne e leve-a de volta ao forno por mais 30 minutos, antes de testar novamente. Peças menores levarão menos tempo. As costelinhas podem ser cozidas e refrigeradas 1 dia antes, estando prontas para assar no dia seguinte.

USE COSTELAS DE BOI
Elas também podem ser preparadas dessa forma. Levam 3-4 horas para amaciar no forno, dependendo do tamanho.

Grelhados

5
Prepare a salada: pique bem a acelga e a cebolinha. Coloque numa tigela grande, tampe e leve à geladeira até o uso.

6
Faça o molho: tire as sementes da pimenta, pique bem e ponha numa tigela pequena. Misture o vinagre, o açúcar restante (cerca de 2 colheres) e o óleo de gergelim e tempere com uma pitada de sal. Toste o gergelim numa panela em fogo médio por alguns minutos, até dourar e liberar o aroma, mexendo sempre.

7
Tire o excesso de gordura do molho da assadeira (haverá muita), ponha o molho e a marinada restante numa panela e deixe ferver até engrossar (cerca de 10 minutos).

8
Antes de começar a assar, veja se as brasas da churrasqueira estão cobertas de cinzas (ou se a churrasqueira a gás ou elétrica está preaquecida a 200°C). Misture a salada com o molho próprio e reserve para ela absorvê-lo bem. Grelhe as costelinhas por 5 minutos de cada lado, até dourar e esquentar bem. Se estiver assando as costelinhas geladas, deixe um pouco mais de tempo para ter certeza de que cozinharam bem. Transfira para uma tábua e separe em costelinhas individuais, ou em porções. Espalhe o molho engrossado e as sementes de gergelim em cima e sirva com a salada.

SE CHOVER
Finalize as costelinhas em forno quente até crepitarem.

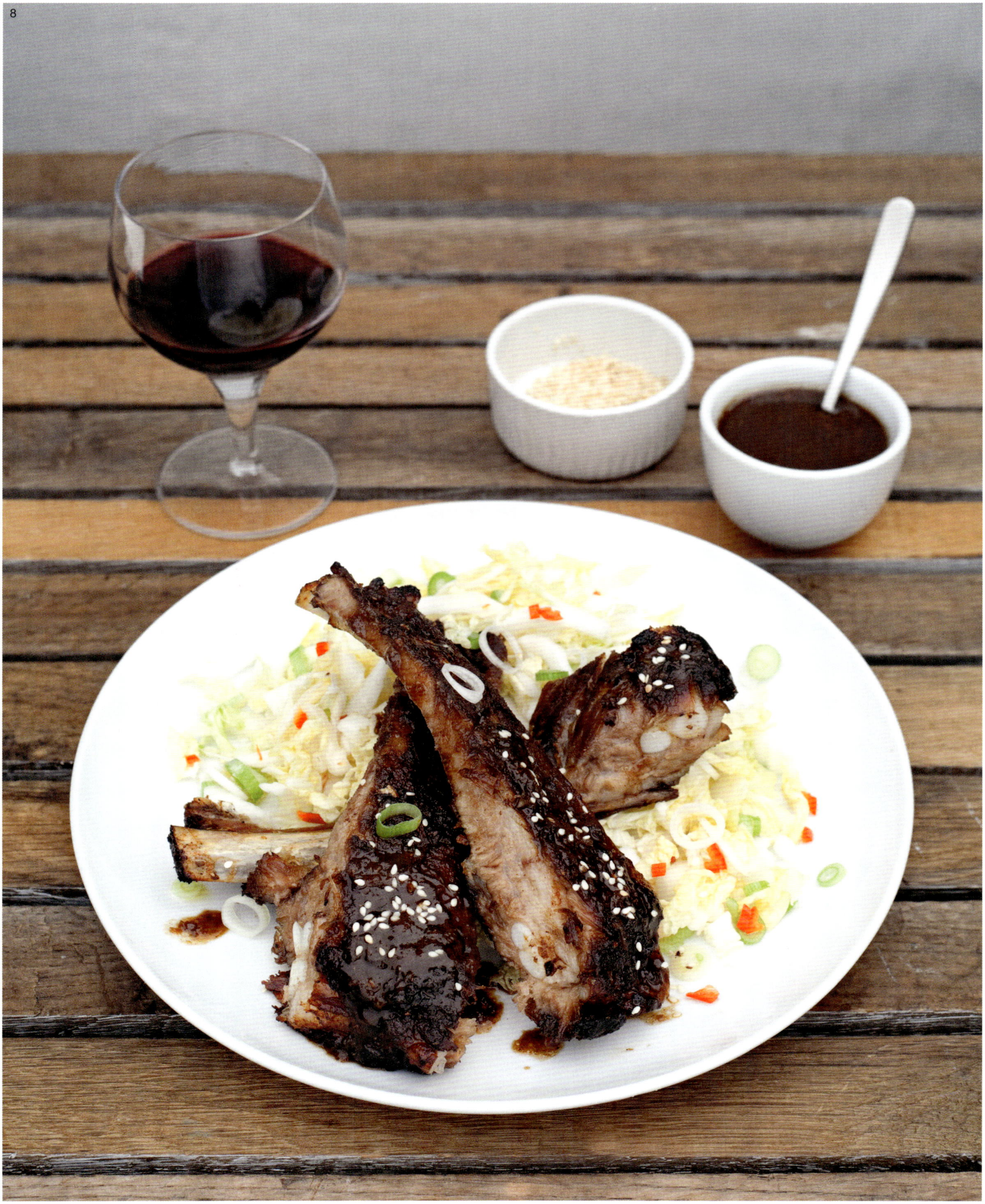

Hambúrguer ao chimichurri

Tempo de preparo: 30 minutos, mais o tempo de resfriar
Tempo de cozimento: menos de 10 minutos
Rende 8 hambúrgueres
(é fácil de dividir)

O chimichurri é um molho argentino, que costuma ser servido com carne grelhada. Esta receita preserva a essência original, com muitas ervas, vinagre e temperos, tudo combinado com tomate fresco e cebola, que resulta num molho saboroso.

---

2 cebolas roxas
1 punhado de salsinha
1 punhado de coentro
1 kg de carne moída
1½ colher (chá) de pimenta-
 -calabresa em flocos
1 ovo
4 tomates maduros
2 dentes de alho
2 colheres (sopa) de vinagre de
 vinho tinto
1 colher (chá) de açúcar
1 colher (chá) de orégano
1 colher (sopa) de azeite
algumas gotas de molho de pimenta
 (opcional)
maionese, salada verde e pães de
 hambúrguer, para servir
sal grosso e pimenta-do-reino
 moída na hora

1

1
Pique 1 cebola e metade das folhas de coentro e de salsinha. Ponha numa tigela grande com a carne moída, 1 colher (chá) da pimenta em flocos, o ovo e bastante sal e pimenta.

2
Trabalhe a carne moída e os outros ingredientes com as mãos, até misturar muito bem. Molde a carne em 8 bolas, deixando-as bem achatadas, depois leve à geladeira pelo menos por 30 minutos. Os hambúrgueres podem ser feitos até com 1 dia de antecedência.

TEMPERO DO HAMBÚRGUER
É bom fazer hambúrguer em casa, porque, além de ser mais fresco e saudável, pode-se experimentar o seu sabor. Pegue um pouco da carne, aqueça uma frigideira e deixe por alguns minutos. Experimente e adicione mais tempero, caso seja necessário. Fico surpresa com a quantidade de tempero necessária para hambúrgueres.

2

3
Prepare o chimichurri. Corte os tomates ao meio, retire as sementes com uma colher, descarte-as e pique bem a polpa. Amasse o alho e pique bem a cebola restante e as ervas, inclusive os talos tenros.

4
Misture o tomate com o alho, a cebola e as ervas. Junte a pimenta em flocos restante, o vinagre, o açúcar, o orégano, o azeite e o molho de pimenta. Tempere com sal e pimenta. Embora o molho contenha muitas ervas frescas, ele se mantém bem e pode ser feito com 1 hora de antecedência. Conserve na geladeira.

5
Antes de começar a assar, veja se as brasas da churrasqueira estão cobertas de cinzas (ou se a churrasqueira a gás ou elétrica está preaquecida a 200°C). Grelhe os hambúrgueres por 2 minutos de cada lado para deixá-los ao ponto, ou 3-4 minutos de cada lado, para médio ou bem passado. Corte os pães e toste na grelha da churrasqueira, se quiser. Passe uma boa colherada de maionese nos pães e acrescente algumas folhas de salada. Ponha os hambúrgueres por cima e cubra com colheradas de chimichurri.

SE CHOVER
Asse na chapa, ou frite os hambúrgueres até ficarem dourados e suculentos.

5

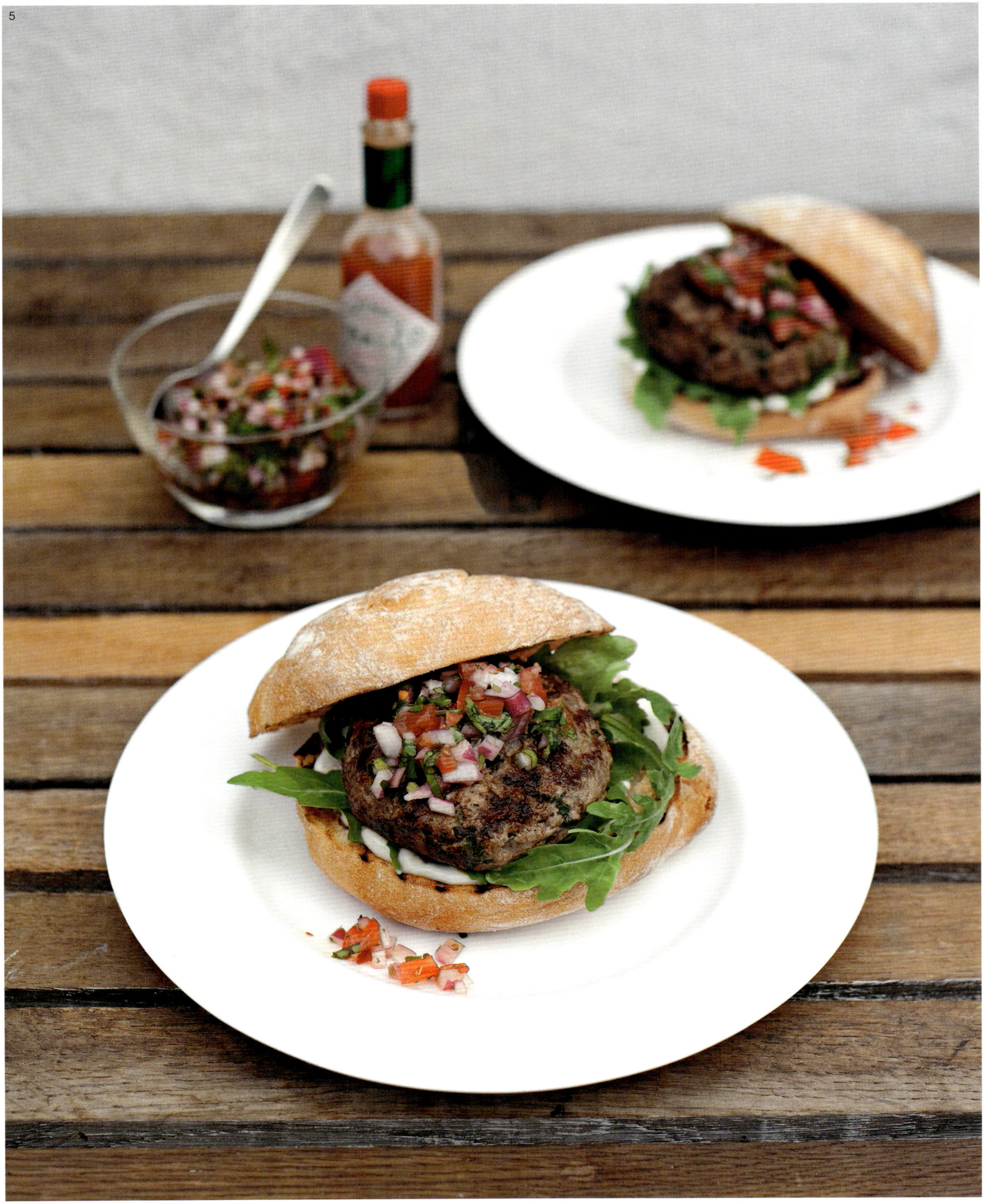

Hambúrguer vegetariano de polenta

Tempo de preparo: 30 minutos
Tempo de cozimento: cerca de 12-15 minutos
Serve 4-6 (é fácil de dividir)

Convidados vegetarianos merecem algo mais saboroso do que aquele velho e sem graça hambúrguer vegetariano do freezer. Faça algo de dar água na boca a todos, até mesmo aos carnívoros inveterados. Tire o queijo de cabra da geladeira 1 hora antes do uso para ficar com textura cremosa.

1,5 litro de caldo de legumes
50 g de parmesão ou outro queijo curado de sabor forte
2½ xícaras de fubá
4 colheres (sopa) de manteiga sem sal
¾ xícara de azeite extravirgem, mais um pouco para pincelar
2 dentes de alho
1 punhado de manjericão ou de salsinha
6 cogumelos portobello grandes
2-3 pimentões vermelhos
3 queijos de cabra com casca (100 g cada)
2 colheres (sopa) de tapenade (patê de azeitonas) ou pesto
sal grosso e pimenta-do-reino moída na hora

1
Prepare o caldo de legumes numa panela grande e deixe ferver. Enquanto isso, passe o parmesão no ralo fino. Aos poucos, despeje o fubá no caldo fervente, mexendo sempre com uma colher de pau, até todo o fubá ser adicionado.

A polenta vai ficar pronta rapidamente. Cozinhe por alguns minutos até engrossar, mexendo com uma colher de pau de cabo longo, pois vai borbulhar e espirrar ao ferver. Tire a panela do fogo e misture o queijo ralado, a manteiga e bastante sal e pimenta. Experimente – você pode ficar surpreso com a quantidade de tempero necessária.

2
Unte uma assadeira de 20 cm x 30 cm com azeite; espalhe a polenta e alise a superfície. Deixe esfriar por 10 minutos; ficará endurecida. Se preferir, faça isso 1 dia antes: basta manter tampada, na geladeira.

3
Prepare o azeite de ervas e os legumes. Amasse o alho e pique bem o manjericão. Adicione a uma tigela com o óleo restante e tempere com sal e pimenta.

4
Se os talos dos cogumelos aparecerem acima do chapéu, nivele com uma faca. Tire as sementes e corte os pimentões em quatro. Pincele os pimentões e cogumelos com um pouco de azeite de ervas.

5
Com um cortador de biscoito de 10 cm (ou com um pires), marque 6 círculos de polenta. Fatie os queijos de cabra ao meio, formando 6 metades redondas.

6
Antes de começar a assar, veja se as brasas da churrasqueira estão cobertas de cinzas (ou se a churrasqueira a gás ou elétrica está preaquecida a 200°C). Unte ligeiramente a polenta com um pouco de azeite puro. Asse as polentas alguns minutos de cada lado, diretamente sobre as grades ou numa grelha posta sobre a churrasqueira, até ficar dourada e crocante. Reserve e mantenha quente na lateral da churrasqueira.

7
Asse os cogumelos e pimentões por cerca de 5 minutos de cada lado, até dourar e amolecer. Espalhe a tapenade ou o pesto sobre cada polenta e cubra com um pedaço de pimentão, um cogumelo e um círculo de queijo de cabra. Espalhe mais alho e azeite de manjericão e sirva.

SE CHOVER
Grelhe a polenta e os legumes numa frigideira ou chapa e sirva como indicado acima. Caso necessário, mantenha a polenta quente em forno baixo, enquanto os legumes cozinham.

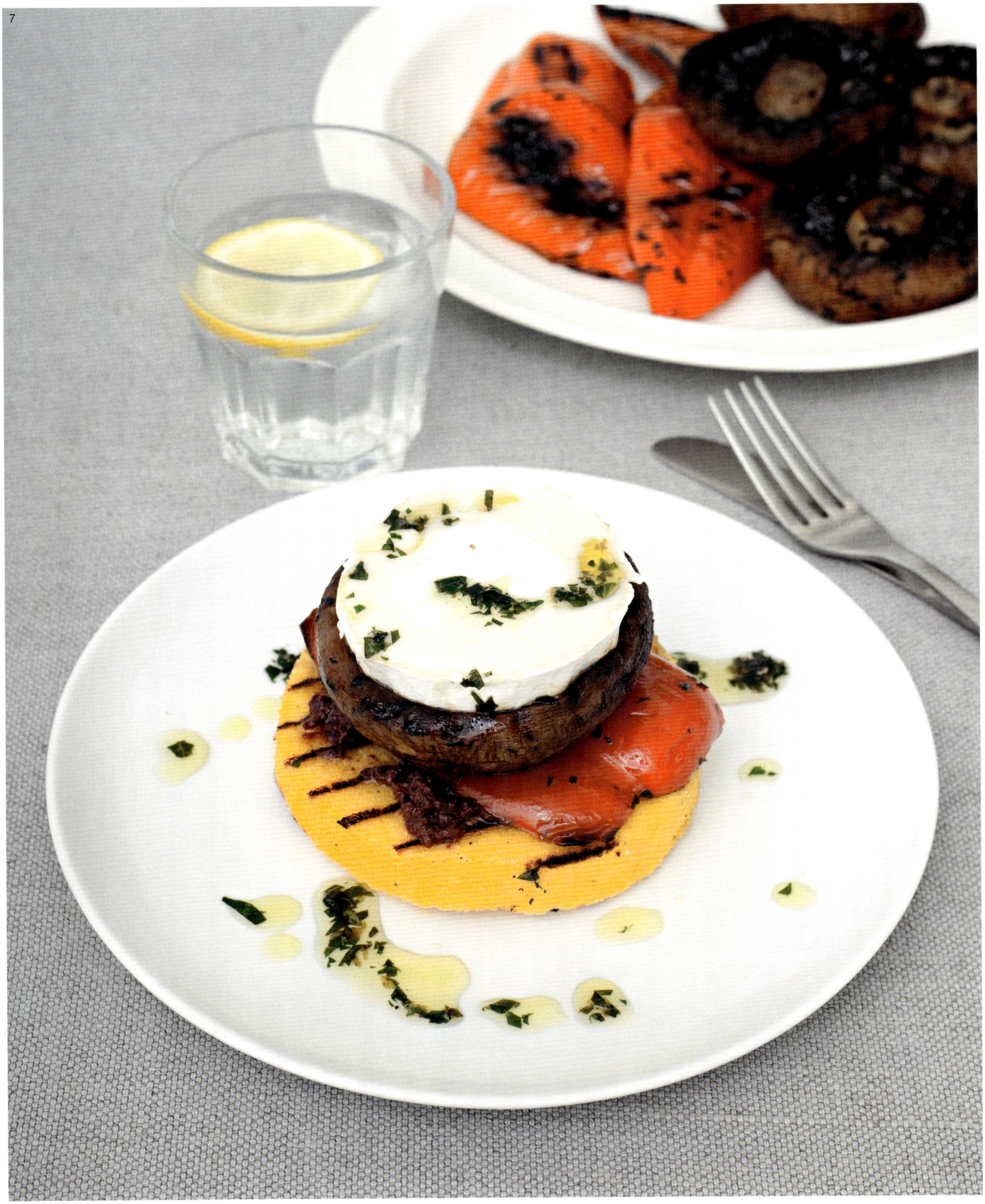

Sanduíche de linguiça com relish

Tempo de preparo: cerca de 40 minutos, mais o tempo de resfriar
Tempo de cozimento: cerca de 15 minutos
Serve 6-8 (é fácil de multiplicar)

Escolha linguiças de boa qualidade e divirta-se com a variedade de recheio. O relish de tomate não precisa ser curtido antes do uso e é de fácil preparo. Experimente também usar queijo ou frios.

---

2 cebolas
1 pimentão vermelho
1 maçã crocante, como a fuji
2 colheres (sopa) de azeite ou óleo vegetal
1 colher (chá) de sal
2 dentes de alho
1 pimenta-malagueta grande
1 pedaço de 5 cm de gengibre fresco
6 tomates grandes (cerca de 500 g)
½ xícara rasa de uvas-passas
½ xícara rasa de vinagre de vinho tinto
½ xícara de açúcar
1 punhado pequeno de sálvia
6-8 linguiças frescas
6-8 pães de cachorro-quente (ou pão francês)
sua mostarda predileta, para servir
sal grosso e pimenta-do-reino moída na hora

1
Fatie as cebolas. Limpe o pimentão e corte em cubinhos. Faça o mesmo com a maçã.

2
Aqueça o óleo numa panela grande, adicione a cebola, o pimentão, a maçã e o sal. Refogue por 10 minutos em fogo médio, até ficarem tenros.

FAÇA PORÇÕES GRANDES
Se tiver muitos tomates na horta, dobre a receita. Use a maior panela que tiver (de preferência uma para conservas, com laterais inclinadas), depois embale em potes esterilizados e dê aos amigos ou guarde em local fresco e escuro, para maturar. Para esterilizar frascos e tampas de metal, lave em água quente com sabão, enxágue e deixe secar completamente em forno baixo. Acondicione o relish com cuidado enquanto tanto ele quanto os frascos ainda estão quentes.

3
Amasse bem o alho e fatie bem a pimenta. Descasque e pique o gengibre. Pique grosseiramente os tomates (retire as partes duras, se quiser). Deixe as sementes da pimenta, se preferir tempero picante.

DESCASCANDO O GENGIBRE
Normalmente não me dou ao trabalho de tirar a casca do gengibre, se ele vai ser ralado fino, mas, para este fim, use um descascador de legumes. Também é possível raspar a casca com uma colher (chá).

4
Adicione o alho, a pimenta e o gengibre na panela; refogue por 2 minutos até soltar aroma. Junte o tomate e as passas. Cozinhe por 5 minutos, mexendo sempre; adicione o vinagre e deixe ferver por 5 minutos, até a cebola, a maçã e o pimentão ficarem tenros e o tomate começar a desmanchar.

5
Junte o açúcar e mantenha o relish cozinhando, mexendo sempre, até a mistura ficar bastante seca e pegajosa. Arraste a colher no fundo, de vez em quando: estará pronto quando o relish não fluir de volta ao espaço aberto pela colher. Pique as folhas de sálvia (cerca de 15) e misture bem. Deixe esfriar.

6
Antes de começar a assar, veja se as brasas da churrasqueira estão cobertas de cinzas (ou se a churrasqueira a gás ou elétrica está preaquecida). Asse as linguiças por cerca de 15 minutos, virando de vez em quando, até estarem cozidas no centro. Abra os pães, recheie com uma linguiça, muito relish e um pouco de mostarda, se quiser.

SE CHOVER
Grelhe as linguiças na chapa.

Sanduíche de linguiça com relish

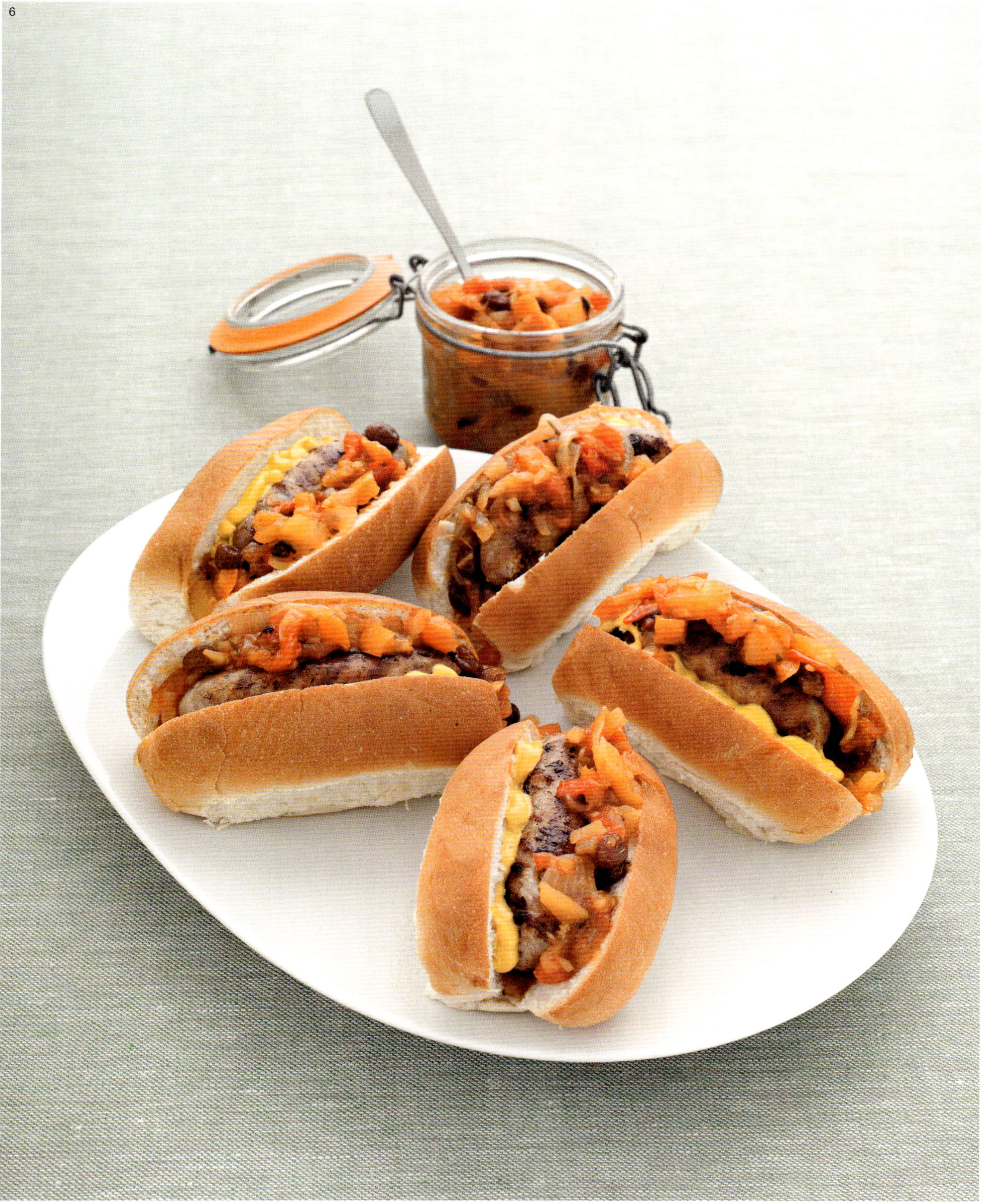

Carne grelhada com legumes

Tempo de preparo: 40 minutos, mais o tempo de marinar
Tempo de cozimento: cerca de 1 hora, dependendo da peça
Serve 6 (é fácil de multiplicar)

Tratar a churrasqueira como se ela fosse um forno é uma maneira divertida de levar o assado de domingo para fora de casa. Esta receita pode se tornar a atração central de uma refeição. A carne vai demandar atenção constante, mas vale a pena.

---

2 cabeças inteiras de alho
½ xícara rasa de azeite extravirgem
4 beterrabas
3 cebolas roxas
2 berinjelas
3 abobrinhas
3 pimentões, de várias cores
alguns ramos de alecrim
2 limões-sicilianos
6 colheres (sopa) de creme de leite fresco com gotas de limão
2 colheres (chá) de raiz-forte ralada ou molho de raiz-forte pronto
peça de 1,5-2 kg de miolo de alcatra ou de contrafilé
sal grosso e pimenta-do-reino moída na hora

1
Prepare os legumes com antecedência. Corte os topos das cabeças de alho, expondo os dentes. Corte 2 quadrados de papel-alumínio de cerca de 15 cm e assente uma cabeça de alho inteira no meio de cada quadrado. Regue com um pouco de azeite e feche o papel-alumínio, formando pacotinhos.

2
Raspe a beterraba (não precisa descascar) e corte em fatias grossas, de cerca de 5 mm. Ponha numa tigela.

3
Corte as cebolas em rodelas grossas e retire o anel externo da casca, assim que cortá-las. Fatie as berinjelas e as abobrinhas em rodelas grossas. Limpe os pimentões e corte em tiras grossas. Ponha em outra tigela.

ADIANTANDO-SE
Se quiser grelhar os legumes antes de acender a churrasqueira, ponha-os na chapa dentro de casa. Podem ser preparados com várias horas de antecedência e deixados em temperatura ambiente.

BIFES INDIVIDUAIS
Se preferir assar bifes individuais de cerca de 2 cm de espessura, grelhe-os 2 minutos de cada lado, para carne ao ponto, adicionando ou retirando 30 segundos conforme seu ponto preferido: bem passado ou malpassado. Deixe descansar 2 minutos antes de servir.

4
Pique grosseiramente as folhas de alecrim. Passe a casca dos limões em ralo fino e esprema o suco de 1 limão. Misture com o alecrim e o azeite restante. Regue esta marinada sobre os legumes, ainda em tigelas separadas (isso impede a beterraba de manchar os outros legumes). Tempere a gosto e deixe em infusão pelo menos por 30 minutos, ou até 24 horas. Agite os legumes de vez em quando, para que o molho se espalhe por igual.

5
Antes de começar a assar, veja se as brasas da churrasqueira estão cobertas com cinzas (ou se a churrasqueira a gás ou elétrica está preaquecida a 200°C). Uma chapa de ferro seria útil, mas não essencial. Espalhe os pacotinhos de alho e uma camada de legumes sobre a grelha (ou diretamente na grade) e asse por 3-5 minutos de cada lado, até ficarem macios e começarem a chamuscar. O tempo vai depender do calor da churrasqueira e da distância entre a grade e as brasas – então verifique com frequência. Arrume os legumes numa travessa grande, quando estiverem prontos, e repita o processo, até assar tudo. Quando todos os legumes estiverem grelhados, o alho deve estar tenro e úmido.

6

Prepare o molho: ponha o creme de leite e a raiz-forte numa tigela pequena e adicione um pouco de suco do segundo limão. Esprema o alho de uma das cabeças e bata até ficar uniforme. Tempere a gosto.

7

Quando todos os legumes estiverem prontos, comece a assar a carne. Se estiver usando carvão, arrume as brasas de um lado da churrasqueira com muito cuidado, inclinando-as para um lado, para deixar partes mais quentes e mais frias. Esfregue um pouco de azeite na carne e a tempere generosamente. Asse na parte mais quente por 5 minutos de cada lado (20 minutos no total), antes de mudá-la para o lado mais frio da grelha, e cubra com a tampa. Asse por mais 10 minutos para cada 450 g, se desejar a carne ao ponto, o que para uma peça de 1,5 kg dá cerca de 35 minutos. Deixe a carne dourada em descanso sobre uma tábua por 10 minutos antes de fatiar.

Corte a carne em fatias grossas e sirva com os legumes, alguns dentes de alho assados e colheradas do creme de raiz-forte. Se tiver uma tábua que recolha os sucos da carne, regue-a de vez em quando.

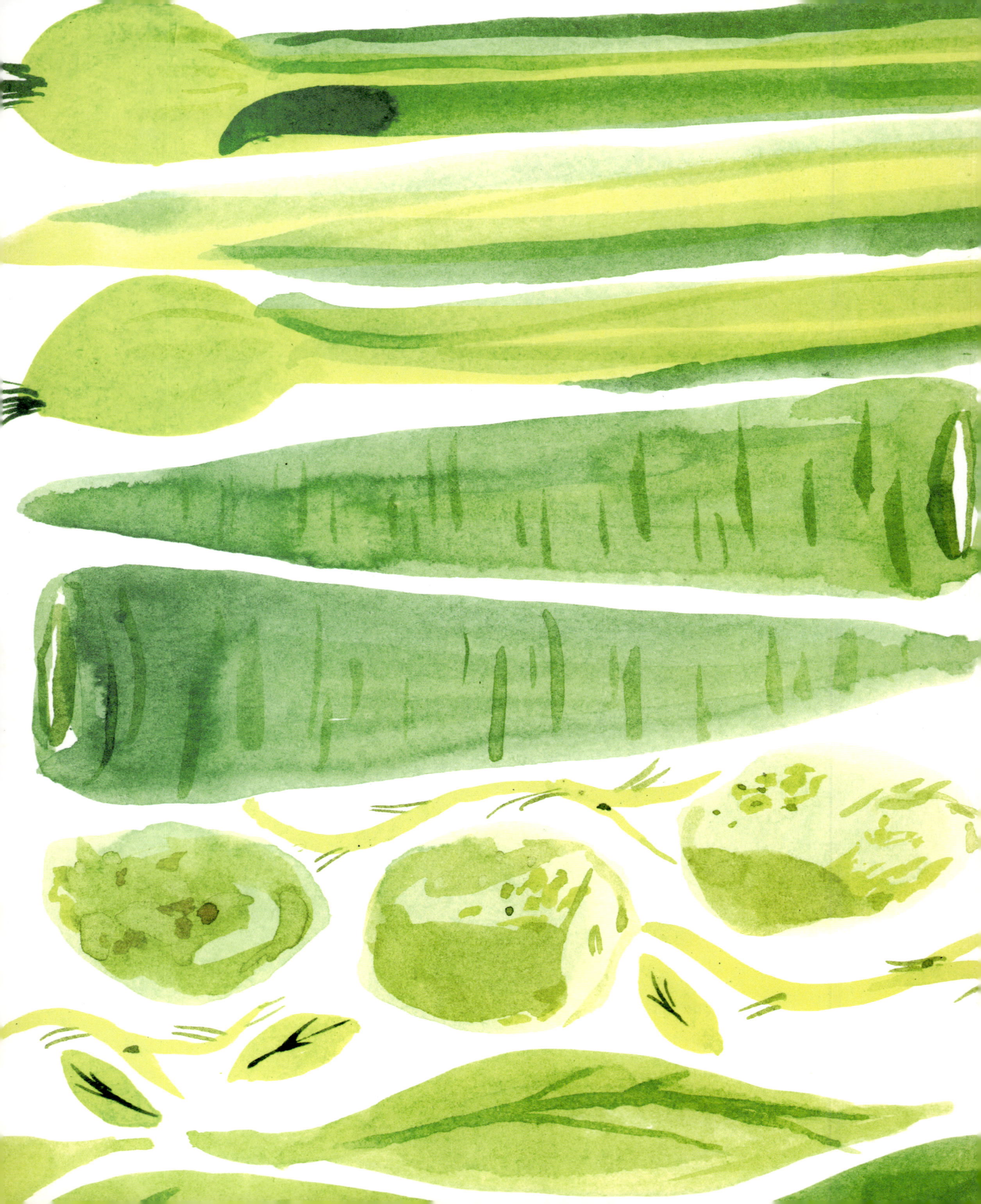

PARA ACOMPANHAR

Salada de tomate com muçarela e gremolata

Tempo de preparo: 10 minutos
Serve 4-6

A gremolata, de tradição italiana, é salsinha picada misturada com alho e raspas de limão. Pode ser usada sobre uma salada, peixe cozido, carne ou macarrão. Se preferir uma salada simples com muçarela, tomate e manjericão, simplesmente misture as folhas de um maço de manjericão junto com o queijo e o tomate e tempere com sal, pimenta e azeite.

---

1 limão-siciliano

1 dente pequeno de alho

1 punhado de salsinha

cerca de 600 g de tomates maduros variados, em temperatura ambiente

2 bolas grandes ou 3 pequenas de muçarela de búfala

3 colheres (sopa) de azeite extravirgem

sal grosso e pimenta-do-reino moída na hora

1
Passe a casca do limão no ralo fino. Pique bem o alho e a salsinha e misture numa tigela com as raspas de limão e um pouco de sal e pimenta.

2
Fatie os tomates e a muçarela.

TOMATES ESPECIAIS
Use tomates de diversas cores e formas. Há variedades antigas que voltaram à moda por seu sabor e aparência muito especial. Compre-os em quitandas, feiras e supermercados no auge da temporada.

3
Arrume as fatias de tomate e de queijo numa travessa grande e tempere com sal e pimenta a gosto. Espalhe a gremolata sobre a salada e regue com azeite ao servir.

Salada verde com sementes e croûtons

Tempo de preparo: 10 minutos
Tempo de cozimento: 2 minutos
Serve 4-6 (é fácil de multiplicar)

Este tipo versátil de salada, que pode incluir quase tudo, é muito especial. Usei croûtons prontos, para simplificar; no entanto, se quiser fazer um caseiro, fresquinho, é só pôr cubinhos temperados de pão com um pouco de azeite no forno a 200°C, até ficarem crocantes e dourados.

---

2 colheres (sopa) de sementes de girassol

1 dente pequeno de alho

3 colheres (sopa) de azeite

1 colher (sopa) de vinagre de vinho branco ou tinto

1 colher (chá) de mostarda de Dijon

1 colher (chá) de mel

1-2 abacates maduros

150 g de verduras mistas: rúcula, agrião e espinafre novo (ou uma combinação semelhante de folhas saborosas)

um bom punhado de croûtons (torradinhas)

sal grosso e pimenta-do-reino moída na hora

1

Coloque as sementes de girassol numa frigideira ou panela e toste em fogo médio por alguns minutos, até pegarem cor e começarem a estalar. Ponha num prato e deixe esfriar.

Amasse o alho e coloque numa tigela ou num pote. Adicione o azeite, o vinagre, a mostarda, o mel e uma pitada de sal e de pimenta.

2

Bata ou agite os ingredientes para engrossar o vinagrete.

FAÇA BASTANTE MOLHO
Se você consome salada na maioria dos dias, então por que não economizar tempo e fazer uma reserva de molho? Multiplique a receita e guarde em um vidro tampado na geladeira, até por uma semana. Agite antes de usar.

3

Abra o abacate ao meio, retire o caroço e descasque. Corte em fatias finas. Se quiser fazer isso com antecedência, ponha o abacate cortado em um pouco de suco de limão (para evitar que escureça), depois cubra com filme de PVC e leve à geladeira.

4

Arrume as verduras numa tigela grande, adicione o abacate, os croûtons e as sementes frias, e regue com o molho. Misture bem para incorporar e sirva imediatamente.

Para Acompanhar

Salada de agrião com batata e bacon

Tempo de preparo: 10 minutos, mais o tempo de resfriar
Tempo de cozimento: 15-20 minutos
Serve 4-6

Sou uma grande fã da forma como os cozinheiros alemães preparam a salada de batata. Em geral, incluem picles de pepino, bacon e mostarda, e ela é temperada enquanto quente, para que absorva todos os sabores do molho. Minha versão é muito versátil para a mesa de piquenique, churrasco ou jantar.

---

700 g de batatas-bolinha

6 fatias de bacon defumado

1 colher (sopa) de mostarda com grãos

1 colher (sopa) de vinagre de vinho branco ou tinto

2 colheres (sopa) de azeite

2 colheres (sopa) de maionese

4 picles de pepinos

1 maço de cebolinha

100 g de agrião ou de rúcula

sal grosso e pimenta-do-reino moída na hora

1
Se algumas batatas forem grandes, corte-as ao meio. Ponha-as numa panela com água fria salgada e leve a ferver por 15-20 minutos, até ficarem tenras.

COM CASCA
Gosto de batatas-bolinha lavadas para minha salada de batata, pois não precisam ser raspadas ou descascadas antes de cozinhar. A casca funciona como uma barreira útil ao cozinhar, impedindo que o legume passe do ponto, além de proporcionar muito sabor e nutrientes.

2
Corte o bacon em pedaços pequenos. Aqueça uma frigideira grande em fogo médio e frite o bacon por 5 minutos, até ficar dourado e crocante. Escorra em papel-toalha e reserve.

3
Misture a mostarda, o vinagre, o azeite e a maionese numa tigela grande. Pique bem os pepinos e a cebolinha.

4
Escorra as batatas e deixe esfriar por 15 minutos, até ficarem mornas. Misture com o molho, os picles e a cebola e deixe esfriar completamente.

5
Quando estiver para servir, verifique o tempero das batatas. Se parecerem um pouco secas, adicione um pouco de água e misture bem. Pique grosseiramente o agrião, misture na salada, espalhe o bacon e sirva.

Milho com manteiga temperada

Tempo de preparo: 10 minutos, mais o tempo de resfriar
Tempo de cozimento: 5 minutos
Serve 6 (é fácil de multiplicar)

Ninguém precisa de uma receita para cozinhar milho, mas o toque especial deste prato está na manteiga, com o sabor delicioso de queijo. Ela complementa a doçura do milho e também fica incrível com batata.

---

120 g de manteiga sem sal, amolecida
20 g de parmesão ou outro queijo curado
1 punhado de cebolinha
½ colher (chá) de pimenta-de-caiena ou páprica picante
¾ colher (chá) de mostarda inglesa em pó
6 espigas de milho grandes
sal grosso e pimenta-do-reino moída na hora

1
Coloque a manteiga numa tigela grande e bata com uma colher de pau até ficar uniforme e cremosa. Rale o queijo bem fino e adicione à tigela. Pique metade da cebolinha usando uma tesoura e adicione a pimenta-de-caiena ou a páprica, a mostarda em pó e ½ colher (chá) de sal.

2
Bata tudo até ficar uniforme. Abra uma folha grande de filme de PVC sobre a mesa e espalhe a manteiga em cima, formando um cilindro. Use uma espátula de borracha para tirar toda a manteiga da tigela. Enrole o filme de PVC ao redor da manteiga, apertando em forma de linguiça. Leve ao congelador por 10 minutos até ficar firme (ou por mais tempo na geladeira, se possível).

Para Acompanhar

3
Retire a palha e o cabelo do milho. Use uma faca serrilhada para aparar as bordas das espigas e cortá-las ao meio. Isso não é necessário, mas deixa o milho mais fácil de manusear (ou rende para mais pessoas).

4
Quando estiver pronto para cozinhar, leve uma panela grande de água salgada para ferver, junte as espigas e deixe ferver por 5-10 minutos, até ficarem tenras, virando-as de vez em quando para cozinharem por igual. Veja se o milho está pronto retirando uma espiga da água. Tire um grão com um garfo e experimente.

NA GRELHA
Se estiver assando carne, depois de cozidas, as espigas podem ser grelhadas na churrasqueira, para obter um sabor ligeiramente defumado e aparência chamuscada. Você pode até mesmo fervê-las com antecedência, passá-las rapidamente em água fria para deter o cozimento, escorrer bem e resfriar. Na hora do churrasco, basta grelhá-las na churrasqueira.

5
Quando o milho estiver tenro, escorra bem e coloque em uma travessa. Fatie a manteiga com queijo e coloque uma rodelinha sobre cada espiga – ele começará a derreter. Pique a cebolinha restante sobre a manteiga. Tempere com sal e pimenta e sirva imediatamente.

Milho com manteiga temperada

5

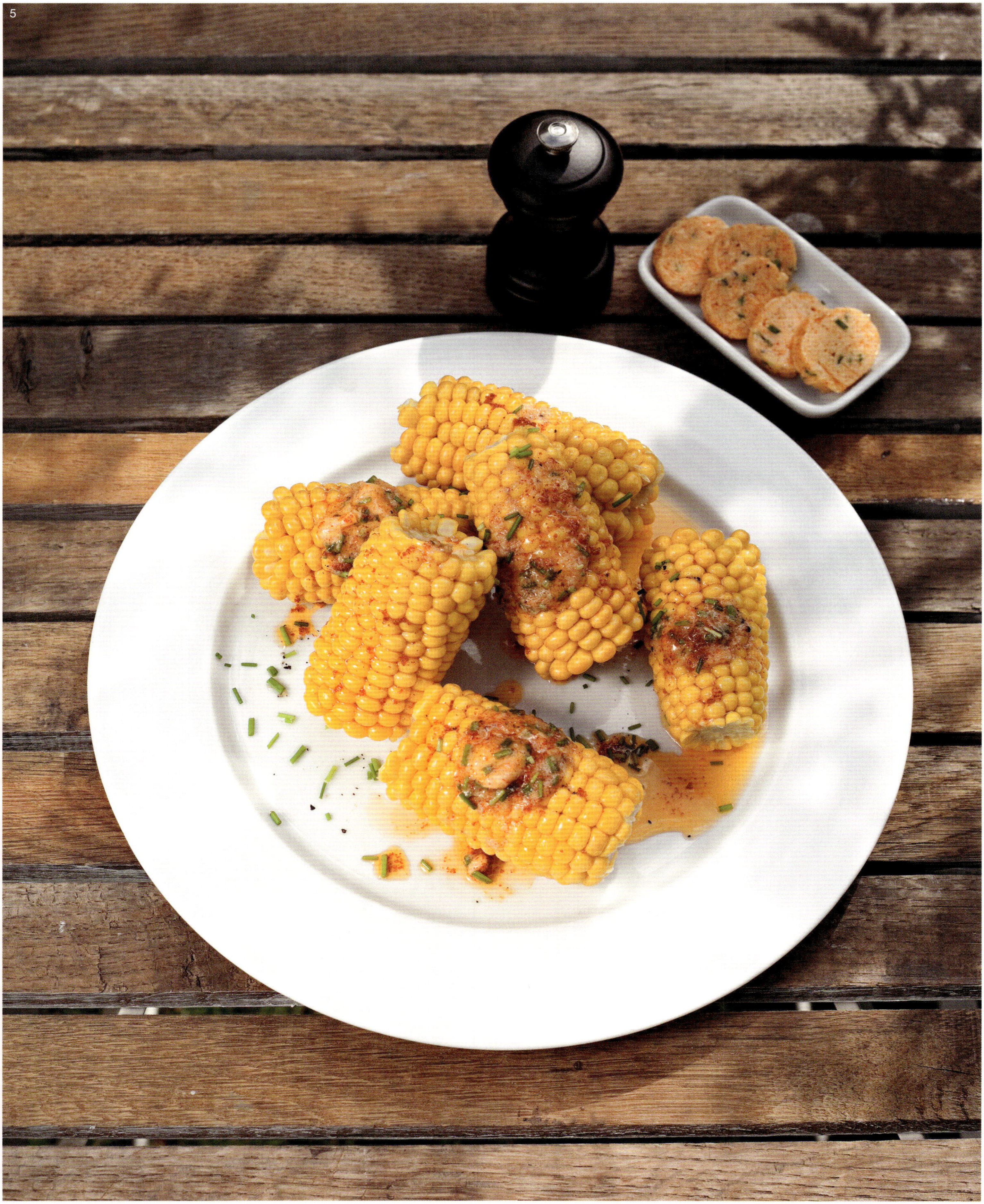

Batata-doce à hasselback

Tempo de preparo: 10 minutos
Tempo de cozimento: 1 hora
Serve 6 (é fácil de multiplicar)

Estritamente falando, uma batata à hasselback seria uma batata normal, com casca, cuja polpa leva um corte e é recheada com folhas de louro e assada no forno. O conceito também é perfeito para a batata-doce, que abre ao ser assada, pronta para absorver grande quantidade de mel, pimenta, limão e iogurte.

---

6 batatas-doces grandes
2 ramos de alecrim
3 colheres (sopa) de azeite
3 colheres (sopa) de mel, ou mais, se quiser
1 colher (chá) de pimenta-calabresa em flocos, ou mais, se quiser
1 limão
6 colheres (sopa) de iogurte natural ou creme de leite fresco com gotas de limão
sal grosso e pimenta-do-reino moída na hora

1
Preaqueça o forno a 200°C. Faça cortes nas batatas em intervalos de 1 cm, atravessando-as quase inteiramente.

2
Pique fino as folhas de alecrim. Arrume as batatas numa assadeira. Esfregue azeite sobre elas e espalhe o alecrim e bastante sal e pimenta. Coloque bastante alecrim.

3
Leve ao forno por 1 hora, até ficarem murchas, tenras por dentro e crocantes por fora.

4
Pouco antes de servir, regue as batatas quentes com o mel e espalhe a pimenta em flocos em cima. Adicione colheradas de iogurte ou de creme de leite com um pouco de limão dentro das batatas. Sirva com limão.

Para Acompanhar

Salada superpoderosa de lentilhas

Tempo de preparo: 10 minutos
Tempo de cozimento: 5 minutos
Serve 4-6 (é fácil de multiplicar)

Os superalimentos são ricos em nutrientes que nos fazem bem, e esta salada é repleta deles. Gosto de usar lentilhas puy pela sua textura firme e pelo sabor parecido ao de castanhas, além de ficarem lindas na decoração do prato. Se não encontrar lentilhas puy cozidas, ferva 120 g de lentilhas secas em bastante água por cerca de 30 minutos, até ficarem tenras.

---

200 g de brócolis
100 g de ervilhas-tortas
1 limão-siciliano
1 limão
1 pedaço pequeno de gengibre fresco, equivalente a ½ colher (chá) ralado
1 dente grande de alho
1½ colher (chá) de pimenta--calabresa em flocos esmagados (opcional)
1 colher (chá) de açúcar
1 colher (sopa) de óleo de gergelim
½ cebola roxa
½ xícara de amêndoas inteiras
250 g de lentilhas puy ou lentilhas secas cozidas
1 punhado de agrião ou de brotos germinados
sal grosso e pimenta-do-reino moída na hora

1
Ferva água com sal numa panela. Separe os brócolis em floretes pequenos e corte as ervilhas-tortas ao meio, se quiser.

2
Junte os brócolis na panela, espere a água voltar a ferver e deixe cozinhar por 2 minutos. Adicione as ervilhas-tortas e ferva por mais 1-2 minutos, até os legumes ficarem tenros e com a cor mais escura. Escorra e mergulhe numa tigela com água fria, trocando a água várias vezes para esfriá-los rapidamente. Isso vai ajudá-los a ficarem macios e verdes na salada. Escorra bem e tire o excesso de água com papel-toalha.

3
Esprema os dois tipos de limão e ponha o suco numa tigela grande. Rale 1 colher (chá) de gengibre, pique bem o alho e adicione à tigela com a pimenta em flocos, o açúcar e o óleo de gergelim. Corte a cebola em rodelas finas, adicione à tigela e misture tudo.

4
Pique as amêndoas grosseiramente.

5
Acrescente as lentilhas e os legumes cozidos ao molho e misture bem. Tempere com sal e pimenta a gosto. Espalhe as amêndoas picadas e os brotos sobre a salada e sirva.

Para Acompanhar

Legumes ao forno e couscous com feta

Tempo de preparo: 10 minutos, mais o tempo de resfriar
Tempo de cozimento: 40 minutos
Serve 4-6 (é fácil de multiplicar)

Em vez de fazer uma salada marroquina completa, com couscous, simplifiquei as coisas com um pouco de limão, nozes-pecãs crocantes e um toque de doçura de cranberries ou damascos secos, que se harmoniza com qualquer coisa. É ótima para churrasco, piquenique e almoço no escritório.

½ abóbora ou moranga pequena

1 cebola roxa

2 abobrinhas

2 pimentões, de preferência um vermelho e um amarelo

2 colheres (sopa) de azeite extravirgem, ou mais um pouco se quiser

¾ xícara de nozes-pecãs, cortadas ao meio

300 g de couscous (sêmola de trigo)

50 g de cranberries ou damascos secos

1 limão-siciliano

450 ml de caldo de frango ou caldo de legumes fresco

1 punhado de salsinha

100 g de queijo feta ou queijo-de-minas

sal grosso e pimenta-do-reino moída na hora

1
Preaqueça o forno a 200°C. Tire as sementes da abóbora com uma colher e descarte. Corte-a em cubinhos com uma faca grande e afiada. Não há necessidade de descascá-la, a menos que realmente queira, pois vai amolecer quando assada.

2
Descasque a cebola e corte em fatias grossas. Fatie as abobrinhas em rodelas grossas. Limpe e corte os pimentões em fatias grossas. Ponha os legumes numa assadeira grande, regue com um fio de azeite e tempere com sal e pimenta.

3
Asse os legumes por 20 minutos, vire-os algumas vezes no azeite e adicione as pecãs. Leve de volta ao forno por mais 20 minutos.

4
Enquanto isso, prepare o couscous: ponha-o numa tigela grande e misture as cranberries ou os damascos picados. Passe a casca do limão no ralo fino.

5
Regue com o caldo de legumes bem quente. Cubra a tigela com filme de PVC ou um prato grande para abafar. Deixe o couscous descansando por 15 minutos, ou mais, se tiver tempo.

Para Acompanhar

6
Quando estiverem prontos, os legumes assados ficarão tenros e dourados, e as nozes, tostadas. Esprema o suco do limão sobre os legumes e deixe esfriar.

7
O couscous estará pronto quando todo o caldo for absorvido. Afofe os grãos com um garfo e deixe esfriar um pouco. Misture aos legumes e tempere a gosto com sal e pimenta. Pique as folhas de salsinha e o queijo grosseiramente.

8
Misture a salsinha e o queijo feta antes de servir, adicionando mais azeite, se preciso. O ideal é servir morno ou em temperatura ambiente.

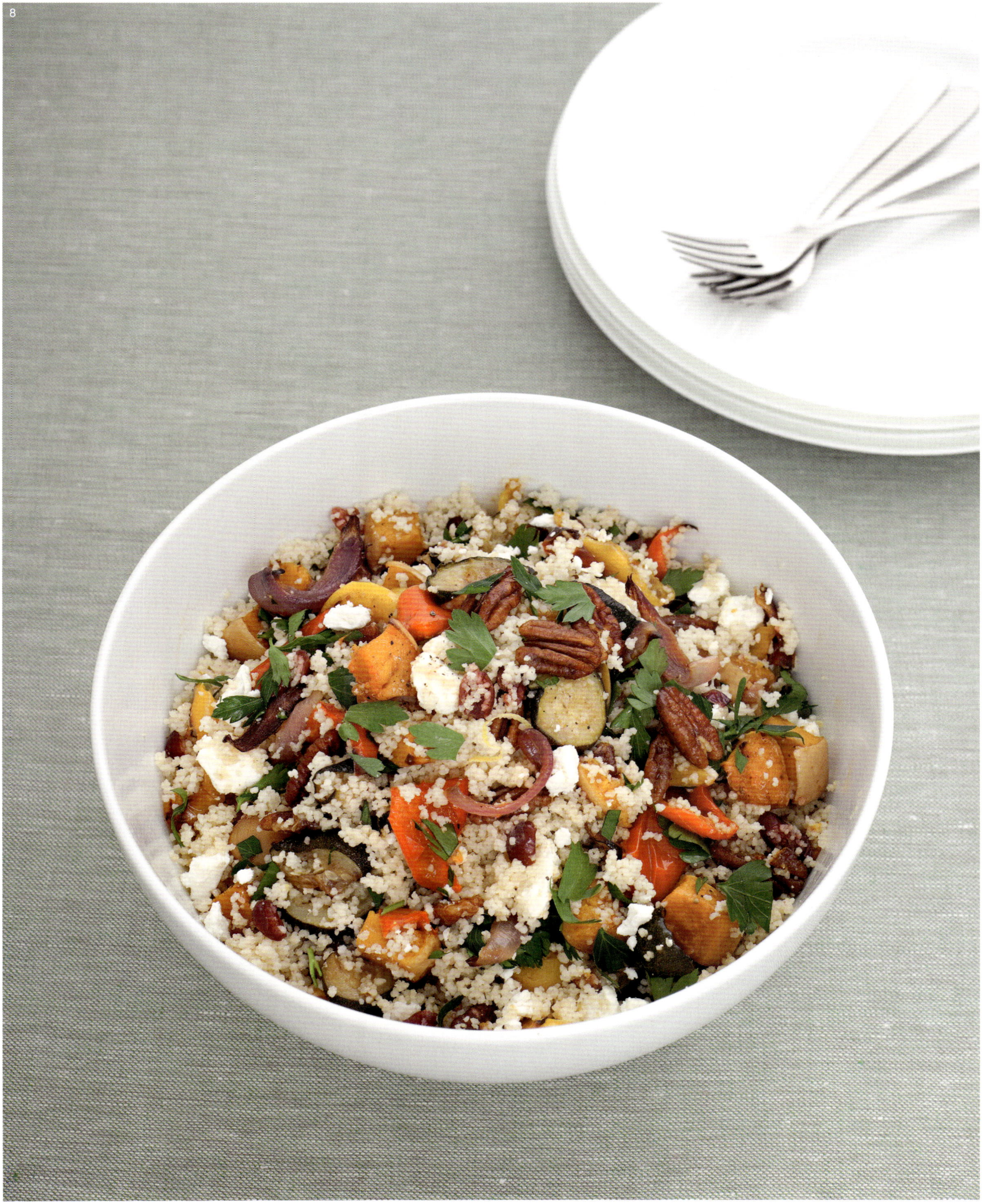

Salada de cenoura com ervas

Tempo de preparo: 20 minutos, mais o tempo de resfriar
Tempo de cozimento: 5 minutos

As cenouras raramente são o centro das atenções, por isso esta é uma salada especial para mostrar tudo o que há de bom nessa simples raiz. Saladas de cenoura cozida como esta são comuns na culinária marroquina e portuguesa, mas seu sabor se harmoniza com uma infinidade de pratos do mundo inteiro.

---

1 kg de cenouras tenras ou novas
2 dentes de alho
1 colher (chá) de sementes de erva-doce
1 colher (chá) de coentro em grão
2 colheres (chá) de sementes de cominho
4 colheres (sopa) de vinagre de vinho tinto
2 colheres (sopa) de açúcar
4 colheres (sopa) de azeite extravirgem, mais um pouco para regar, se quiser
2 colheres (sopa) de sementes de gergelim
1 punhado de dill ou folhas de erva-doce frescas
1 punhado de hortelã fresca
sal grosso e pimenta-do-reino moída na hora

1
Apare o topo das cenouras e fatie no sentido do comprimento. Não há necessidade de descascá-las, apenas raspe-as. Fatie o alho.

2
Coloque as cenouras e o alho numa panela grande, cubra com água fria e tempere com sal. Deixe ferver em fogo alto e cozinhe por 5 minutos, até as cenouras ficarem tenras.

3
Aqueça uma frigideira e adicione as sementes de erva-doce, o coentro em grão e o cominho. Toste por alguns minutos, até os temperos liberarem o aroma. Bata as sementes ligeiramente no pilão.

4
Escorra a cenoura e misture numa tigela com as especiarias, o vinagre, o açúcar, o azeite e os temperos. Enquanto as cenouras esfriam, vão absorver bem os sabores.

5
Limpe a panela usada para as especiarias e adicione o gergelim. Toste por alguns minutos, mexendo sempre, até ficar levemente dourado.

6
Quando a salada esfriar, pique grosseiramente as folhas de hortelã e o dill. Misture com as cenouras e o gergelim e transfira para uma travessa. Regue com um pouco mais de azeite, se quiser.

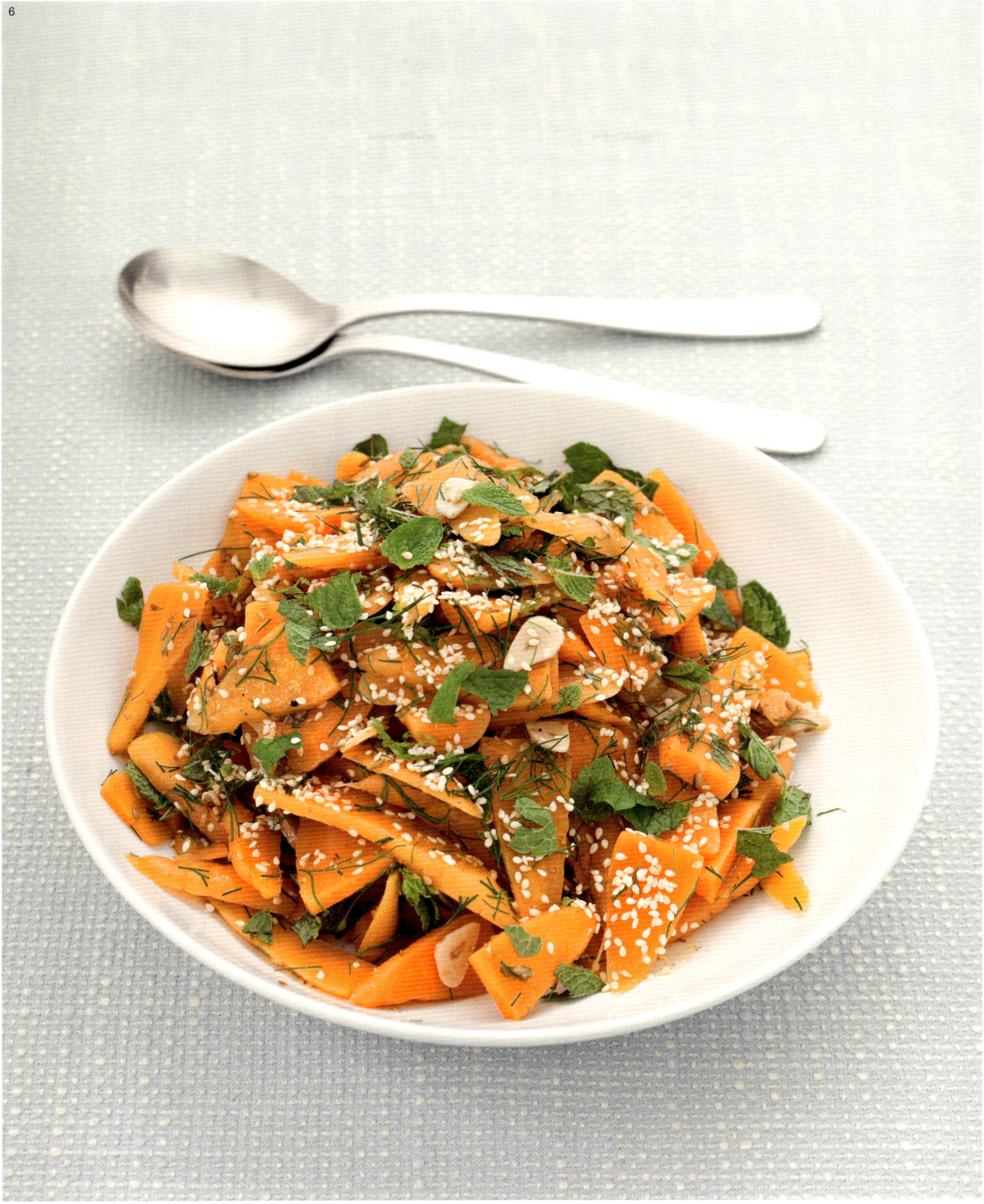

Pão sírio

Tempo de preparo: 10 minutos, mais o tempo de crescer
Tempo de cozimento: 6 minutos
Serve 8 (é fácil de multiplicar)

Sim, você pode comprar pão sírio muito bom nas lojas, mas vamos brincar um pouco na cozinha? É mais fácil do que você pensa. Esses pães são ótimos para as mezze da página 198 e a cafta de cordeiro da página 208, ou para qualquer momento em que precisar de algum pão saboroso para acompanhar patês e saladas. A mistura de leite com água deixa a massa muito macia.

- 450 g de farinha especial de pão, mais um pouco para abrir a massa
- 1 colher (chá) ou 1 envelope de fermento biológico seco
- 2 colheres (chá) de sal
- 2/3 xícara de leite, um pouco mais para pincelar
- 3 colheres (sopa) de azeite extravirgem
- 1 colher (sopa) de sementes de gergelim branco
- 1 colher (sopa) de sementes de gergelim preto

1
Ponha a farinha numa tigela grande, acrescente o fermento e o sal e misture bem. Faça uma cova no meio com uma colher de pau. Misture o leite, o azeite e a água morna numa jarra.

2
Despeje os ingredientes líquidos sobre os secos e misture rapidamente, formando uma massa grosseira. Tente evitar quaisquer porções excessivamente úmidas ou secas. Reserve por 10 minutos.

3
Enfarinhe a mesa e as mãos e vire a massa da tigela. Sove por uns 5 minutos, até ficar lisa e elástica. Adicione um pouco mais de farinha, se necessário, mas evite acrescentar muito para não secar a massa. Conforme se trabalha a massa, ela se torna menos pegajosa.

COMO SOVAR
Enquanto a massa é esticada e dobrada, realmente não importa como se faz. Prendo a massa com a mão esquerda, depois a pego na borda mais distante com a direita e a afasto, esticando-a. Dobro-a esticada sobre ela mesma, achato com os dedos e giro-a 90°. Repito, até a massa ficar elástica e voltar ao tamanho inicial depois de apertada.

4
Quando a massa estiver suave como seda e elástica ao toque, pare de sovar. Despeje um pouco de azeite numa tigela grande, adicione a massa e vire-a algumas vezes, até envolvê-la bem no azeite.

5
Cubra a vasilha com filme de PVC e deixe em algum lugar morno, mas não quente demais, por cerca de 1 hora, até dobrar de tamanho.

ADIANTANDO-SE
Se quiser fazer a massa na véspera, deixe-a crescer na geladeira. O processo será o mesmo, apenas mais lento, e ficará mais saboroso ainda.

6
Quando a massa estiver pronta, preaqueça o forno a 230°C e polvilhe 2 assadeiras com farinha. Com uma faca grande passada na farinha, corte a massa em 8 pedaços. Não a sove antes de abrir, pois é bom manter as bolhas de ar dentro dela; também ficará mais fácil de abrir. Com farinha adicional no rolo, abra a massa em um círculo ou um formato alongado de até 3 mm de espessura.

7
Arrume a massa sobre as assadeiras preparadas. Pincele com um pouco de leite e polvilhe alguns pães com o gergelim branco e outros com o gergelim preto. A massa não precisa crescer novamente.

8
Asse os pães por cerca de 6 minutos, até ficarem leves, cheinhos e cheirosos. Para mantê-los fofos, embrulhe-os em um pano de prato limpo enquanto ainda estão quentes e deixe esfriar.

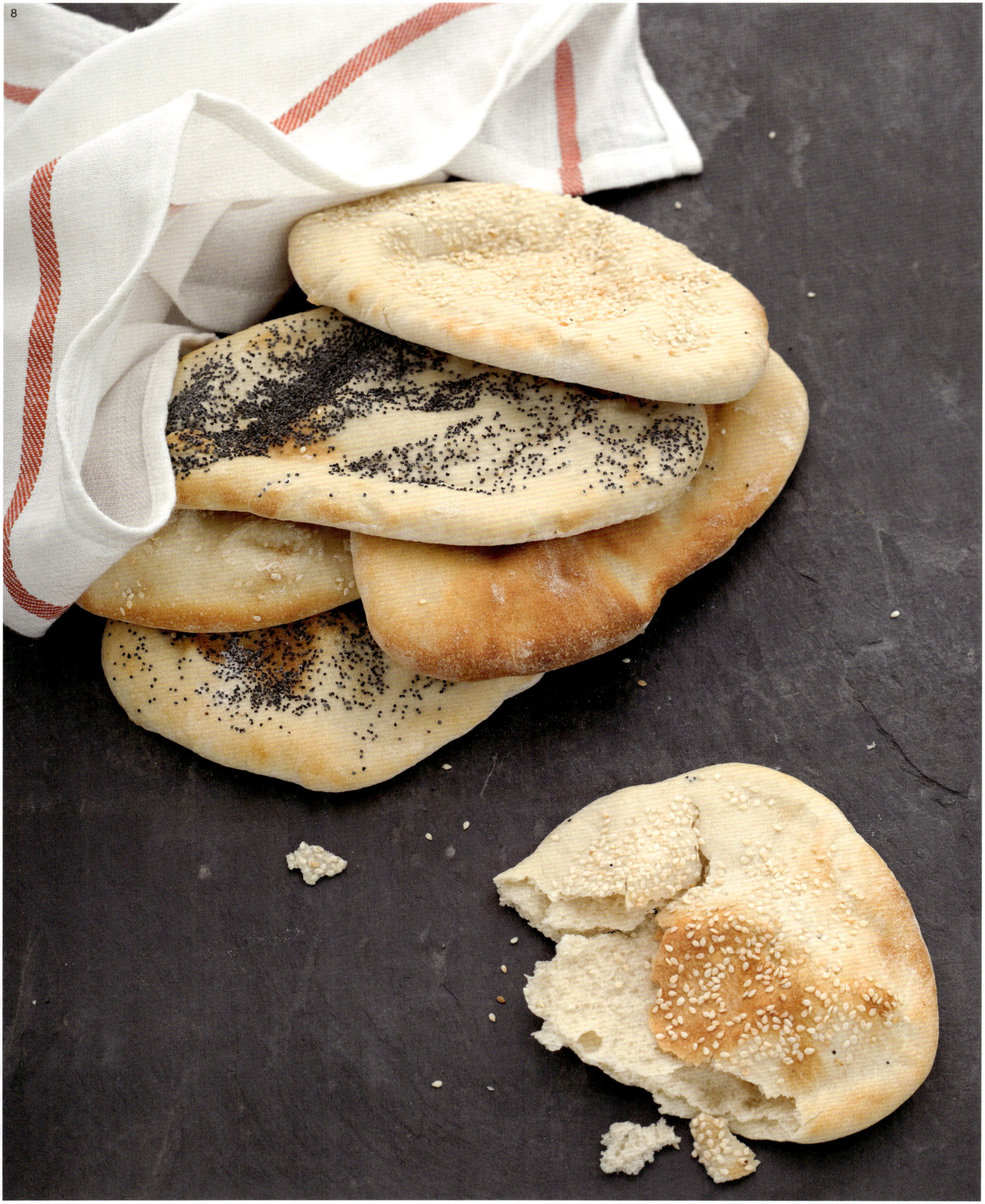

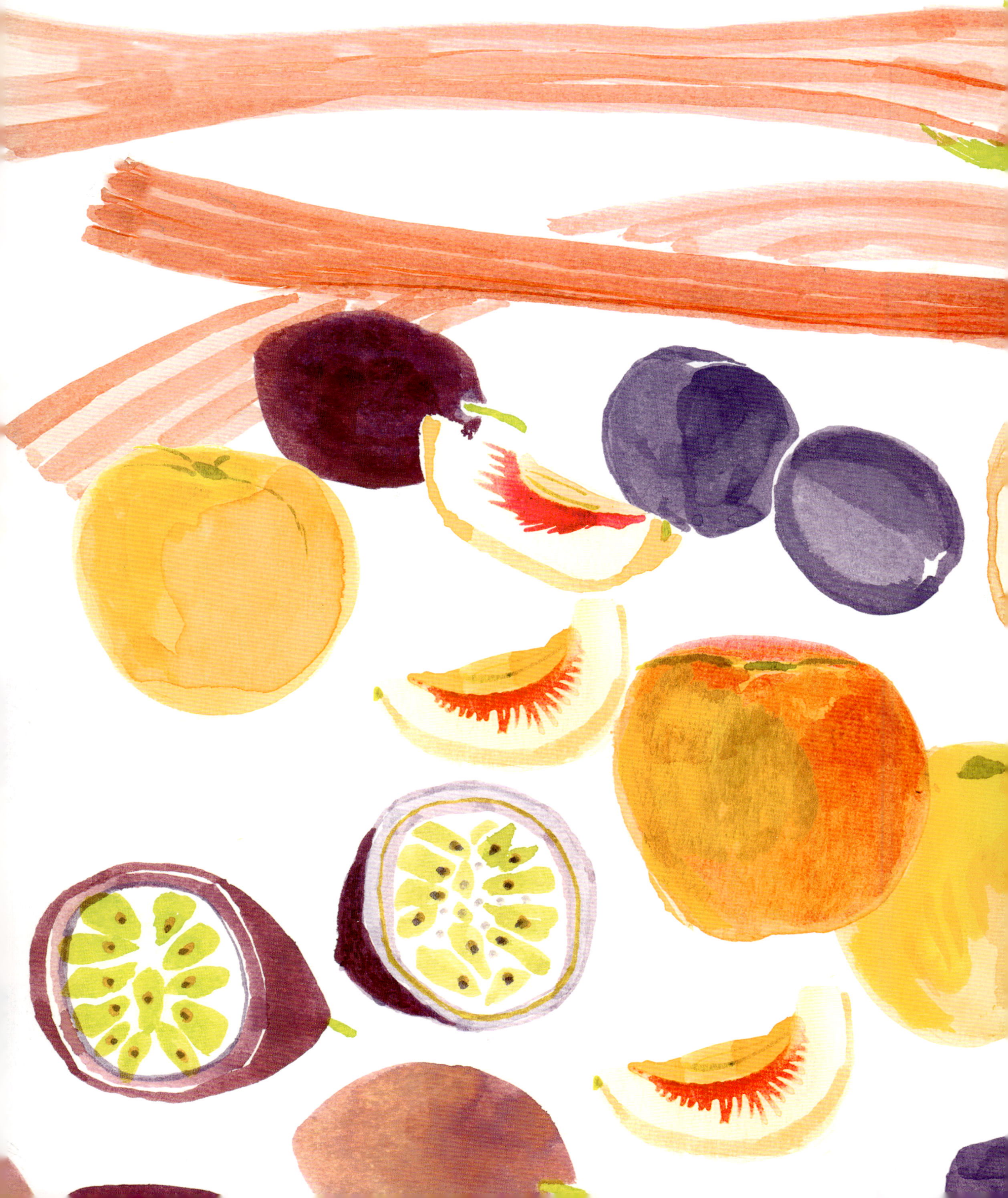

DELÍCIAS DOCES

Pavê cremoso de verão

Tempo de preparo: 20 minutos, mais o tempo para esfriar e resfriar
Tempo de cozimento: 10 minutos
Serve 8

Esta receita leva todos os meus ingredientes prediletos de uma sobremesa de verão: muitas frutas e um creme tradicional leve, de baunilha com bebida, criando um sabor especial. A proporção de frutas pode variar: por exemplo, se tiver 900 g de morangos e 300 g de frutas vermelhas, a sobremesa também ficará ótima.

---

400 g de framboesas

300 g de amoras

100 g de groselhas vermelhas
   ou uvas

100 g de groselhas pretas
   ou mirtilos

120 g de açúcar e um pouco mais

300 g de morangos

4 ovos grandes

2 colheres (sopa) de maisena

300 ml de leite integral

600 ml de creme de leite fresco

1 fava de baunilha

200 g de brioche ou de pão de ló

5 colheres (sopa) de licor de laranja
   (ou suco de laranja, para a versão
   não alcoólica)

1
Coloque ¾ das frutas vermelhas numa panela média e junte 80 g de açúcar e 2 colheres (sopa) de água.

TIRANDO TALOS DE GROSELHAS
Para retirar o talinho da fruta, segure-a sobre uma tigela e passe um garfo no talo, do começo ao fim. As frutas saem com facilidade.

2
Cozinhe por 2 minutos, até as frutas soltarem suco, sem se desmancharem. Limpe os morangos e corte-os ao meio ou em 4, se forem grandes. Junte a maioria dos morangos às frutas vermelhas quentes e deixe esfriar.

3
Prepare o creme: separe as gemas (ver página 321) e coloque numa tigela grande. Adicione o açúcar restante e a maisena.

4
Bata tudo até ficar uniforme.

5
Adicione o leite, 300 ml de creme de leite e metade das sementes de baunilha numa panela média e deixe ferver.

SEMENTES DA BAUNILHA
Para raspar as sementes da fava de baunilha, corte-a no sentido do comprimento e passe uma faca pequena ao longo das duas metades.

6
Despeje o líquido quente sobre a mistura de ovos, batendo sempre, até que ela fique lisa e uniforme.

Delícias Doces

7
Leve o creme de volta à panela limpa e deixe ferver em fogo médio até engrossar e ficar homogêneo, mexendo o tempo todo. Peneire o creme numa tigela e polvilhe a sua superfície com um pouco de açúcar (evitando que se forme uma película). Deixe esfriar por 15 minutos. Cubra e leve à geladeira para esfriar completamente.

8
Quando a fruta e o creme esfriarem, está na hora de montar o pavê. Fatie o brioche e arrume um pouco no fundo de uma tigela ou uma travessa com pelo menos 9 cm de profundidade e capacidade de 1,5 litro. Regue os brioches com um pouco de licor e deixe em repouso por alguns segundos.

9
Espalhe um pouco da fruta e da calda e arrume outra camada de brioches e de frutas, até terminar tudo e os brioches ficarem totalmente cobertos. Continue adicionando um pouco de licor, reservando 1 colher (sopa) para mais tarde.

10
Bata o creme rapidamente e espalhe-o sobre o recipiente, até a borda. Leve o doce à geladeira por algumas horas, ou de véspera.

11
Bata o creme de leite restante com a baunilha e o licor restante, até ficar na consistência de chantilly.

12
Espalhe o chantilly sobre o pavê e decore com as frutas vermelhas reservadas.

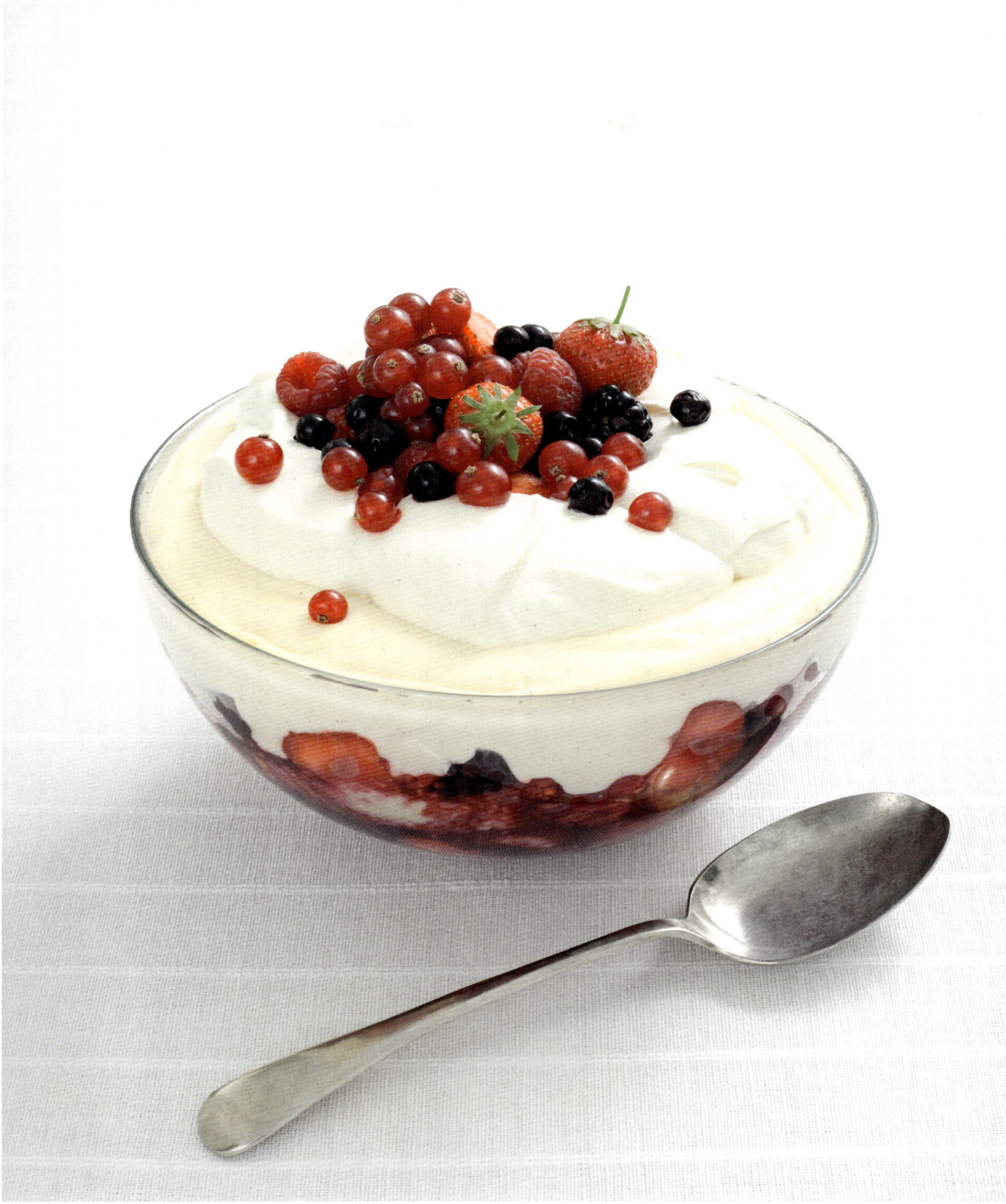

Torta de ameixa, gengibre e amêndoas

Tempo de preparo: 40 minutos, mais o tempo de resfriar
Tempo de cozimento: 50 minutos
Serve 8-12

Esta torta com recheio de frangipane e frutas suculentas é tão deliciosa quanto um doce de confeitaria. Se não estiver acostumado a fazer sobremesas, esta é uma boa receita para começar, pois a massa não é pré-assada, além de ser muito fácil. Troque as frutas conforme a estação: pêssegos, damascos, cerejas, framboesas e peras maduras funcionam muito bem.

---

3 ovos
225 g de farinha de trigo, mais 2 colheres (sopa) e mais um pouco para abrir a massa
½ colher (chá) de sal
120 g de manteiga sem sal, bem gelada
¾ xícara de açúcar, mais 2 colheres (sopa)
6 ameixas maduras
7 colheres (sopa) de manteiga sem sal, amolecida
1¼ xícara de amêndoas moídas
½ colher (chá) de essência de amêndoas
½ colher (chá) de gengibre em pó
1 punhado de amêndoas laminadas
creme de leite ou sorvete, para servir (opcional)

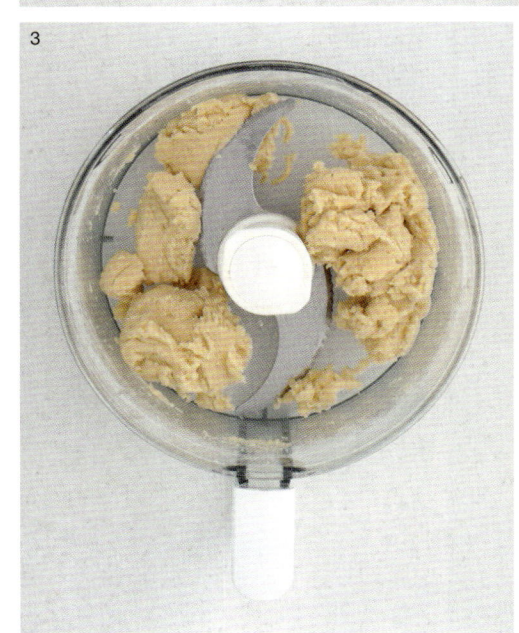

1
Separe 1 gema (ver página 321) e coloque numa tigela pequena. Adicione 2 colheres (sopa) de água fria na gema e bata com um garfo. Coloque 2 xícaras de farinha no processador e adicione ¼ colher (chá) de sal. Corte a manteiga fria em cubos e espalhe sobre a farinha.

2
Processe a manteiga e a farinha por 5-10 segundos, até a mistura virar uma farofa, sem vestígios de manteiga. Adicione 2 colheres (sopa) de açúcar e pulse.

3
Junte a mistura de gema ao processador e pulse rapidamente, até a massa se unir em pelotas grandes.

MENOS É MAIS
A chave para uma massa tenra e crocante é não trabalhá-la demais e mantê-la fria. Se não tiver processador, esfregue a manteiga na farinha usando a ponta dos dedos, até a mistura virar uma farofa. Se a massa começar a ficar quente ou pegajosa, leve à geladeira por 5 minutos e depois prossiga. Despeje os ovos sobre a farofa de farinha com manteiga e misture bem. Use uma faca de lâmina redonda para mexer, até obter uma massa lisa.

4
Ponha a massa sobre a mesa e abra-a em um disco achatado. Embrulhe em filme de PVC e leve à geladeira pelo menos por 30 minutos, até ficar firme, mas não dura demais.

Delícias Doces

5
Enfarinhe a mesa e um rolo de macarrão. Deixe pronta uma fôrma de torta de 23 cm, com aro removível. Pressione a massa de modo uniforme numa direção e depois gire $\frac{1}{4}$ de volta. Repita o processo até a massa ficar com 1 cm de espessura. Isso facilita o processo de abri-la.

6
Abra a massa. Passe o rolo para trás e para a frente em uma única direção, virando a massa $\frac{1}{4}$ de volta após algumas passadas de rolo, até a espessura de 3 mm. Enrole-a no rolo e leve-a sobre a fôrma.

7
Estenda a massa suavemente, deixando sobra em toda a volta da fôrma.

8
Delicadamente, ajuste a massa na lateral da fôrma com as mãos, erguendo-a e apoiando a massa da borda com a outra mão, enquanto gira a fôrma.

9
Corte o excesso de massa passando o rolo sobre a borda.

ALGUNS FUROS?
Se a massa rasgou ou se surgiram buraquinhos, não entre em pânico; é comum isso acontecer com massa amanteigada. Umedeça um pouco de sobra de massa e cole-a no local, vedando o buraco.

10
Fure a base da torta várias vezes com um garfo. Depois, pressione suavemente a massa na lateral da fôrma, para que suba uns 3 mm acima da borda. Assim, não ficará abaixo da fôrma após assada, mesmo que encolha um pouco. Leve à geladeira por 20 minutos ou ao freezer por 10 minutos, até ficar firme. Preaqueça o forno a 180°C. Ponha uma grade no meio do forno e coloque uma assadeira para esquentar.

11
Enquanto espera a massa descansar, prepare o recheio. Corte as ameixas ao meio e retire os caroços. Reserve. Ponha os ovos inteiros restantes, 2 colheres (sopa) de farinha, 150 g de açúcar, a manteiga amolecida, as amêndoas moídas, a essência de amêndoas e o gengibre em pó em uma tigela grande.

12
Bata os ingredientes do recheio até ficarem cremosos, com textura uniforme.

13
Distribua o recheio sobre a massa, nivele e arrume as ameixas em cima (sem pressionar). Espalhe as amêndoas laminadas.

14
Ponha a fôrma da torta sobre a que está no forno (isso ajudará a massa a assar embaixo) e asse por 45-50 minutos, até o recheio subir e dourar por igual, parecendo firme, e as ameixas ficarem suculentas e tenras. Deixe esfriar na fôrma e sirva com creme de leite, sorvete ou chantilly aromatizado com um pouco de doce de gengibre cristalizado picado.

ASSANDO TORTAS
Assar as tortas sobre uma assadeira quente é segredo de chef confeiteiro. O tabuleiro age como condutor de calor e ajuda a massa a assar embaixo.

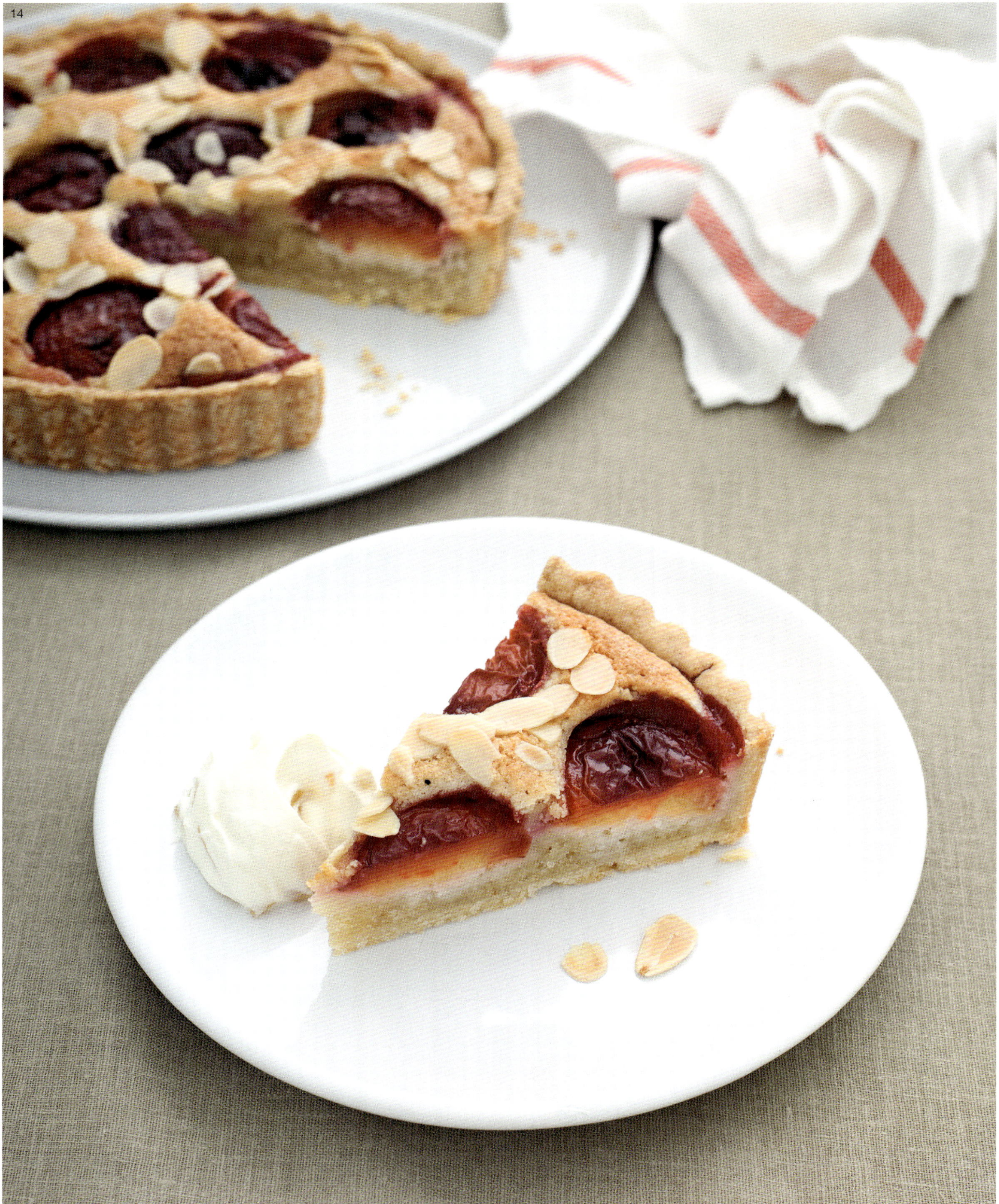

Bolo cremoso de morango

Tempo de preparo: 20 minutos, mais o tempo de resfriar
Tempo de cozimento: 25-30 minutos
Serve 10

Este pão de ló clássico de morango exige técnica simples e é muito rápido para montar. Fica melhor se consumido no dia do preparo, mas a calda de baunilha ajuda a manter o bolo úmido por 1 ou 2 dias, se for guardado em recipiente hermético.

---

225 g de manteiga sem sal, bem macia, mais um pouco para untar

1 xícara cheia de açúcar, mais 3 colheres (sopa)

4 ovos grandes, em temperatura ambiente

2 colheres (chá) de essência de baunilha

¼ colher (chá) de sal

2 xícaras de farinha de trigo

2 colheres (chá) de fermento em pó

1 colher (sopa) de leite, se necessário

300 g de morangos

200 ml de chantilly ou de creme de leite fresco

um pouco de açúcar de confeiteiro, para servir

1
Unte ligeiramente duas fôrmas redondas de 20 cm e forre o fundo com círculos de papel-manteiga. Preaqueça o forno a 180°C.

2
Coloque a manteiga e o açúcar numa tigela grande e bata com uma batedeira, até obter um creme bem claro.

3
Adicione à tigela os ovos, 1 colher (chá) de baunilha e o sal. Misture a farinha e o fermento e peneire-os na tigela.

4
Bata rapidamente de novo, até ficar uniforme e liso. É importante não trabalhar a massa demais, por isso, pare logo que tudo se incorporar. Se a massa parecer muito dura, adicione leite e misture.

DIFERENÇA ENTRE FARINHAS
Dependendo do tipo de trigo utilizado, da temperatura do dia ou até mesmo da marca que você compra, as farinhas podem ser mais secas ou úmidas, o que pode afetar a receita. Esse tipo de massa de bolo normalmente deve ficar mole o bastante para cair da colher: nem muito dura nem muito mole (embora eu não ache que o último caso seja um problema). Adicione o leite à massa, se achar que ela ficou um pouco grossa.

Delícias Doces

5
Use uma espátula para distribuir a massa uniformemente nas fôrmas preparadas, nivele e ponha no centro do forno por 25-30 minutos. Se os bolos assarem de forma desigual, podem ser trocados de posição no forno com segurança, após 25 minutos, quando já cresceram, mas ainda não douraram. Se abrir a porta mais cedo, os bolos podem abaixar.

6
Prepare a calda de baunilha: ponha 2 colheres (sopa) de açúcar e 2 colheres (sopa) de água numa panela pequena e aqueça em fogo brando, até o açúcar dissolver. Tire do fogo e adicione ½ colher (chá) de essência de baunilha e deixe esfriar.

7
Os bolos estarão prontos quanto tiverem crescido de modo uniforme e estiverem dourados e um pouco mais baixos nas bordas das fôrmas. Para ter certeza, insira um palito no centro de um deles. Se o palito sair limpo ou com um pouquinho de umidade, ele está pronto. Se o palito sair com massa crua, deixe no forno por mais 5 minutos.

8
Deixe os bolos esfriarem nas fôrmas por 15 minutos. Desenforme-os, virando-os sobre uma grade forrada com papel-manteiga. Fure com um palito ou garfo e regue com a calda fria.

9
Enquanto espera os bolos esfriarem completamente, pique metade dos morangos. Corte a outra metade em fatias finas.

10
Ponha o creme de leite numa tigela grande e adicione o restante da baunilha e 1 colher (sopa) de açúcar. Bata até engrossar, em ponto de chantilly firme.

11
Misture os morangos picados no creme. Coloque um bolo sobre uma travessa e espalhe o chantilly com morango por cima.

12
Ajuste o segundo bolo em cima, pressionando-o um pouco. Polvilhe com açúcar de confeiteiro e distribua os morangos fatiados no centro.

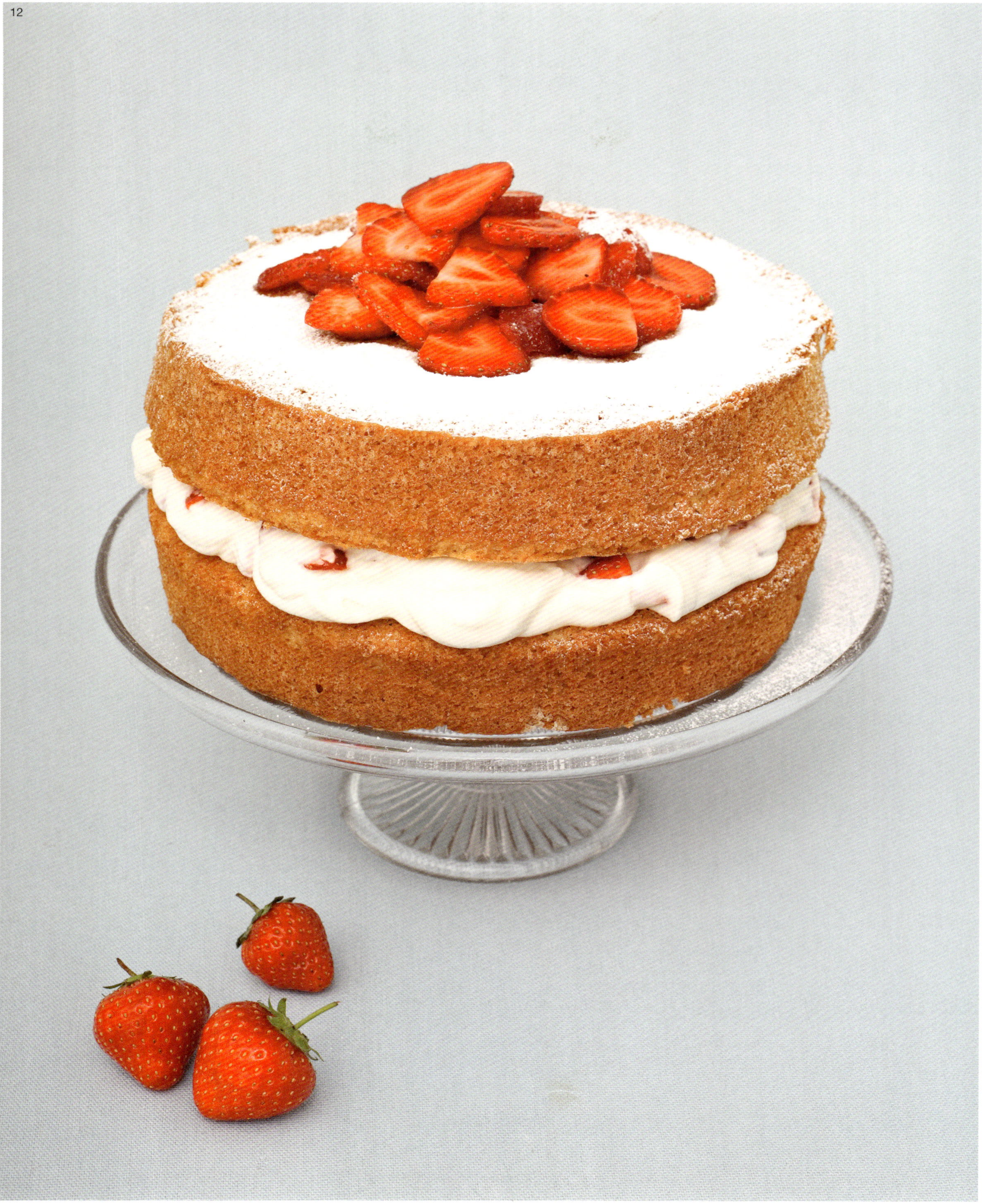

Bolo de fubá com limão e amoras

Tempo de preparo: 15 minutos
Tempo de cozimento: cerca de 50 minutos
Rende 12 fatias

Este é um lindo bolo de estilo italiano, feito com fubá e amêndoas em vez de farinha, perfumado com limão e pontuado com amoras azedinhas. O fubá proporciona ao bolo um brilho amarelo e um sabor especial. Use fubá bem fino para esta receita.

---

225 g de manteiga sem sal, amolecida, mais um pouco para untar
1 xícara cheia de açúcar, mais 1 colher (sopa)
1 limão
3 ovos grandes, em temperatura ambiente
1¼ xícara de fubá mimoso
2 xícaras de amêndoas moídas
1½ colher (chá) de fermento em pó
¼ colher (chá) de sal
2 xícaras de amoras frescas ou congeladas
creme de leite, queijo mascarpone ou iogurte espesso, para servir

1
Preaqueça o forno a 160°C. Unte uma fôrma de 23 cm com aro removível e forre-a com papel-manteiga.

2
Coloque a manteiga e o açúcar numa tigela grande. Usando a batedeira, bata até obter um creme claro.

3
Passe a casca do limão em ralo fino e adicione à tigela com os ovos, o fubá, as amêndoas, o fermento e o sal.

4
Bata tudo, até ficar um creme liso e uniforme, bem espesso. Junte metade das amoras, tomando cuidado para não esmagá-las.

5
Despeje a massa na fôrma preparada e alise a superfície. Asse o bolo por 50 minutos, até crescer um pouco e dourar por igual. Teste se o bolo está pronto inserindo um espeto ou palito no meio; estará pronto se o palito sair seco, com algumas migalhas úmidas. Caso contrário, deixe no forno por mais 10 minutos e teste novamente.

Delícias Doces

6
Esprema o suco do limão e misture com 1 colher (sopa) de açúcar. Deixe dissolvendo enquanto o bolo assa.

7
Deixe o bolo esfriar na fôrma até ficar morno; faça vários furos na superfície com um espeto ou palito e regue a calda de limão em cima. Espere esfriar completamente.

8
Quando o bolo estiver totalmente frio, solte a lateral da fôrma, retire cuidadosamente a base e o forro de papel e coloque-o sobre um prato de bolo. Espalhe as frutas restantes por cima. Sirva com creme de leite, queijo mascarpone ou iogurte.

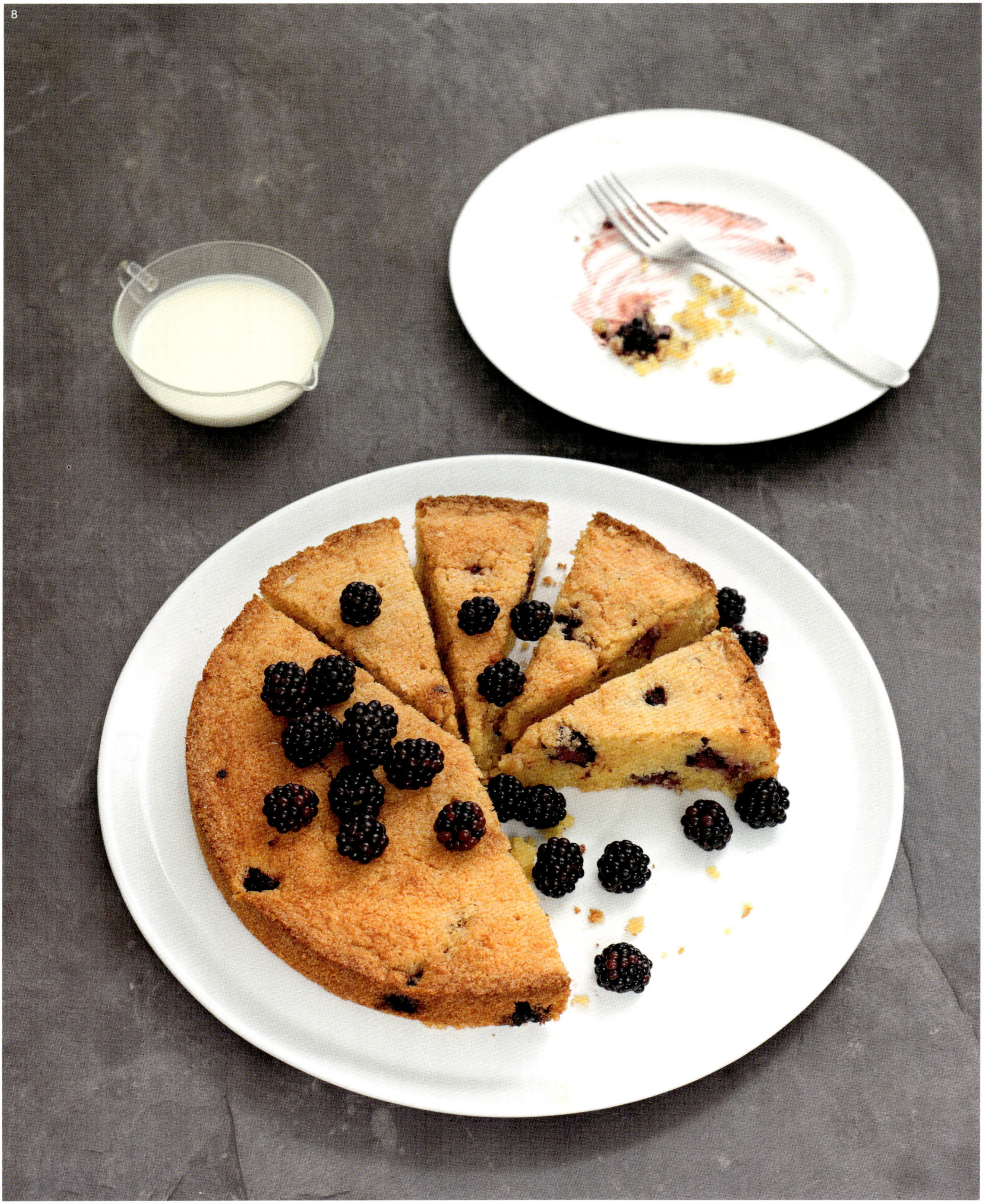

Sorvete de frutas vermelhas com farofa

Tempo de preparo: 30 minutos, mais o tempo no congelador
Tempo de cozimento: 25 minutos
Serve 8-10

O leite condensado é o ingrediente secreto, aqui, criando um sorvete sedoso, que não precisa ser batido na sorveteira, mas fica uma delícia. A massa básica de baunilha também fica ótima com gotas de chocolate, biscoitos ou passas ao rum. Adicione-os no 10º passo e congele.

2½ xícaras de creme de leite fresco
1 colher (chá) de essência de baunilha
1 xícara de leite condensado
1 xícara de farinha de trigo
1 pitada de sal
4 colheres (sopa) de manteiga sem sal, bem gelada
4 colheres (sopa) de açúcar
300 g de frutas vermelhas (frescas ou congeladas)

1
Despeje o creme de leite numa tigela grande e adicione a baunilha. Bata o creme de leite no mixer até o ponto de chantilly firme.

2
Adicione o leite condensado ao creme e use uma espátula ou colher de metal grande para agregá-lo bem, mexendo com delicadeza. Tente conservar o máximo de ar do chantilly que puder.

3
Ponha a mistura num recipiente grande para freezer (usei uma fôrma pequena de 18 cm x 25 cm, mas um refratário também é bom). Cubra com filme de PVC e congele por 3 horas, até ficar firme, mas que ainda possa ser retirado com a colher.

4
Prepare a farofa e as frutas enquanto aguarda. Preaqueça o forno a 180°C. Misture a farinha e o sal numa tigela grande e adicione a manteiga cortada em cubos.

5
Esfregue a manteiga na farinha com os dedos, até a manteiga começar a se incorporar na farinha. Se a mistura começar a ficar quente ou pegajosa, coloque na geladeira por 5 minutos, depois prossiga. Continue esfregando até a mistura virar uma farofa e junte 2 colheres (sopa) de açúcar.

6
Espalhe a mistura sobre uma assadeira grande. Asse por cerca de 25 minutos, até dourar e ficar crocante, mas dê uma olhada na metade desse tempo. Se a farofa estiver dourando de modo desigual, quebre-a com uma colher, misture um pouco e leve de volta ao forno. Deixe esfriar.

7
Coloque as frutas numa panela com as 2 colheres (sopa) de açúcar restantes.

8
Aqueça a panela em fogo brando até a fruta ficar tenra e soltar o suco. Deixe esfriar completamente.

9
Quando o sorvete base estiver praticamente congelado, mas ainda puder ser mexido com uma colher, ponha a fruta e a calda e dê uma mexida rápida.

10
Polvilhe a farofa, cubra com filme de PVC e congele pelo menos por mais 4 horas, de preferência de véspera, e até por 1 mês. Tire o sorvete do freezer 15 minutos antes de servir, para deixá-lo no ponto.

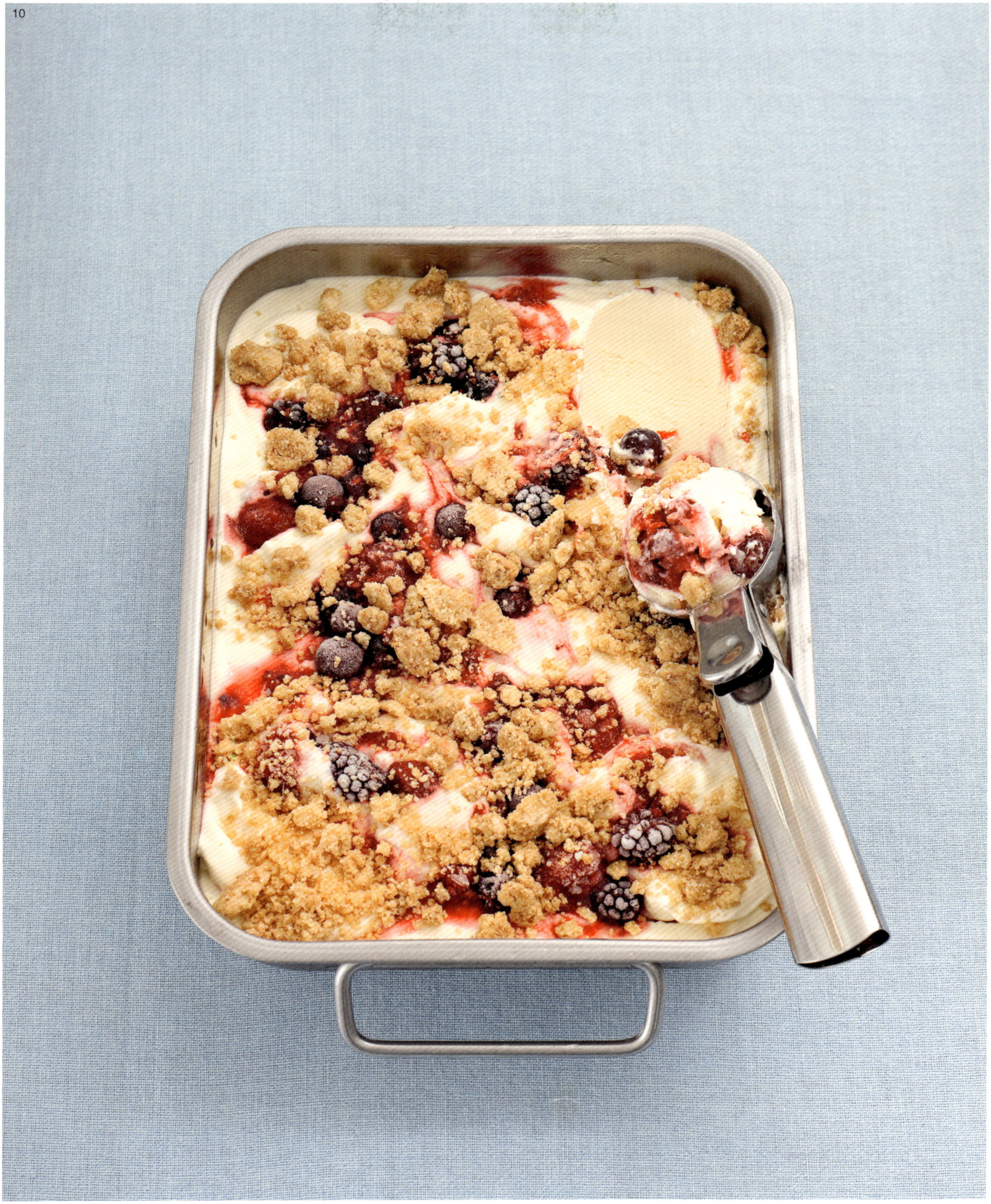

Bolo de iogurte com pistache, figo e mel

Tempo de preparo: 45 minutos, mais o tempo de resfriar
Tempo de cozimento: 45 minutos
Serve pelo menos 8

Adoro a textura especial que o iogurte propicia a bolos e tortas: densa, mas leve ao mesmo tempo. Aqui eu o misturei com azeite e pistache para fazer um bolo úmido e saboroso do Oriente Médio, ideal para sobremesa, acompanhada de café ou chá de hortelã.

- 7 colheres (sopa) de manteiga sem sal, bem macia, mais um pouco para untar
- ½ xícara rasa de azeite suave
- 3 ovos, em temperatura ambiente
- 1 xícara rasa de iogurte grego, mais um pouco para servir
- 1¾ xícara de pistaches sem casca
- 1¼ xícara de farinha de trigo
- 2 colheres (chá) de fermento em pó
- ¼ colher (chá) de sal
- ¾ xícara de açúcar
- 6 figos frescos, ou mais, se quiser
- 2 colheres (sopa) de mel, mais um pouco para servir

298

1
Unte uma fôrma de bolo redonda e funda com 20 cm de diâmetro e forre a base com um círculo de papel-manteiga. Preaqueça o forno a 160°C.

2
Derreta a manteiga numa panela e despeje numa tigela grande. Adicione o azeite e deixe esfriar alguns minutos.

3
Junte os ovos e o iogurte à tigela e bata até ficar uma massa lisa e uniforme.

4
Coloque 1¼ xícara de pistaches no processador com 1 colher (sopa) de farinha e bata até ficar uma farofa grossa. Se não tiver processador, ponha os pistaches num saco plástico, tire o ar e bata com um rolo até quebrar bem.

5
Adicione os pistaches, a farinha, o fermento, o sal e o açúcar à mistura de manteiga e mexa com uma espátula ou colher até ficar uniforme. Despeje a massa na assadeira e nivele.

6
Asse o bolo por 45 minutos, até crescer de modo uniforme e dourar. Um palito inserido no meio deve sair limpo. Deixe esfriar na fôrma por 15 minutos e transfira para uma grade até esfriar mais.

7
Quando estiver pronto para servir (pode ser morno ou frio, mas é melhor morno), coloque-o num prato. Corte os figos ao meio e arrume algumas fatias sobre o bolo. Regue com 2 colheres (sopa) de mel e frutas e espalhe os pistaches restantes inteiros. Sirva com os figos restantes e iogurte. O bolo ainda estará muito bom alguns dias após o preparo.

SELEÇÃO DOS FIGOS
Ao escolher figos, procure os escuros e gordos, com cheiro aromático. Se não for época de figos, use sementes de romã ou framboesas frescas para espalhar sobre o bolo.

Bolo de iogurte com pistache, figo e mel

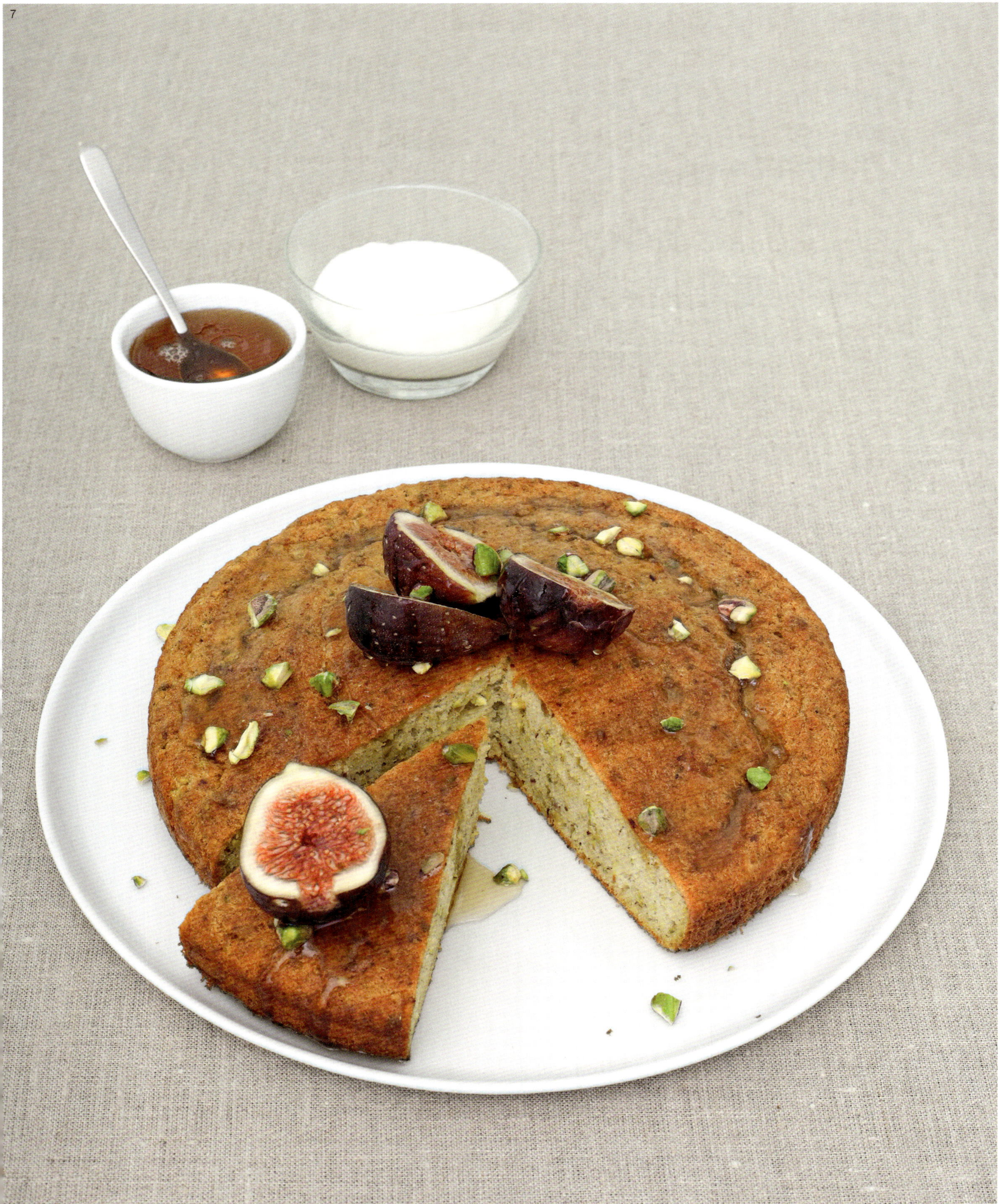

Creme de morango com ruibarbo

Tempo de preparo: 15 minutos, mais o tempo de resfriar
Tempo de cozimento: 40 minutos
Serve 6-8

Se encontrar ruibarbo, escolha os talos macios, mais doces, para enfeitar o creme de rosa. Para uma versão rápida, é possível misturar morangos frescos com compota de ruibarbo industrializada e usar biscoitos prontos.

---

300 g de ruibarbo rosa ou maçã
¾ xícara de açúcar, um pouco mais para polvilhar
1 laranja
2¼ xícaras de morangos, em temperatura ambiente
7 colheres (sopa) de manteiga sem sal, amolecida
1 xícara de farinha de trigo
4 colheres (sopa) de farinha de arroz ou arroz moído (se não encontrar, use farinha de trigo)
1 colher (chá) de canela em pó
1 pitada de sal
1¼ xícara de creme de leite fresco
1 xícara rasa de queijo cottage ou iogurte grego

1
Preaqueça o forno a 200°C. Corte os ruibarbos ou as maçãs em pedaços pequenos, ponha numa assadeira, espalhe ½ xícara de açúcar em cima e misture bem. Passe a casca da laranja em ralo fino, esprema metade do suco e espalhe sobre o ruibarbo ou a maçã. Deixe em camada única e leve ao forno por 15-20 minutos, até ficar tenro e macio.

2
Enquanto isso, corte os morangos ao meio ou em quatro, se forem muito grandes. Misture-os com o ruibarbo ou a maçã quente e a calda e deixe esfriar. A calda vai amolecer os morangos.

3
Prepare o biscoito: ponha a manteiga e o açúcar restante numa tigela grande e bata até ficar cremoso.

Delícias Doces

4
Peneire a farinha, a farinha de arroz, a canela e uma pitada de sal e junte à mistura de manteiga. Tente não trabalhar demais a massa para não deixá-la dura.

5
Molde a massa em um cilindro de cerca de 7 cm de diâmetro, enrole em filme de PVC e leve à geladeira ou congelador até ficar firme, mas não sólida. A massa pode ser guardada no freezer por até 1 mês, se quiser.

6
Ligue o forno a 180°C. Corte a massa em 12 rodelas de cerca de 1 cm de espessura com uma faca serrilhada. Espalhe-as sobre uma assadeira antiaderente.

7
Asse os biscoitos por 15-20 minutos, até dourar. Polvilhe com um pouco de açúcar e deixe esfriar no tabuleiro até ficarem firmes. Transfira para uma grade para esfriar completamente.

8
Quando estiver pronto para servir, bata o creme de leite e o queijo cottage ou iogurte, até engrossar, sem ficar muito firme; junte a mistura de ruibarbo resfriado com morango. Se a fruta soltou muito suco, não coloque tudo, pois amolecerá o creme.

9
Distribua o creme em copos ou taças e sirva com alguns biscoitos ao lado.

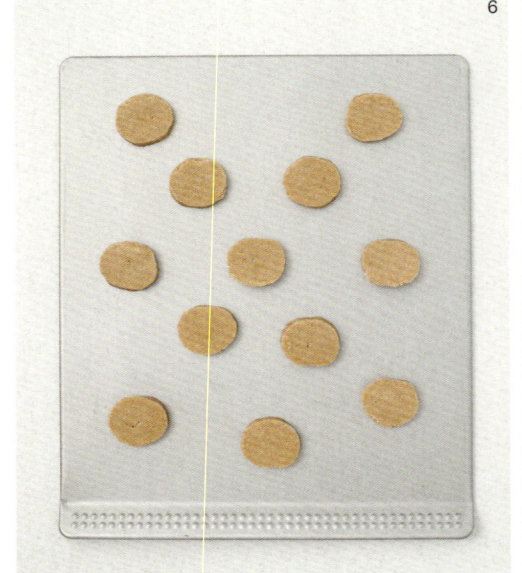

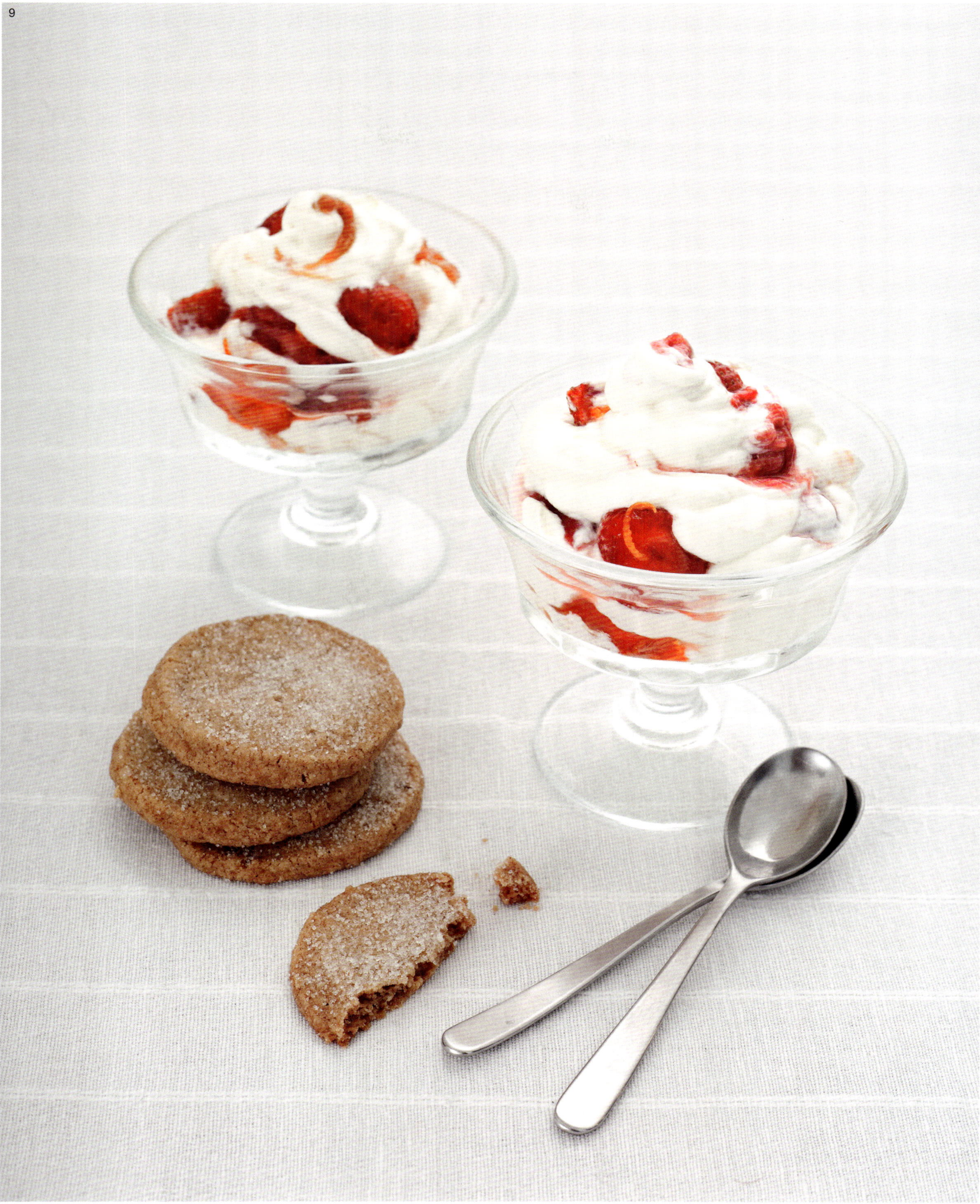

Sundae Melba

Tempo de preparo: 10 minutos
Serve 4 (é fácil de multiplicar)

A combinação de calda de framboesas, pêssego e sorvete de baunilha faz um sundae delicioso que todos vão adorar. Sugeri usar nectarinas, pois, para mim, a casca de pêssego estraga a textura, mas faça segundo a sua preferência, a aparência e o aroma da fruta à venda. Os adultos podem apreciar um pouco de amaretto sobre o sorvete.

---

1 litro de sorvete de baunilha

1¼ xícara de framboesas

2 colheres (sopa) de açúcar de confeiteiro, ou a gosto

4 nectarinas ou pêssegos maduros

12 biscoitos amaretti

1
Tire o sorvete do freezer 10 minutos antes do uso. Bata as framboesas e o açúcar de confeiteiro, fazendo um coulis, no liquidificador ou processador. Experimente e adicione mais açúcar, se quiser, mas lembre-se de que o sorvete é bem doce. Não é preciso se preocupar em coar as sementes.

2
Corte as nectarinas ao meio e retire os caroços. Divida cada metade em quatro fatias.

3
Quebre os biscoitos grosseiramente. Para servir, arrume 4 taças de sundae ou copos altos. Comece com uma bola de sorvete, algumas fatias de nectarina, um fio de calda de framboesa e um pouco de biscoito amassado. Repita as camadas, até as taças ficarem cheias e quase transbordar. Sirva imediatamente.

Scones com creme de framboesa

Tempo de preparo: 10 minutos
Tempo de cozimento: 15-20 minutos
Rende 8-10 unidades

Nenhum chá da tarde seria completo sem uma pilha de scones, crocantes por fora e cobertos com creme. Moldo meus scones em triângulos grandes, assim não é necessário um cortador especial. Faça-os no dia em que serão consumidos – leva apenas 30 minutos!

---

6 colheres (sopa) de manteiga sem sal, bem gelada
3 xícaras de farinha de trigo, mais um pouco para polvilhar
1 colher (sopa) de fermento em pó
¼ colher (chá) de sal
5 colheres (sopa) de açúcar
1 ovo
⅔ xícara de leite integral
1¼ xícara de framboesas
¾ xícara de creme de leite fresco ou nata

1
Preaqueça o forno a 220°C. Ponha uma assadeira na prateleira de cima do forno para aquecer. Corte a manteiga em cubos. Coloque a farinha, o fermento e o sal numa tigela grande e misture bem. Junte a manteiga.

2
Esfregue a manteiga na mistura de farinha usando as pontas dos dedos, até virar uma farofa. Se tiver um processador, bata a manteiga com os ingredientes secos até ficar uma farofa bem fina. Junte o açúcar.

3
Bata o ovo com um garfo. Adicione 2 colheres (sopa) de ovo ao leite e junte à tigela dos ingredientes secos.

4
Trabalhando rapidamente, misture os ingredientes secos e úmidos, fazendo uma massa mole e grosseira.

Delícias Doces

5
Enfarinhe bem as mãos e a mesa. Misture a massa, formando uma bola grande. Ponha-a na mesa. Sove-a algumas vezes apenas para deixá-la um pouco mais lisa (é essencial não trabalhá-la demais para obter scones macios). Molde em um cilindro de cerca de 30 cm de comprimento. Corte a massa em triângulos iguais, passando a faca em um pouco de farinha sempre que for cortar.

6
Pincele os scones ligeiramente com o ovo restante e salpique com o resto do açúcar. Isso produzirá uma crosta crocante dourada quando os scones assarem. Retire a assadeira do forno, polvilhe com um pouco de farinha e leve até ela os scones, usando uma espátula. O calor da assadeira esquentará os scones e vai ajudá-los a crescer e ficar fofos.

7
Asse-os por 15 minutos até ficarem dourados e crescidos e soarem ocos quando batidos embaixo. Esfrie-os numa grade. Amasse as framboesas e misture no creme para servir. Se usar creme de leite, bata até o ponto de chantilly, adicione um pouco de açúcar de confeiteiro a gosto, se quiser, e depois misture as frutas.

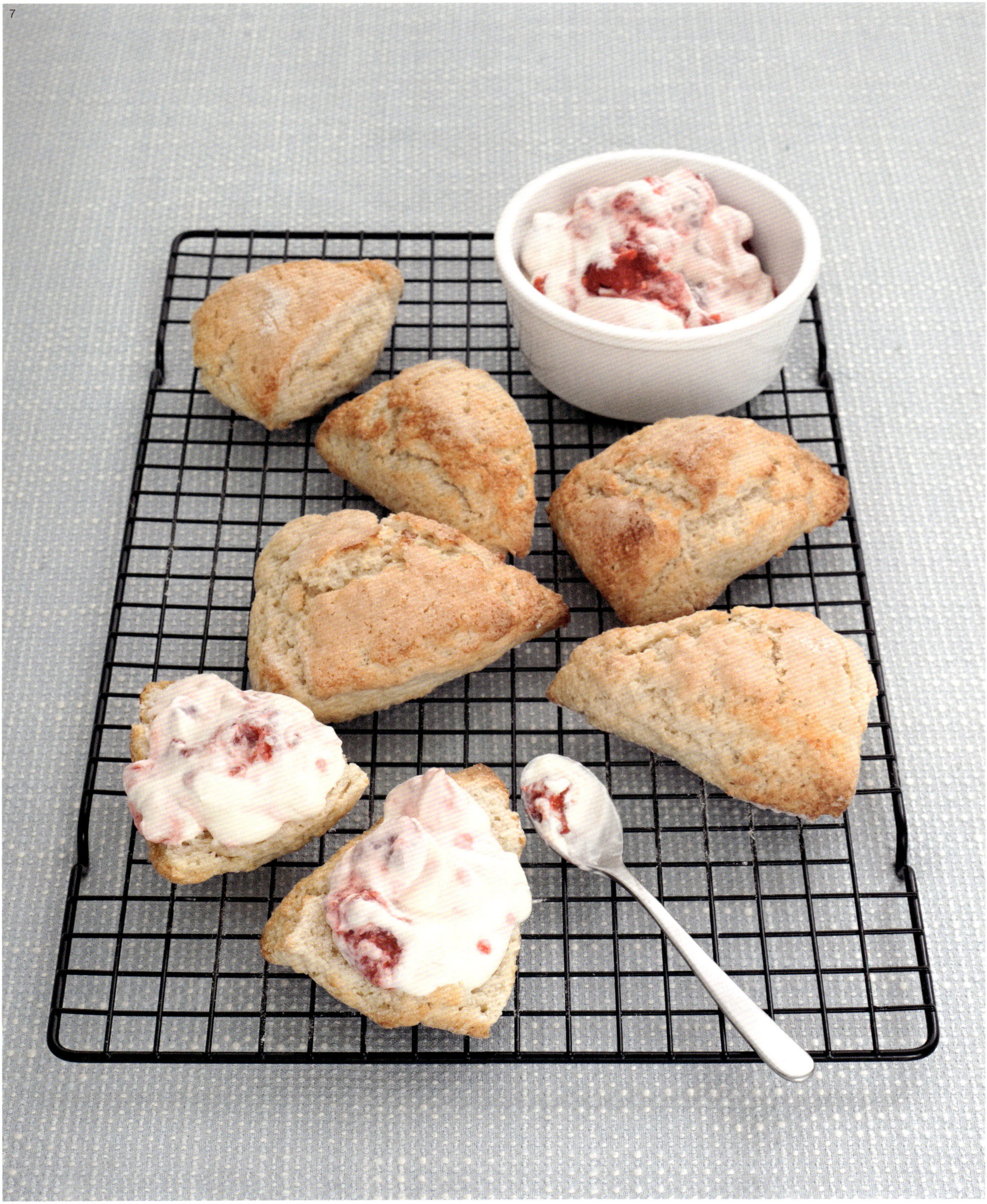

Sorbet de manga com groselhas

Tempo de preparo: 30 minutos, mais o tempo no congelador
Tempo de cozimento: 5 minutos
Serve 6-8

Este sorbet maravilhoso vai iluminar o final de qualquer refeição. Ao escolher a manga, pegue a fruta madura, mas não muito mole, que ceda apenas um pouco quando pressionada. Você pode transformar o sorbet em picolés, se tiver fôrmas; nesse caso, coloque nas forminhas no 8º passo e congele.

1½ xícara de açúcar

3-4 mangas grandes e maduras, cerca de 1,5 kg no total

3 limões grandes ou 4-5 menores

100 g de groselhas pretas congeladas (ou uvas)

1 ovo grande (opcional)

1
Coloque 1 xícara de açúcar numa panela média e despeje 1 xícara de água fria. Leve a panela ao fogo brando e mexa de vez em quando, até o açúcar dissolver. Após a dissolução, e não antes, ferva a mistura por 1 minuto e deixe esfriar enquanto corta a manga.

2
Corte as laterais grandes da manga rente ao caroço. Faça um xadrez profundo na polpa, parando ao chegar na casca, e empurre a polpa para fora envergando, de modo que se pareça com um ouriço. Retire com uma faca.

3
Esprema o suco dos limões – será necessária 1 xícara. Ponha o suco de limão e os pedaços de manga no processador e bata até ficar homogêneo. Adicione a calda fria e bata novamente.

4
Forre um recipiente para freezer de cerca de 2 litros com uma folha grande de filme de PVC (um pouco de óleo ajuda a fixá-lo nas laterais do recipiente, se estiver difícil). Despeje a massa do sorbet. Leve ao congelador e deixe, até ficar sólido ou quase sólido. Vai levar cerca de 6 horas, ou deixe de véspera.

5
Prepare a calda de groselha enquanto aguarda. Ponha as groselhas numa panela, adicione o açúcar restante e 1 colher (sopa) de água. Leve a panela ao fogo brando e apure, até a fruta ficar bem mole. Coe a calda numa peneira fina e deixe esfriar. Descarte o que sobrar na peneira.

6
Quando a mistura de manga estiver firme, vire-a do recipiente e corte em pedaços.

7
Ponha os pedaços no processador e pulse até ficar homogêneo e espesso. Talvez seja necessário esperar alguns minutos para a mistura amolecer um pouco, se estiver muito congelada. Se quiser usar a clara, separe-a do ovo e adicione nesta etapa.

POR QUE A CLARA?
A clara colocada na massa final dá ao sorvete uma textura mais lisa e sedosa, e a maioria dos sorbets é feita assim. Se achar desagradável servir algo que contenha clara crua, não a use. É possível comprar claras pasteurizadas para evitar essa preocupação.

8
Mexa a calda de groselha, pois tende a endurecer como geleia enquanto esfria. Ponha metade da mistura de manga de volta ao recipiente de freezer e regue metade da calda de groselha; gire rapidamente uma colher fazendo um redemoinho. Repita o processo, tampe e congele o sorbet por mais 6 horas, até ficar firme novamente. Pode ser guardado por até 1 mês.

9
Tire o sorbet do freezer 10 minutos antes de servir e ponha em taças pequenas ou casquinhas de sorvete.

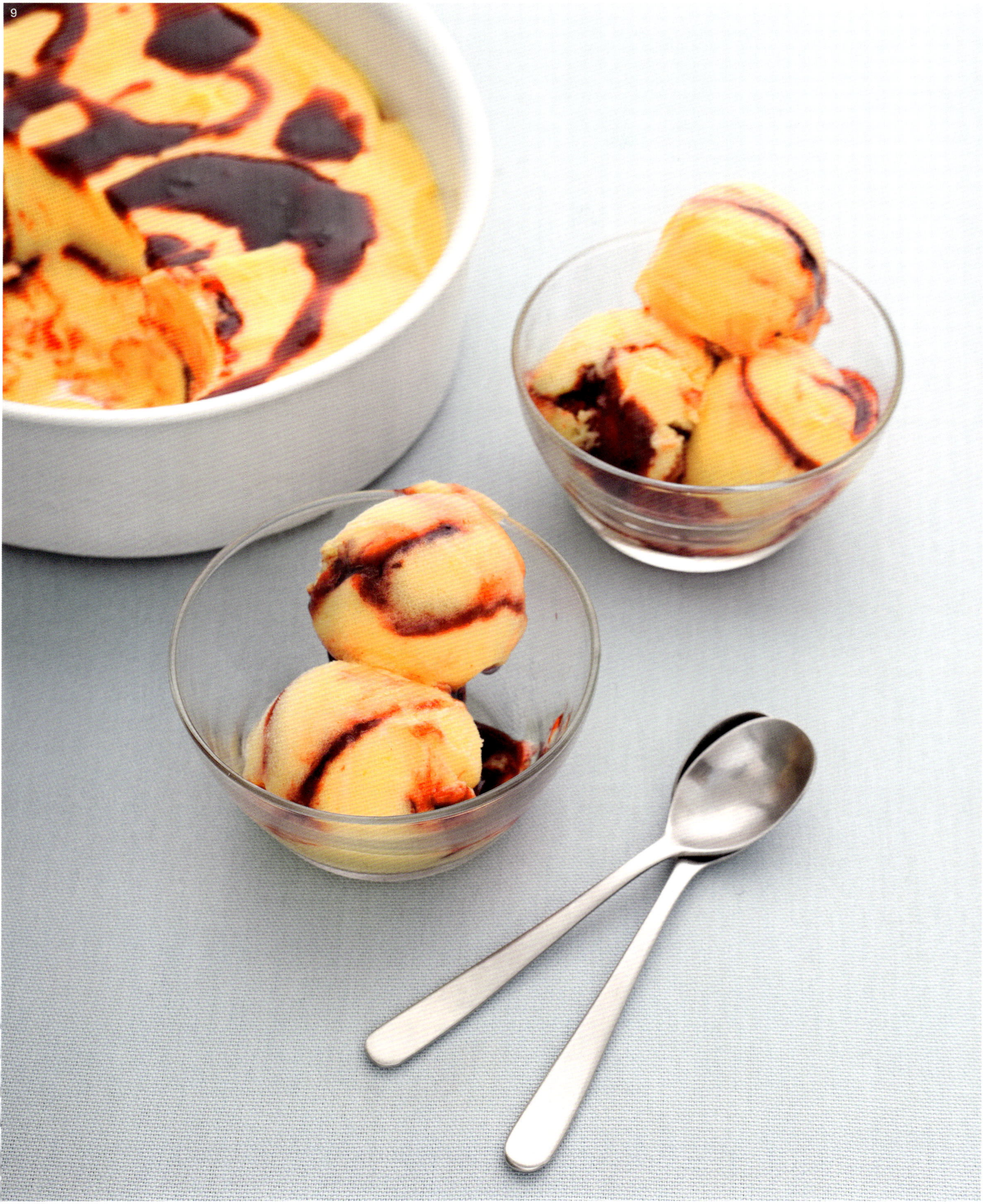

Pêssegos escaldados com vinho e mel

Tempo de preparo: 15 minutos, mais o tempo de resfriar
Tempo de cozimento: 15 minutos
Serve 6

Estes pêssegos dourados e perfumados com baunilha e vinho são divinos, além de terem baixo teor de gordura. Se quiser ousar mais um pouco, adicione 1 colher de creme de leite ou 1 colher de mascarpone para degustar uma das melhores sobremesas de verão.

---

1 limão-siciliano
1 pau de canela
1½ xícara cheia de vinho doce de sobremesa moscatel, ou vinho branco chardonnay
1 fava ou gotas de essência de baunilha a gosto
3 colheres (sopa) de mel (de flor de laranjeira, por exemplo)
½ xícara de açúcar
6 pêssegos maduros
creme de leite ou mascarpone, para servir (opcional)

1
Apare a casca do limão com um descascador de legumes.

2
Escolha uma panela grande o suficiente para manter os pêssegos em camada única. Coloque a casca de limão, a canela, o vinho, a baunilha, o mel e o açúcar na panela e adicione 1¼ xícara de água. Aqueça em fogo brando até o mel e o açúcar dissolverem. Deixe o líquido em fogo brando e adicione os pêssegos na panela (o líquido pode não cobri-los completamente, mas não tem importância).

3
Cubra os pêssegos com um pedaço grande de papel-manteiga amassado, que ajudará a mantê-los submersos na calda.

Delícias Doces

4
Cozinhe os pêssegos por cerca de 15 minutos no total, tire o papel e vire-os com muito cuidado 4 vezes. Deixe até ficarem tenros, mas não moles demais.

5
Tire-os da calda e espere que esfriem para manuseá-los. Retire a fava de baunilha, a canela em pau e a casca de limão. Ferva a calda por 5 minutos para concentrar os sabores. Deixe esfriar.

6
Tire a casca dos pêssegos frios. A forma mais fácil é fazer um cortinho na base e ir soltando a pele devagar, com as mãos. Descarte a casca.

7
Regue a calda fria sobre os pêssegos e leve à geladeira até a hora de servir. Acho que ficam melhores em temperatura ambiente. Sirva com creme de leite ou mascarpone, se quiser.

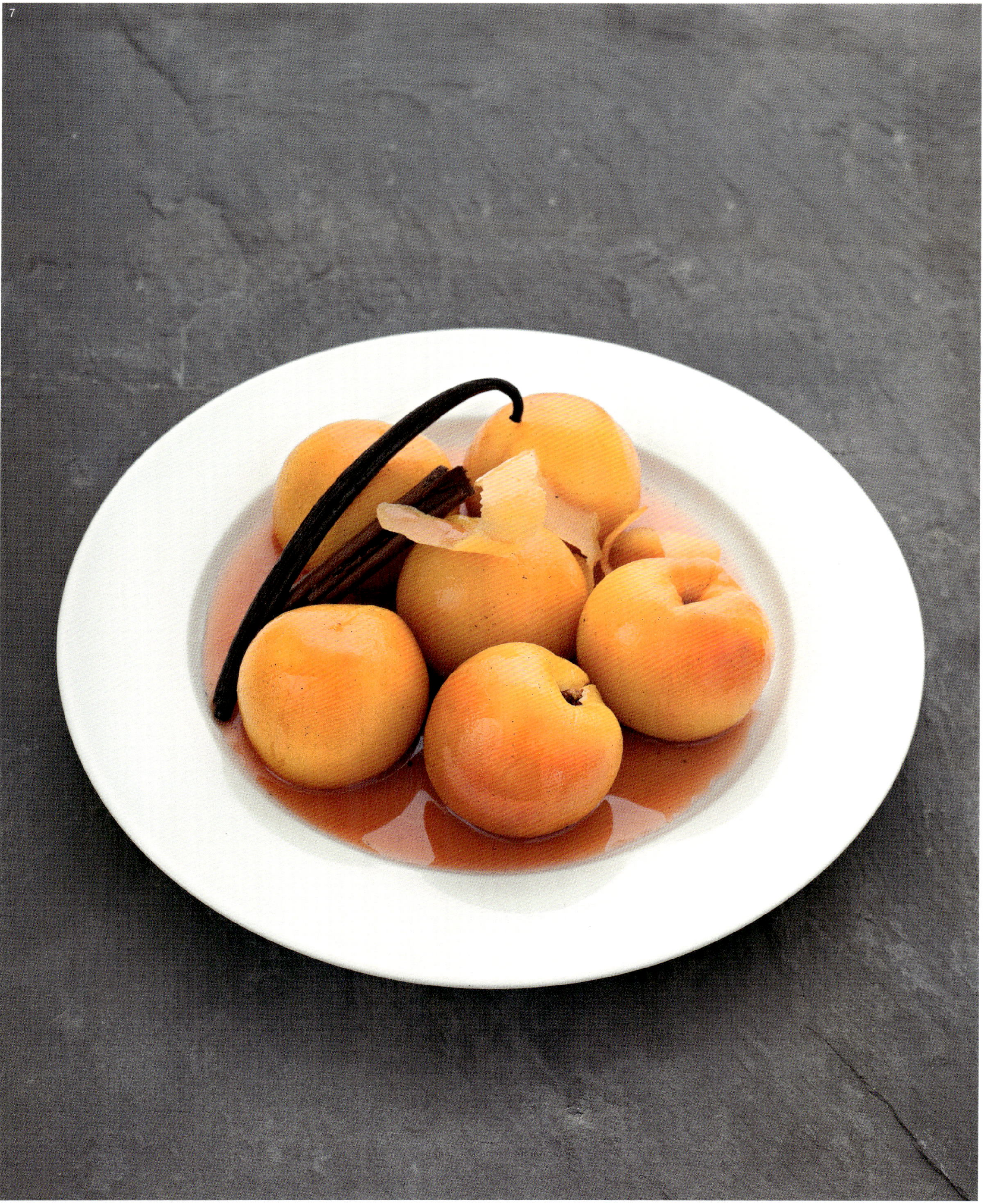

Merengue com framboesas e maracujá

Tempo de preparo: 30 minutos, mais o tempo de resfriar
Tempo de cozimento: 1 hora
Serve 8 porções generosas

Esta delícia, crocante por fora, leve e fofa por dentro, é mais fácil de fazer do que você pensa. Em vez de cobrir a base de merengue com uma cobertura excessivamente complexa, gosto de usar uma mistura de creme de leite e iogurte e coroá-la com frutas suculentas.

---

5 ovos grandes
¾ xícara de açúcar
1¼ xícara de açúcar de confeiteiro, mais 1-2 colheres (sopa) para a cobertura
1 colher (chá) de maisena
1¼ xícara de creme de leite fresco
1¼ xícara de iogurte grego natural
1 colher (chá) de essência de baunilha
1½ xícara de framboesas
4 maracujás grandes, maduros

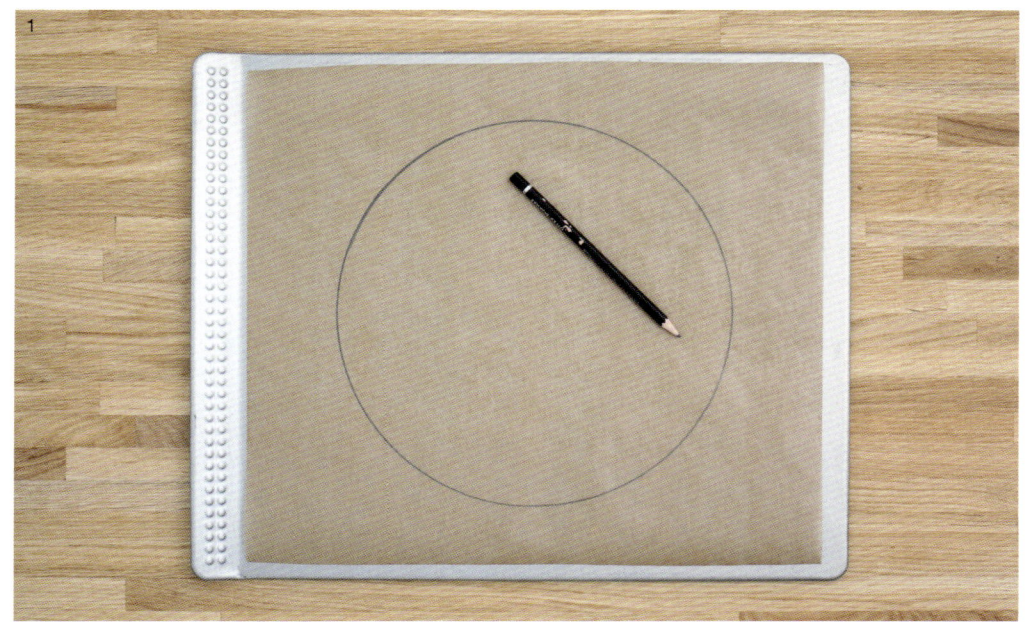

1
Use um lápis para marcar um círculo de cerca de 25 cm de diâmetro em um pedaço de papel-manteiga. Um prato grande tem o tamanho certo para usar como modelo. Use-o para forrar uma assadeira grande ou bandeja, lembrando-se de virar o papel para não ficar uma marca de lápis no merengue. Preaqueça o forno a 150°C e ponha uma prateleira no meio do forno.

2
Separe as claras e ponha-as numa tigela grande de vidro ou de metal, bem limpa e seca.

SEPARANDO A CLARA
Bata a casca delicadamente contra a lateral de uma tigela pequena. Com cuidado, afaste a casca ao longo da rachadura, inclinando a gema em uma das metades da casca. Deixe a clara escorrer numa tigela, embaixo do ovo quebrado. Ponha a gema em outra tigela pequena. Separe o próximo ovo sobre uma terceira tigela – assim, se você quebrar a gema, não contaminará a clara limpa.

SEM GORDURA
A gordura é inimiga da clara de ovo; se tiver um pouco de gordura na tigela, ela não crescerá nem produzirá espuma. Sempre limpo a tigela com um pedaço de papel-toalha umedecido em vinagre ou suco de limão antes de adicionar as claras. Nunca use tigela de plástico, pois a gordura pode se esconder em riscos, mesmo que a tigela pareça limpa.

Delícias Doces

3
Bata as claras em neve, até formarem picos firmes e os batedores deixarem marca distinta quando tirá-los da tigela. Cuidado para não bater as claras demais.

4
Esta foto mostra claras que passaram do ponto: parecem secas e com aparência de algodão na borda e ligeiramente separadas e aguadas no fundo da tigela. Se isso acontecer, será difícil conseguir bons resultados depois.

5
Adicione 1 colher (sopa) de açúcar e bata, até formar picos firmes. Continue batendo e adicionando o açúcar, 1 colher de cada vez. O merengue começará a mudar de fofo para mais denso, com um brilho perolado.

Quando o açúcar acabar, o merengue ficará espesso e perolado, parecido com espuma de barbear.

6
Peneire 1¼ xícara de açúcar de confeiteiro e a maisena e junte-os às claras em neve com uma colher grande.

INCORPORANDO INGREDIENTES
Não desfaça todo o trabalho com o batedor neste momento. Adicione o açúcar de confeiteiro nas claras e faça com um movimento em forma de oito, com cuidado, para conservar as bolhas de ar. Se bater o merengue, ele perderá volume.

7
Distribua o merengue sobre o papel-manteiga e espalhe para caber dentro do círculo. Crie um formato de ninho, com uma reentrância rasa no centro.

8
Asse o merengue por 30 minutos; diminua a temperatura para 140°C e deixe por mais 30 minutos, até ele ficar crocante por fora e pegar uma cor leve. Mantenha no forno até esfriar. O ideal é fazer o merengue na véspera e deixá-lo no forno durante a noite. Algumas rachaduras pequenas são comuns, mas se esfriá-lo lentamente não aparecerão grandes fendas.

9
Prepare a cobertura: bata o creme de leite, o iogurte, a essência de baunilha e o açúcar de confeiteiro restante, até ficar espesso mas não duro. Corte o maracujá ao meio e retire a polpa.

ESCOLHA O MARACUJÁ
Enquanto amadurece, o maracujá se torna mais enrugado, e a polpa fica mais doce e perfumada. Evite os que parecerem muito murchos; escolha os mais pesados.

10
Ponha o creme sobre o merengue e espalhe as framboesas e as sementes de maracujá.

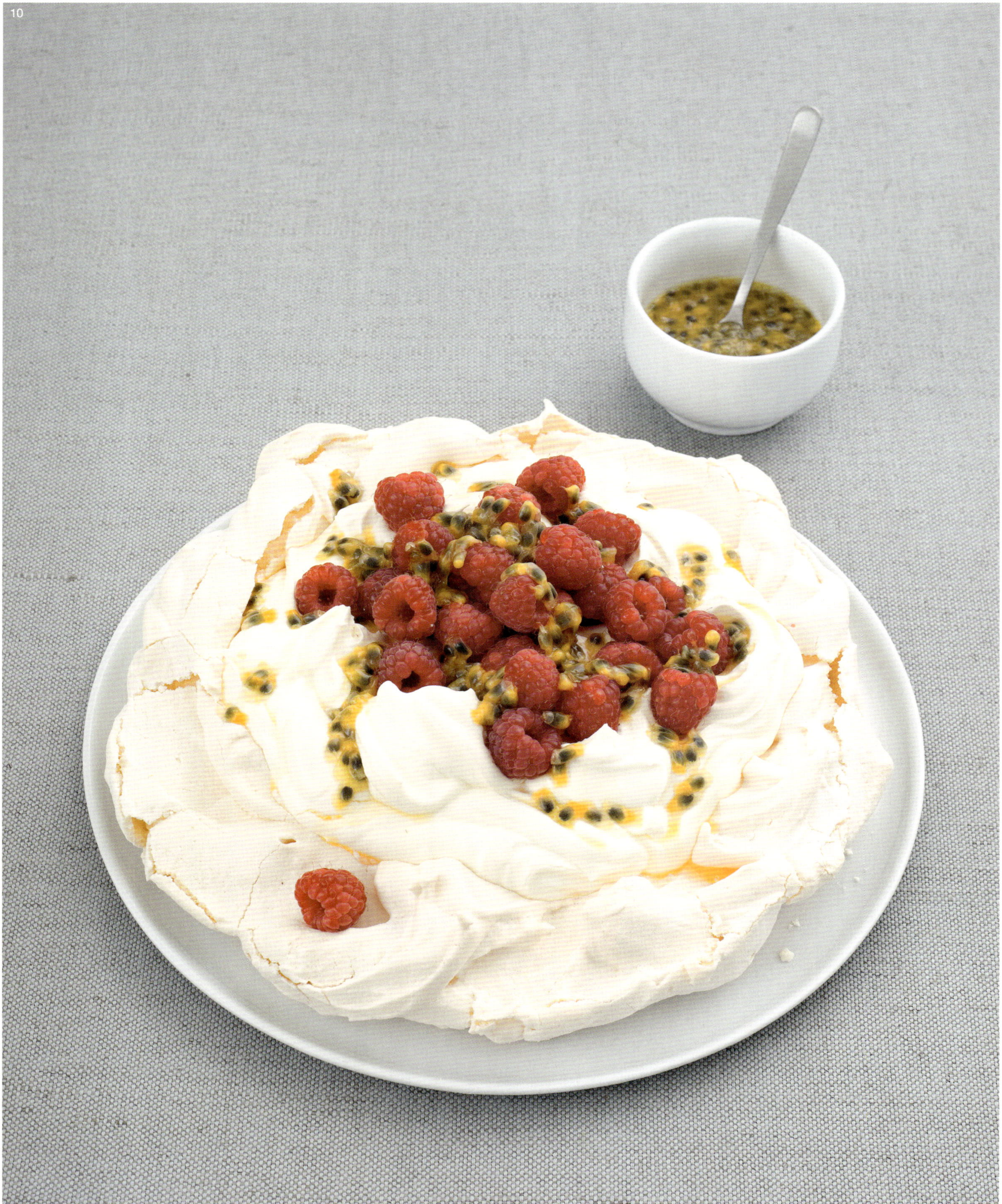

Musse de chocolate com cerejas

Tempo de preparo: 20 minutos, mais o tempo de resfriar
Serve 6 porções grandes ou 8 pequenas

A chegada da época de cerejas é deliciosa para fazer musse de chocolate. Vale a pena retomar a tradicional combinação de sabor: chocolate de qualidade com um pouco de kirsch (aguardente feita com cerejas), que realça ainda mais o sabor da fruta.

---

150 g de chocolate amargo, com 70% de cacau
1½ xícara de creme de leite fresco
2 ovos, em temperatura ambiente
1 colher (sopa) de kirsch, conhaque ou água
4 colheres (sopa) de açúcar
350 g de cerejas maduras
1 limão-siciliano

1
Pique o chocolate em pedaços pequenos e coloque numa tigela grande. Despeje ¾ xícara de creme de leite numa panela pequena e deixe até começar a ferver.

2
Quando o creme começar a fazer bolhas nas bordas e a superfície ficar brilhante, está no ponto. Regue o chocolate com o creme quente e deixe derreter por cerca de 3 minutos.

3
Enquanto espera, separe as claras (ver página 321) e coloque-as numa tigela limpa, sem vestígios de gordura. Bata as gemas com o kirsch, conhaque ou água. Misture o chocolate e o creme de leite até ficar uniforme e adicione a mistura de gema e 2 colheres (sopa) de açúcar. Mexa até ficar uniforme e bem incorporado.

4
Despeje ¾ xícara do creme de leite restante numa tigela. Usando um mixer, primeiro bata a clara, até ficar espessa e espumosa, mas não firme demais. Depois, bata o creme de leite até engrossar em ponto de chantilly. Faça nesta ordem e não precisará lavar os batedores – o creme sobre os batedores impediria a clara de virar neve.

5
Incorpore o creme na mistura de chocolate com uma colher ou uma espátula de borracha.

Delícias Doces

6
Adicione ¼ da clara em neve e misture. Isso deixará a mistura mais leve para a clara restante. Junte-a e incorpore com cuidado, até a musse ficar uniforme, sem vestígios da clara.

INCORPORANDO INGREDIENTES
Em vez de bater as claras na mistura de chocolate cremoso, incorpore-as fazendo um movimento em forma de oito. Tente conservar o máximo de ar que puder.

7
Distribua a musse em 6 taças grandes ou 8 menores e deixe na geladeira pelo menos por 2 horas, até ficar firme.

8
Prepare as cerejas: corte-as ao meio e retire os caroços.

9
Coloque-as numa frigideira com o açúcar restante e 2 colheres (chá) de suco de limão. Cozinhe em fogo alto por 1 minuto ou mais, até o açúcar derreter e borbulhar ao redor das cerejas. Deixe esfriar.

10
Bata o creme restante e espalhe sobre as musses. Sirva com as cerejas.

EXPERIMENTE
Prepare porções individuais de bolo floresta negra, dispondo uma camada de cerejas, uma de musse de chocolate com cerejas e uma de algum bolo de chocolate comprado pronto em taças. Cubra com chantilly e mais algumas cerejas.

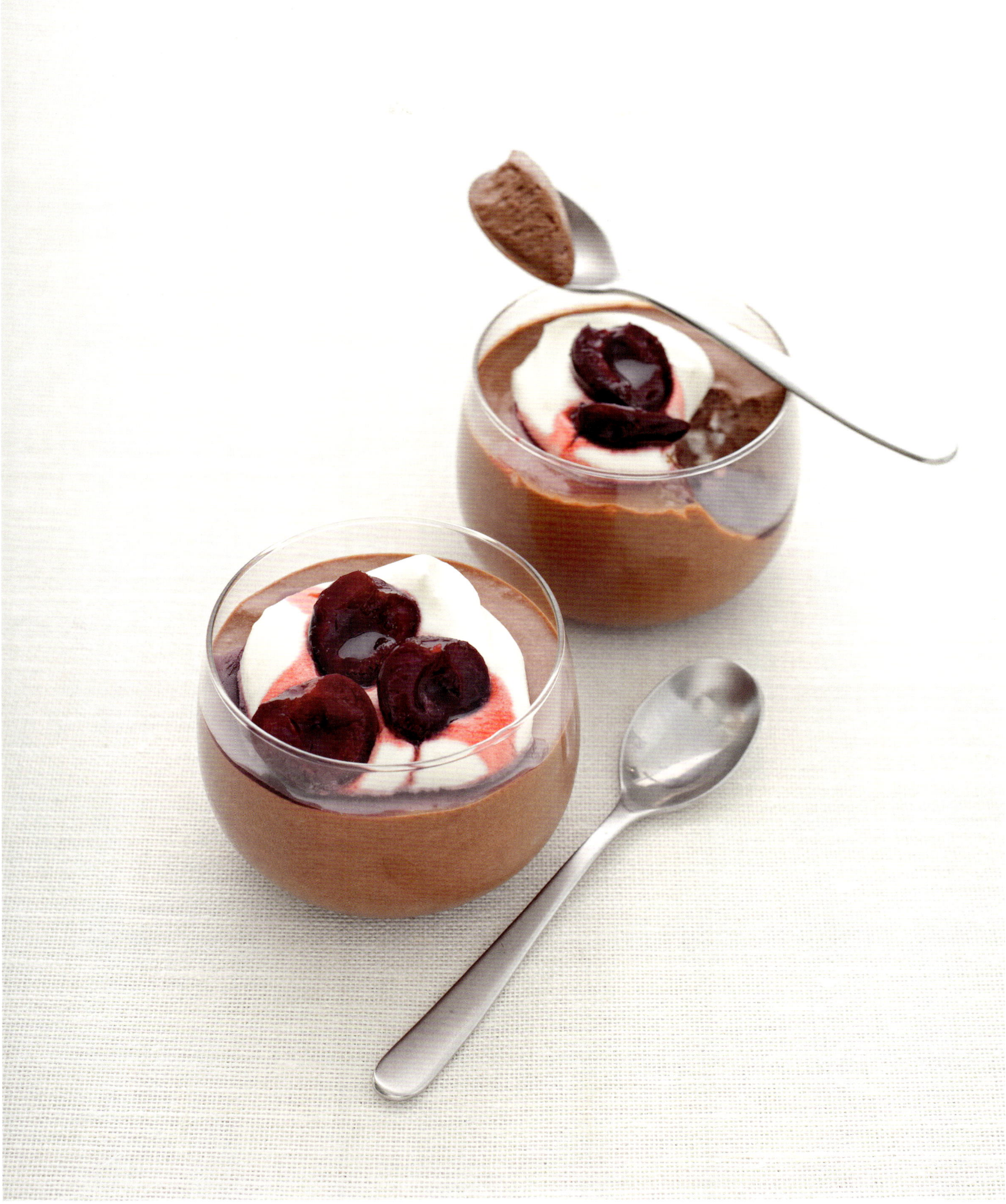

Sorvete de merengue com limão

Tempo de preparo: 20 minutos, mais o tempo para esfriar e congelar
Tempo de cozimento: 10 minutos
Serve 6

Este prato é baseado em uma receita da Leith's School of Food and Wine, de Londres, onde fiz treinamento há algum tempo. A receita prática e inteligente, que ensino aqui, leva creme de limão caseiro com iogurte, para fazer um sorvete muito fácil. Adicionei um pouco mais de creme de limão e um toque crocante para criar uma espécie de semifreddo.

---

3 limões-sicilianos
6 ovos grandes
150 g de manteiga sem sal
1 xícara rasa de açúcar
50 g de suspiros prontos
2 potes de iogurte grego
    ou iogurte integral

1
Unte uma fôrma de pão de 1 litro e forre com um pedaço de filme de PVC. Se não tiver essa fôrma, use um refratário médio ou algo semelhante. Passe os limões em ralo bem fino e reserve. Esprema o suco numa panela média. Separe as gemas e coloque-as na panela com a manteiga e o açúcar.

SEPARANDO A GEMA
Quebre a casca delicadamente contra a lateral de uma tigela pequena. Com cuidado, force a casca ao longo da rachadura, deixando a gema em uma das metades da casca. Deixe a clara escorrer numa tigela colocada abaixo. Ponha a gema em outra tigela pequena. Separe o próximo ovo sobre uma terceira tigela – assim, se você romper a gema por acidente, não contaminará as claras limpas. Veja foto na página 321.

2
Leve a panela ao fogo bem baixo e mexa até a manteiga derreter e tudo ficar misturado por igual. Continue cozinhando até engrossar o suficiente para cobrir a parte de trás da colher de madeira. Não deixe a mistura ferver, pois os ovos talham.

3
Passe o creme de limão na peneira sobre uma tigela e adicione as raspas de limão. Coloque 4 colheres (sopa) do creme de limão no fundo da fôrma e espalhe por igual. Deixe esfriar.

Delícias Doces

4
Quebre os suspiros com as mãos.

5
Quando o creme de limão esfriar, adicione o iogurte na tigela e misture até ficar uniforme.

6
Junte metade dos suspiros na mistura do creme de limão e ponha na fôrma. Leve ao freezer pelo menos por 6 horas ou de preferência de véspera, até solidificar. Os suspiros vão derreter, acrescentando um sabor muito especial ao sorvete.
Esta sobremesa pode ser feita com até 2 semanas de antecedência.

7
Transfira o sorvete para a geladeira 10 minutos antes de servir, para que amoleça o suficiente para fatiar. Vire a fôrma sobre uma travessa e bata até soltar. Retire o filme de PVC e espalhe o restante de suspiros quebrados. Fatie e sirva. Mergulhe a faca em água quente antes de cortar, para ajudar a manter as fatias perfeitas e bonitas.

332   Sorvete de merengue com limão

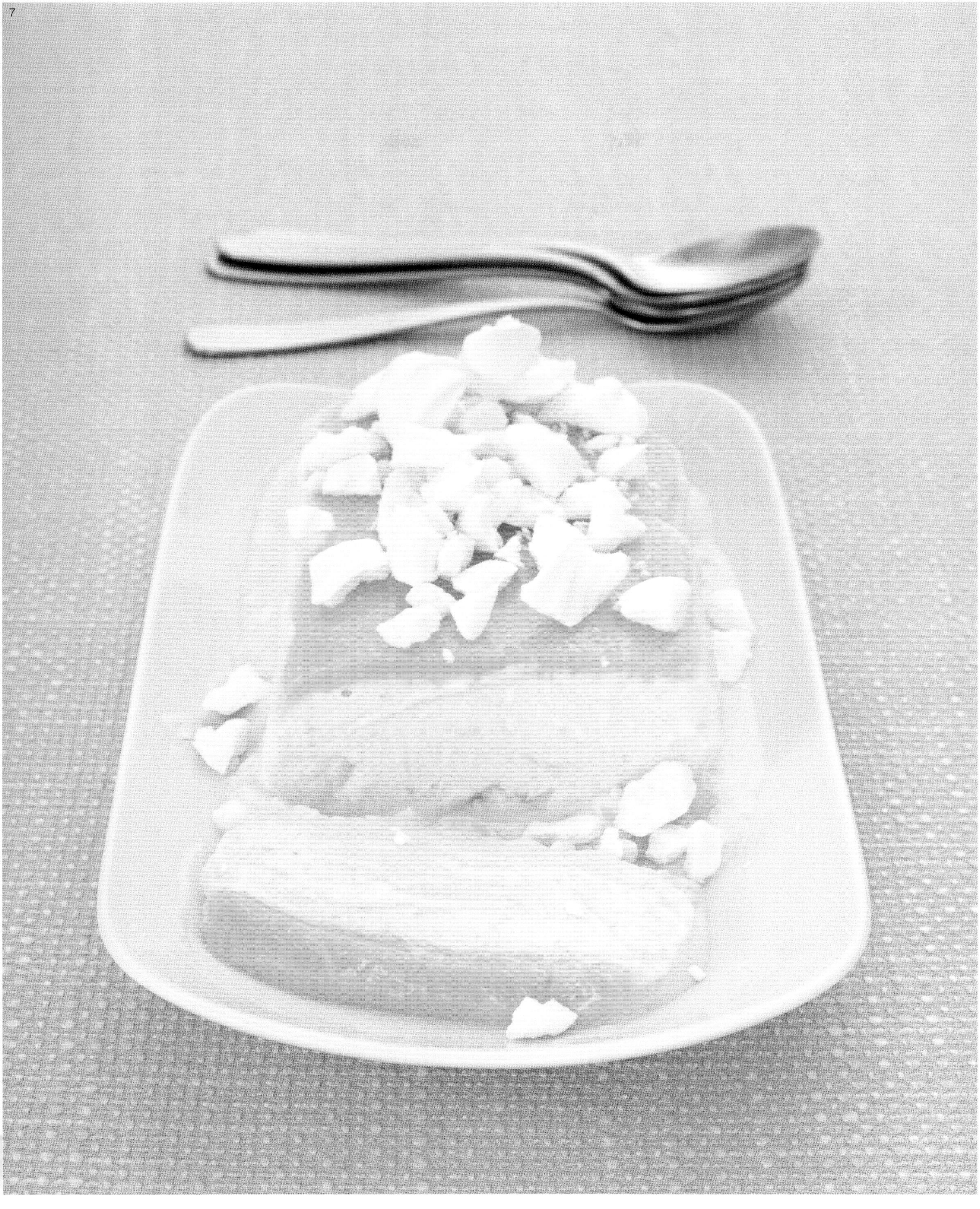

Cheesecake de chocolate branco

Tempo de preparo: 25 minutos, mais o tempo de resfriar
Tempo de cozimento: 5 minutos
Serve 8

Supersuave, cremoso e sem necessidade de assar, este é um doce deleite para os amantes de cheesecake... que, pelo visto, são a maioria das pessoas! A base de chocolate branco se harmoniza bem com qualquer fruta vermelha ou até mesmo com o contraste das raspas de chocolate amargo.

---

200 g de chocolate branco
150 g de bolacha de maisena
6 colheres (sopa) de manteiga sem sal
1¼ xícara de cream cheese, em temperatura ambiente
1 xícara de queijo mascarpone, em temperatura ambiente
1 colher (sopa) de açúcar
300 g de mirtilos ou outra fruta vermelha

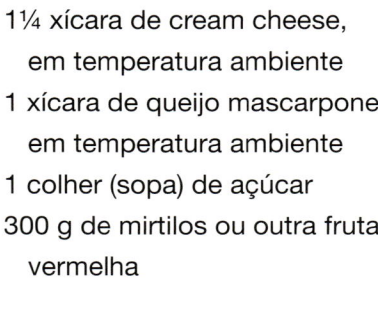

1
Leve uma panela de água para ferver e deixe em fogo brando. Quebre o chocolate em pedaços e ponha numa tigela refratária. Apoie a tigela sobre a panela: é muito importante que o fundo da tigela não toque a água. Deixe derreter por cerca de 5 minutos, mexendo algumas vezes. Para evitar que o chocolate queime, costumo tirar a tigela do fogo enquanto ainda há uns caroços pequenos e os deixo derreter sozinhos.

DERRETENDO CHOCOLATE NO MICRO-ONDAS
Se tiver um micro-ondas, ponha os quadradinhos numa tigela grande não metálica e aqueça por 1 minuto e meio em potência baixa, mexendo no meio do processo.

2
Enquanto o chocolate derrete, prepare a base. Unte uma fôrma rasa de 30 cm x 20 cm e forre com papel-manteiga. Coloque as bolachas de maisena em um saco de alimentos grande e amasse com um rolo, até ficarem em migalhas.

3
Derreta a manteiga numa panela, adicione as migalhas de biscoito e mexa bem para incorporá-las. Espalhe essa farofa na base da fôrma e pressione para nivelar, usando a parte de trás da colher.

4
Quando o chocolate derreter, adicione o cream cheese e o mascarpone na tigela e misture, até ficar homogêneo e cremoso. Ponha sobre a base de biscoito e leve à geladeira pelo menos por 4 horas, até ficar firme. O cheesecake pode ser feito com até 2 dias de antecedência, se quiser, ou pode até mesmo ser congelado por 1 semana, e depois, descongelado na geladeira.

5
Prepare a cobertura: ponha os mirtilos e o açúcar numa panela média. Leve ao fogo médio e cozinhe por uns 5 minutos, até as frutas ficarem tenras e soltarem suco. Deixe esfriar.

6
Corte o cheesecake em quadrados ou retângulos. Cubra com a calda de mirtilos antes de servir.

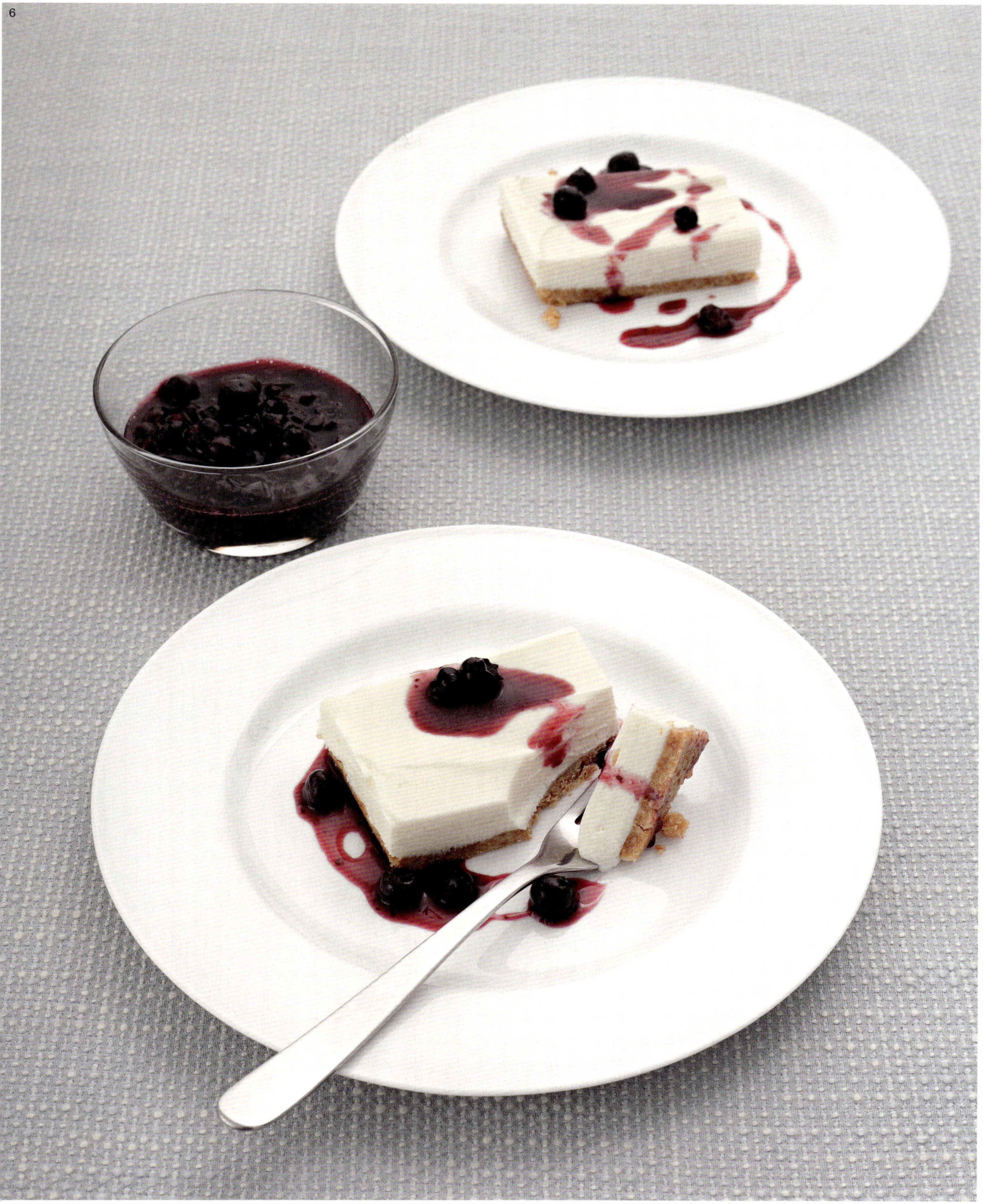

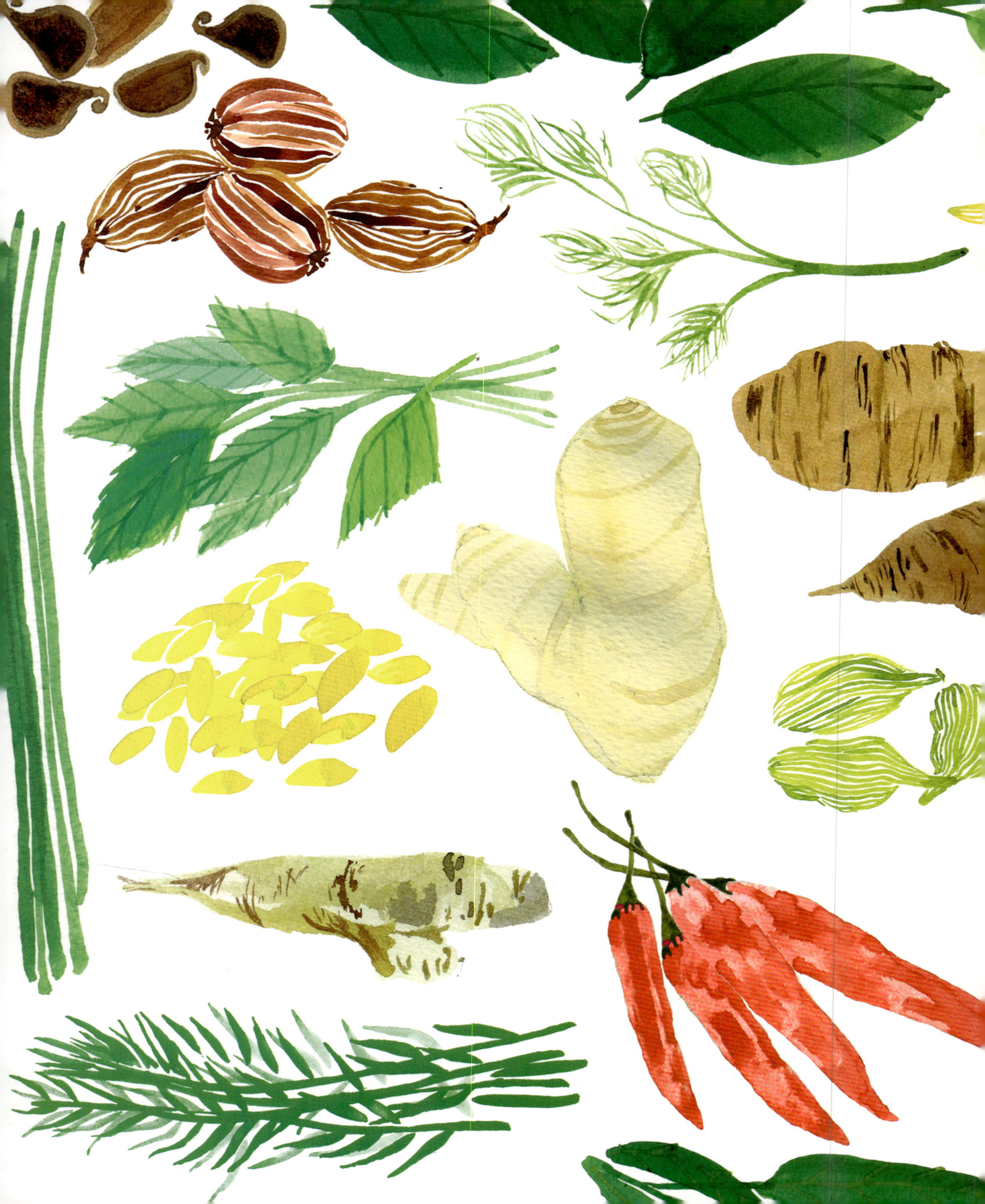

E FINALMENTE

Planejando Cardápios

Sempre que vou cozinhar, gosto de passar alguns minutos tranquilos planejando o cardápio. Apenas verifico se o que tenho em mente vai funcionar como refeição e concebo o que será preparado e quando.

O equilíbrio é a palavra-chave quando refletimos sobre o que servir com o quê. Evite repetir sabores, texturas e ingredientes e lembre-se de que comemos com os olhos, portanto a cor é essencial. Muitas receitas deste livro vêm com um acompanhamento, portanto não se preocupe sobre o que fazer junto com o prato principal.

Assim como no meu primeiro livro, *O que cozinhar & como cozinhar – totalmente passo a passo*, embora a maioria das receitas deste livro possa ser servida como prato único, muitas delas podem compor refeições saborosas com outros pratos. Os cardápios são tanto para 2-4 ou 6-8 pessoas e podem ser multiplicados ou divididos. Escolha o que quiser, mas, se estiver cozinhando para poucas pessoas e quiser fazer uma das sobremesas maiores, recomendo que faça a receita completa e curta as sobras nos dias seguintes.

Em piqueniques e churrascos, algumas decisões facilitam o serviço e satisfazem a todos. Por que não pedir aos amigos para trazer um prato ou enganar um pouco a fome com alguns petiscos prontos?

Escolha dois pratos de cada cardápio, ou três, se tiver mais tempo. Se gostar do tipo de cardápio e ele não bater com o número de convidados, aumente ou diminua as quantidades. Dei mais atenção às refeições principais, além de algumas ideias para churrascos, piqueniques e outros eventos de verão.

Jantar romântico para 2
Aspargos com ovo e vinagre balsâmico (página 72)
Linguine com camarão e erva-doce (página 68)
Musse de chocolate com cerejas (página 326, meia receita)

Almoço ao ar livre para 2
Linguine com camarão e erva-doce (página 68, meia receita)
Tagliata de filé com alcachofra (página 158)
Sorvete de frutas vermelhas com farofa (página 294)

Jantar durante a semana para 4
Frango à parmiggiana (página 84)
Sundae Melba (página 306)

Halloumi grelhado com tabule de romã (página 56)
Falafel de cenoura com molho de tahine (página 64)
Salada de frutas azedinha (página 44)

Antepasto de pêssego com muçarela (página 82)
Atum selado com molho vierge (página 154)
Bolo de fubá com limão e amoras (página 290)

Jantar de verão com convidados
Mezze (página 198)
Cafta de cordeiro com tzatziki (página 208)
Bolo de iogurte com pistache, figo e mel (página 298)

Gnudi com limão e manjericão (página 168)
Cordeiro com purê de ervilhas e tomate (página 146)
Creme de morango com ruibarbo (página 302)

Espetinhos de camarão com aspargos (página 220)
Peixe assado com limão e vagem (página 194)
Pêssegos escaldados com vinho e mel (página 316)

Churrasco em família
Frango à barbecue (página 204)
Legumes ao forno e couscous com feta (página 260)
Salada de macarrão com pesto de tomate (página 106)

Costelinhas ao shoyu com salada asiática (página 224)
Salada Waldorf com frango e gorgonzola (página 76)
Salada de agrião com batata e bacon (página 250)

Hambúrguer ao chimichurri (página 228)
Batata-doce à hasselback (página 256)
Milho com manteiga temperada (página 252)

Churrasco elegante
Folhados de ricota com espinafre (página 136)
Cafta de cordeiro com tzatziki (página 208)
Cavalinha picante com salada de laranja (página 216)
Halloumi grelhado com tabule de romã (página 56, receita dobrada)

Antepasto de pêssego com muçarela (página 82, receita dobrada)
Lombo de porco com ervas e salada de erva-doce (página 212)
Hambúrguer vegetariano de polenta (página 232)

Reunião com os amigos
Sanduíche de linguiça com relish (página 236)
Frango à barbecue (página 204)
Salada verde com sementes e croûtons (página 248)
Batata-doce à hasselback (página 256)
Milho com manteiga temperada (página 252)
Salada de agrião com batata e bacon (página 250)
Cheesecake de chocolate branco (página 334)
Merengue com framboesas e maracujá (página 320)

Bufê americano em família
Lasanha de ricota com legumes (página 186)
Salada cobb com molho de mostarda (página 140)
Legumes ao forno e couscous com feta (página 260)
Salada verde com sementes e croûtons (página 248)
Merengue com framboesas e maracujá (página 320)

Festa do Oriente Médio
Mezze (página 198)
Frango perfumado com salada de quinoa (página 190)
Salada de cenoura com ervas (página 264)
Salada fatuche com labneh (página 110)
Bolo de iogurte com pistache, figo e mel (página 298)

Sabores da Ásia
Costelinhas ao shoyu com salada asiática (página 224)
Pato com salada de abacaxi (página 162)
Salada vietnamita de macarrão com ervas (página 88)
Salada superpoderosa de lentilhas (página 258)
Salada de frutas azedinha (página 44)

Almoço mexicano
Carnitas (página 182)
Hambúrguer ao chimichurri (página 228)
Sorbet de manga com groselhas (página 312)

Piquenique em família
Frango picante com raita de manga (página 128)
Salada cobb com molho de mostarda (página 140)
Torta de favas com presunto (página 118)
Legumes ao forno e couscous com feta (página 260)
Muffins de mirtilos com cream cheese (página 36)

Petiscos com bebidas
A maioria das receitas pode ser servida em porções pequenas no bufê, com apenas pequenas adaptações.

Torrada com abacate e chorizo (página 28): enfeite as torradas pequenas com linguiça, abacate e coentro.

Blinis com salmão defumado (página 40): faça panquecas pequenas, espalhe a mistura de queijo e finalize com um pedacinho de salmão.

Cafta de cordeiro com tzatziki (página 208): faça minialmôndegas e sirva com pão sírio pequeno e tzatziki.

Falafel de cenoura com molho de tahine (página 64): sirva o falafel numa travessa com uma tigela de molho de gergelim.

Hambúrguer ao chimichurri (página 228): frite hambúrgueres pequenos e sirva em pãezinhos de hambúrguer com o vinagrete.

Salada Waldorf com frango e gorgonzola (página 76): sirva a salada em folhas pequenas de alface-americana, coberta com uma fatia de frango.

Espetinhos de camarão com aspargos (página 220): grelhe os camarões e os aspargos numa chapa (sem espetos) e sirva com o molho aïoli de hortelã.

Tortinha de tomate pissaladière (página 124): corte pequenos círculos de massa, cubra com cebola, uma fatia de tomate e os ingredientes restantes.

Musse de chocolate com cerejas (página 326): gele a musse em cálices de licor.
Cheesecake de chocolate branco (página 334): corte-o em quadradinhos. Sirva com a calda de mirtilos. Conserve na geladeira até a hora de servir.

Glossário

Afofar
Separar os grãos de um alimento cozido, como arroz, couscous etc., usando os dentes de um garfo.

Al dente
Ponto ideal de cozimento de massas e legumes, que mantêm certa resistência (ou crocância) ao serem mordidos.

Alho em fatias finas
Tire o alho da cabeça, apare a base do dente e descasque. Corte em fatias finas.

Apurar
Ferver um alimento em fogo brando, evaporando o líquido para concentrar o sabor, em geral com a panela destampada.

Batatas de cozinhar
Termo geral usado para batatas apropriadas para cozinhar e fazer purês ou nhoque. Sempre que cozinhar batatas, coloque-as em água fria, não em água fervente.

Batedor
Peça de metal usada para bater ingredientes rapidamente à mão, a fim de aumentar o seu volume e aerá-los. Para obter melhor rendimento, use a batedeira.

Caçarola
Panela com duas alças e tampa. Pode ser de metal, vidro ou cerâmica. Também é o termo usado para um prato de carne preparado nesse recipiente.

Caldo
Líquido saboroso que se obtém fervendo ossos ou carne de boi ou aves com ervas aromáticas e legumes por 2-3 horas. Antes de usá-lo, retire a gordura da superfície. Se estiver com pressa, simplesmente dissolva um tablete de caldo pronto em água fervente.

Caramelizado
Ponto de cozimento em que o açúcar contido no alimento começa a caramelizar, envolvendo-o com uma cobertura dourada e ligeiramente pegajosa.

Casca de fruta cítrica
Refere-se somente à parte colorida de uma fruta cítrica, normalmente laranja ou limão. Pode ser ralada ou cortada em tirinhas finas. Deve-se tomar cuidado ao retirá-la para não atingir a parte branca, que se encontra logo abaixo e é amarga.

Churrasqueira
Grelha aberta ao ar livre, tradicionalmente usada com carvão, para conferir um sabor especial à carne.

Coalhar
Veja talhar.

Cobrir
Cobrir um alimento com uma substância, como um molho, uma calda, um creme, um glacê etc.

Cortes diagonais
Os talhos diagonais feitos na pele de um peixe, por exemplo, evitam que a carne se enrole durante o cozimento.

Cova
É um buraco que se faz no meio da farinha de trigo e de outros ingredientes secos para adicionar ingredientes líquidos.

Cozinhar em fogo lento
O alimento deve cozinhar imerso em algum líquido que esteja bem quente mas não em ponto de fervura, com poucas bolhas que sobem à superfície. Normalmente, a panela deve ser mantida tampada.

Cozinhar no vapor
Cozinhar dentro de um recipiente próprio, furadinho, que se encaixa sobre outro onde se coloca a água para ferver. O recipiente superior precisa estar muito bem tampado.

Crescer
Processo que consiste em fazer que o volume de uma massa aumente ao assar, adicionando-lhe um elemento para esse fim, como o fermento químico em pó, o fermento biológico, fresco ou seco, ou, ainda, o bicarbonato de sódio.

Deglaçar
Consiste em colocar um líquido (água, caldo ou vinho) na panela ou assadeira onde foram assados legumes ou carne, para incorporar o sedimento que ficou na base do recipiente e enriquecer o molho.

Deixar em infusão
Deixar um ingrediente absorver o sabor de outro. Os chás feitos em infusão descansam vários minutos tampados, para que o sabor da erva se incorpore bem à água fervente.

Descanso da carne
Depois de assada, a carne precisa "descansar" para que seus sucos tenham tempo de se distribuírem novamente, de maneira uniforme, dentro da peça. Devido ao calor residual, durante esse período a carne continua cozinhando, por isso fique de olho no tempo de cozimento, para não passar do ponto.

Dourar
Fritar ingredientes em óleo bem quente, propiciando cor dourada na camada externa do alimento e adicionando sabor.

Emulsionar
Misturar duas substâncias agitando-as fortemente para obter uma emulsão uniforme. Dois exemplos são o molho vinagrete, em que o azeite e o vinagre são emulsionados; e o molho holandês, no qual a manteiga é adicionada às gemas.

Encorpar
Termo usado quando se ferve um molho para evaporar até adquirir certa consistência. O mesmo que reduzir.

Engrossar
Adicionar farinha de trigo, amido de milho ou ovo para que um molho ou uma sopa, por exemplo, fiquem mais encorpados.

Escorrer
Eliminar o líquido de um determinado alimento, despejando-o num escorredor ou peneira. Às vezes, a receita pede para guardar parte desse líquido, portanto, sempre verifique antes.

Espaçar o alimento na panela
Não é bom deixar pouco espaço entre as peças de alimento na panela enquanto fritam ou assam. Em vez de dourar ou ficar crocante, o alimento solta líquido, provocando resultado inferior. Em caso de dúvida, abra espaço.

Espremedor de batata
Apetrecho cheio de furos, usado para espremer batatas e outros tubérculos, transformando-os em purês, após a adição de leite quente e manteiga.

Fazer um creme claro
Bater manteiga e açúcar com o batedor ou a batedeira até ficarem claros e fofos.

Fôrma de aro removível
Assadeira com um clipe no aro; sem ele, fica mais fácil retirar bolos e tortas da fôrma.

Grelhar
Assar alimentos numa chapa ou frigideira de fundo grosso, no grill elétrico ou numa churrasqueira.

Marinar
Temperar carnes cruas ou outros alimentos com ervas e condimentos com o intuito de amaciá-los ou lhes dar sabor antes de cozinhar. Os alimentos, porém, não devem ficar nesse tempero por muito tempo, pois a marinada tende a "cozinhar" os alimentos ou a deixá-los macios demais. Peixes de carne delicada devem ficar poucas horas na marinada; já as carnes aguentam até 24 horas.

Massa
A mistura de farinha, ovo batido e um líquido, como água ou leite, é usada para fazer panquecas e empanar alimentos e fritar. A mistura base de bolos, tortas, macarrão, pizzas e pastéis é chamada de massa.

Misturar delicadamente
Misturar alimentos com cuidado, do fundo da tigela para cima, em movimento contínuo, para integrar os ingredientes sem fazê-los perder ar.

Murchar
Cozinhar rapidamente verduras (como espinafre) até murchar, em água quente ou banho-maria.

Pasteurizado
Leite, ovos e creme de leite tratados em alta temperatura para eliminar bactérias.

Pescados sustentáveis
Sustentáveis ou "ecológicos" são os cardumes que não sofrem perigo de extinção. Peixes e frutos do mar capturados por técnicas que não exercem impacto nocivo ao ambiente.

Pincelar
Passar leite, ovo ou uma mistura de ambos sobre biscoitos, pães ou tortas usando pincel de cozinha para que, depois de assados, fiquem com a aparência dourada e brilhante.

Pochê
Termo de origem francesa (poché), usado para definir um tipo de cozimento de ovos, mas qualquer alimento delicado pode se beneficiar desse processo. Consiste em cozinhar determinado alimento completamente submerso em um líquido, abaixo da temperatura de ebulição.

Pré-assar
Assar uma massa de torta doce ou salgada antes de colocar o recheio, para a massa continuar crocante após o preparo do prato. Primeiro, cobre-se a massa com papel-manteiga e feijão cru, para evitar que ela forme bolhas de ar e encolha. O feijão e o papel são retirados e a massa é assada novamente, até ficar mais seca e dourada.

Preaquecer
Operação que consiste em ligar o forno ou grill com antecedência, de modo que, ao introduzir o alimento, ele já tenha alcançado a temperatura desejada. O tempo necessário para alcançar essa temperatura varia de um forno para outro.

Pulsar
Consiste em ligar e desligar o processador ou liquidificador numa rápida sucessão de movimentos para que o alimento fique triturado até o ponto desejado. Geralmente, esses equipamentos têm um botão específico para essa operação.

Rechear
Colocar recheio em tortas, bolos ou peças de carne (como lagarto), bifes enrolados, aves ou legumes, como berinjela ou abobrinha.

Reduzir
Consiste em ferver ou cozinhar um líquido, geralmente molho, em fogo baixo até engrossar, concentrando assim o sabor. O mesmo que encorpar.

Sovar
Trabalhar uma massa com as mãos, abrindo-a e dobrando-a, até ficar lisa.

Talhar
Separação de diferentes elementos: por exemplo, o óleo e a gema podem talhar no preparo da maionese se o óleo for adicionado muito rapidamente. Misturas talhadas são irregulares e gordurosas.

Tampar parcialmente
A tampa deve ser posta sobre a panela deixando uma fresta para a saída do vapor. É uma técnica usada para cozinhar arroz ou reduzir um molho sem que resseque, se preciso.

Técnicas básicas
Todas as instruções necessárias para o preparo de legumes específicos estão nas próprias receitas, mas aqui temos um guia rápido para algumas técnicas de corte mais comuns. É essencial ter uma faca afiada; há mais informações sobre facas na página 14. Para a tábua de cortar se firmar no lugar, coloque algumas folhas de papel-toalha umedecidas embaixo.

Tirar sementes
Consiste em cortar a fruta ou o legume ao meio e depois retirar as sementes com o auxílio de uma colher ou de uma faca.

Vinagre balsâmico
É um tipo de vinagre escuro e ligeiramente adocicado, típico das cidades de Modena e de Reggio Emilia, na Itália. Ele é envelhecido e maturado em tonéis de madeira.

Voltar a ferver
É o processo de deixar um líquido voltar ao ponto de ebulição total após a adição de um novo ingrediente. Em geral, o controle de tempo começa a partir desse ponto.

Técnicas Básicas

Todas as instruções necessárias para o preparo de legumes específicos estão nas próprias receitas, mas aqui temos um guia rápido para algumas técnicas de corte mais comuns. É essencial ter uma faca afiada e há mais informações sobre facas na página 14. Para a tábua de cortar se firmar no lugar, coloque algumas folhas de papel-toalha umedecidas embaixo.

Ervas picadas grosseiramente
Tire as folhas dos talos. Passe a faca algumas vezes para a frente e para trás sobre as folhas, até ficarem picadas, mas sem esmagá-las.

Ervas picadinhas
Pique as folhas até ficarem fininhas, mas não exagere, pois isso pode estragar o sabor e escurecer as ervas. Pique também os talos, se estiverem macios, pois são saborosos e nutritivos.

Cebolas e echalotas picadas grosseiramente

Corte a cebola ao meio pela raiz. Descasque pelo lado liso da cebola apoiado sobre a tábua e faça vários cortes na polpa, na direção da raiz, mas pare antes de atingi-la (isso é necessário para manter a cebola firme). Corte no sentido da largura, produzindo cubos grandes. Para conseguir pedaços regulares, costumo fazer um corte quase horizontal na cebola antes de começar a fatiar.

Cebolas e echalotas bem picadas

Proceda da mesma forma, mas faça os cortes mais próximos.

Cebolas e echalotas fatiadas

Para conseguir fatias bonitas com forma de pétalas, corte a cebola ao meio e descasque, tire a ponta da raiz e fatie da raiz para a ponta. Ou apenas fatie em meias-luas e descarte a ponta da raiz.

Glossário

Alho em fatias finas
Tire o alho da cabeça, apare a base do dente e descasque. Corte em fatias finas.

Alho amassado
Tire o alho da cabeça e aperte-o com a lateral de uma faca grande, assim a casca pode ser retirada com facilidade. Fatie e pique o alho grosseiramente. Adicione uma boa pitada de sal e amasse usando a lâmina de uma faca grande, apertando-o contra a tábua até virar uma pasta.

Legumes picados
Este é um modo atraente de preparar legumes duros como beterrabas, cenouras ou rabanetes. Se preferir, é possível passar em ralo grosso. Com o lado liso apoiado na tábua, corte fatias finas. Empilhe algumas e corte-as em palitos finos; repita o processo até terminar.

Tomates picados grosseiramente
Corte os tomates ao meio, no sentido do comprimento e faça um talho para retirar a parte verde e dura. Fatie e depois corte em pedaços.

Tomates fatiados
Segure o tomate com o lado do talo virado para a lateral e não para cima. Algumas pessoas preferem a faca serrilhada para fatiar tomates e outras frutas tenras; se a sua faca normal não estiver afiada, concordo plenamente.

Abobrinha picada grosseiramente
Isso se aplica a todos os legumes compridos (abobrinha, cenoura, berinjela, batata ou outros). Primeiramente, corte em tiras grossas; empilhe-as e corte na transversal em cubos grandes.

Abobrinha bem picada
Repita o processo anterior, mas faça cubinhos menores.

Pimenta picadinha
Tire o topo da pimenta e corte-a ao meio, no sentido do comprimento. Retire as sementes com uma colherinha ou a ponta da faca. Fatie a polpa no sentido do comprimento e corte-a em cubinhos, na horizontal. Ao manusear pimentas, aconselha-se a usar luvas, para evitar que elas irritem a pele. Não toque nos olhos quando estiver manuseando pimenta; lave as mãos em seguida.

Índice

A

abacate
    salada cobb com molho de mostarda 140-3
    salada verde com sementes e croûtons 248-9
    torrada com abacate e chorizo 28-31
abacaxi, pato com salada de 162-7
abobrinha
    carne grelhada com legumes 240-3
    lasanha de ricota com legumes 186-9
    macarrão cremoso com abobrinha e ervilhas 60-3
alcachofra
    tagliata de filé com alcachofra 158-61
ameixa
    ameixa, gengibre e amêndoas, torta de 278-83
anchovas
    tortinha de tomate pissaladière 124-7
arroz
    risoto de frutos do mar 176-81
aspargos
    aspargos com ovo e vinagre balsâmico 72-5
    espetinhos de camarão com aspargos 220-3
    fritada de aspargos com bacon 46-9
atum
    atum selado com molho vierge 154-7
    pans bagnats 132-5
aveia
    müsli Bircher 26-7

B

barbecue, frango à 204-7
batata e bacon, salada de agrião com 250-1
batata-doce
    batata-doce à hasselback 256-7
berinjela
    carne grelhada com legumes 240-3
    mezze 198-201
blinis com salmão defumado 40-3
bolos
    bolo cremoso de morango 284-89
    bolo de fubá com limão e amoras 290-3
    bolo de iogurte com pistache, figo e mel 298-301

C

camarão
    espetinhos de camarão com aspargos 220-3
    linguine com camarão e erva-doce 68-71
    risoto de frutos do mar 176-81
    salada vietnamita de macarrão com ervas 88-91
carne
    carne grelhada com legumes 240-3
    hambúrguer ao chimichurri 228-31
    tagliata de filé com alcachofra 158-61
carne de porco
    carnitas 182-5
    costelinhas ao shoyu com salada asiática 224-7
    lombo de porco com salada de erva-doce 212-15
    sanduíche de linguiça com relish 236-9
carnitas 182-5
cavalinha
    cavalinha picante com salada de laranja 216-19
cenoura
    falafel de cenoura com molho de tahine 64-7
    salada de cenoura com ervas 264-7
chimichurri, hambúrguer ao 228-31
chipotle, fajitas de frango com 92-5
chocolate branco, cheesecake de 334-7
chorizo
    torrada com abacate e chorizo 28-31
    vieiras com chorizo e grão-de-bico 172-5
ciabatta
    pizzas simples de ciabatta 100-3
cobb com molho de mostarda, salada 140-3
cordeiro
    cafta de cordeiro com tzatziki 208-11
    cordeiro com purê de ervilhas e tomate 146-9
couscous
    legumes ao forno e couscous com feta 260-3
costelinhas ao shoyu com salada asiática, 224-7
cream cheese
    cheesecake de chocolate branco 334-7
    muffins de mirtilos com cream cheese 36-9

E

ervilhas
    cordeiro com purê de ervilhas e tomate 146-9
    macarrão cremoso com abobrinha e ervilhas 60-3
espinafre
    folhados de ricota com espinafre 136-9
    ovos ao forno com espinafre e queijo 32-5

F

favas
    gnudi com limão e manjericão 168-71
    torta de favas com presunto 118-23
figo
    bolo de iogurte com pistache, figo e mel 298-301
    torradas com figo e ricota 50-3
framboesas
    merengue com framboesas e maracujá 320-5
    scones com creme de framboesa 308-11
    sorvete de frutas vermelhas com farofa 294-7
    sundae Melba 306-7
frango
    fajitas de frango com chipotle 92-5
    frango à barbecue 204-7
    frango à parmiggiana 84-7
    frango assado ao molho de estragão 150-3
    frango perfumado com salada de quinoa 190-3
    frango picante com raita de manga 128-31
    salada cobb com molho de mostarda 140-3
    salada Waldorf com frango e gorgonzola 76-9
frutos do mar, risoto de 176-81
fubá
    bolo de fubá com limão e amoras 290-3
    hambúrguer vegetariano de polenta 232-5

G

gazpacho 114-17
grão-de-bico
    falafel de cenoura com molho de tahine 64-7
    vieiras com chorizo e grão-de-bico 172-5

H

halloumi grelhado com tabule de romã 56-9

I

iogurte
    bolo de iogurte com pistache, figo e mel 298-301
    salada fatuche com labneh 110-13
    tzatziki 208-11

L

lasanha de ricota com legumes 186-9
legumes ao forno e couscous com feta 260-3
lentilhas
    salada superpoderosa de lentilhas 258-9
limão
    bolo de fubá com limão e amoras 290-3

    gnudi com limão e manjericão 168-71
    lombo de porco com salada de erva-doce 212-15

peixe assado com limão e vagem 194-7
sorvete de merengue com limão 330-3
linguiça
    sanduíche de linguiça com relish 236-9

M
macarrão
    lasanha de ricota com legumes 186-9
    linguine com camarão e erva-doce 68-71
    macarrão cremoso com abobrinha e ervilhas 60-3
    salada de macarrão com pesto de tomate 106-9
    sopa de tortellini 80-1
macarrão oriental
    salada vietnamita de macarrão com ervas 88-91
manga
    frango picante com raita de manga 128-31
    sorbet de manga com groselhas 312-15
mezze 198-201
milho com manteiga temperada 252-5
mirtilos
    cheesecake de chocolate branco 334-7
    muffins de mirtilos com cream cheese 36-9
morangos
    bolo cremoso de morango 284-89
    creme de morango com ruibarbo 302-5
    pavê cremoso de verão 274-7
muçarela
    antepasto de pêssego com muçarela 82-3
    salada de tomate com muçarela e gremolata 246-7
muffins
    muffins de mirtilos com cream cheese 36-9
müsli Bircher 26-7
musse de chocolate com cerejas 326-9

O
ovos
    aspargos com ovo e vinagre balsâmico 72-5
    fritada de aspargos com bacon 46-9
    merengue com framboesas e maracujá 320-5
    ovos ao forno com espinafre e queijo 32-5
    pans bagnats 132-5
    salada cobb com molho de mostarda 140-3
    sorvete de merengue com limão 330-3

P
pans bagnats 132–5
pão sírio 268-71
pato
    pato com salada de abacaxi 162-7
pavê cremoso de verão 274-7
peixes
    atum selado com molho vierge 154-7
    cavalinha picante com salada de laranja 216-19
    peixe assado com limão e vagem 194-7
    salmão com pepino e batata 96-9
pepino
    tzatziki 208-11
pêssego
    antepasto de pêssego com muçarela 82-3
    pêssegos escaldados com vinho e mel 316-9
    sundae Melba 306-7
pesto 48
pimenta
    cavalinha picante com salada de laranja 216-19
    frango picante com raita de manga 128-31
    linguine com camarão e erva-doce 68-71
    salada de cenoura com ervas 264-7
pimentão
    carne grelhada com legumes 240-3
    folhados de ricota com espinafre 136-9
    lasanha de ricota com legumes 186-9
    pistache, figo e mel, bolo de iogurte com 298-301
pizza
    pizzas simples de ciabatta 100-3
pratos vegetarianos
    aspargos com ovo e vinagre balsâmico 72-5
    batata-doce à hasselback 256-7
    folhados de ricota com espinafre 136-9
    gazpacho 114-17
    gnudi com limão e manjericão 168-71
    halloumi grelhado com tabule de romã 56-9
    hambúrguer vegetariano de polenta 232-5
    lasanha de ricota com legumes 186-9
    legumes ao forno e couscous com feta 260-3
    macarrão cremoso com abobrinha e ervilhas 60-3
    milho com manteiga temperada 252-5
    ovos ao forno com espinafre e queijo 32-5
    salada de cenoura com ervas 264-7
    salada de macarrão com pesto de tomate 106-9
    salada fatuche com labneh 110-13
    salada superpoderosa de lentilhas 258-9
    salada verde com sementes e croûtons 248-9
    torradas com figo e ricota 50-3
    tortinha de tomate pissaladière 124-7
presunto
    antepasto de pêssego com muçarela 82-3
    frango à parmiggiana 84-7
    torta de favas com presunto 118-23

Q
queijo *ver também* cream cheese; ricota
    antepasto de pêssego com muçarela 82-3
    halloumi grelhado com tabule de romã 56-9
    hambúrguer vegetariano de polenta 232-5
    ovos ao forno com espinafre e queijo 32-5
    salada de tomate com muçarela e gremolata 246-7
queijo de cabra
    hambúrguer vegetariano de polenta 232-5
quinoa
    frango perfumado com salada de quinoa 190-3

R
repolho
    salada de repolho 204-7
ricota
    gnudi com limão e manjericão 168-71
    lasanha de ricota com legumes 186-9
    torradas com figo e ricota 50-3
ruibarbo
    creme de morango com ruibarbo 302-5

S

salada de frutas azedinha 44-5

saladas
- legumes ao forno e couscous com feta 260-3
- lombo de porco com salada de erva-doce 212-15
- salada cobb com molho de mostarda 140-3
- salada de agrião com batata e bacon 250-1
- salada de cenoura com ervas 264-7
- salada de laranja 216-19
- salada de macarrão com pesto de tomate 106-9
- salada de quinoa 190-3
- salada de repolho 204-7
- salada de tomate com muçarela e gremolata 246-7
- salada fatuche com labneh 110-13
- salada superpoderosa de lentilhas 258-9
- salada verde com sementes e croûtons 248-9
- salada vietnamita de macarrão com ervas 88-91
- salada Waldorf com frango e gorgonzola 76-9

salmão
- salmão com pepino e batata 96-9

sanduíche de linguiça com relish 236-9

scones com creme de framboesa 308-11

sopas
- gazpacho 114-17
- sopa de tortellini 80-3

sorvetes e sorbets
- sorbet de manga com groselhas 312-15
- sorvete de frutas vermelhas com farofa 294-7
- sorvete de merengue com limão 330-3

sundae Melba 306-7

T

tomate
- frango à parmiggiana 84-7
- lasanha de ricota com legumes 186-9
- salada de macarrão com pesto de tomate 106-9
- salada de tomate com muçarela e gremolata 246-7
- sanduíche de linguiça com relish 236-9
- tortinha de tomate pissaladière 124-7

torradas com figo e ricota 50-3

tortas e folhados
- folhados de ricota com espinafre 136-9
- torta de ameixa, gengibre e amêndoas 278-83
- torta de favas com presunto 118-23
- tortinha de tomate pissaladière 124-7

tortellini, sopa de 80-3

V

vagem
- peixe assado com limão e vagem 194-7

vieiras com chorizo e grão-de-bico 172-5

Agradecimentos da autora

É o meu nome que está na capa, mas muitas pessoas merecem crédito por fazer deste livro o que ele é. À equipe da Phaidon – Emilia Terragni, Laura Gladwin, Michelle Lo e todos os outros nos bastidores –, agradeço o cuidado e a atenção que dedicam a tudo que fazem. Steven Joyce, obrigada por tirar essas fotografias maravilhosas; sei que nem sempre foi fácil! Rebecca Seal, obrigada por estar tão disposta a compartilhar sua casa conosco por tanto tempo. Também minha enorme gratidão a Emily Robertson, pelas belas ilustrações.

Nem tenho como agradecer à fabulosa Katy Greenwood, minha produtora fotográfica, amiga e braço direito confiável. Desde o primeiro dia senti que minhas receitas estavam seguras em suas mãos, em todas as fases. Sandra Autukaite, obrigada por organizar as fotografias de modo tão brilhante e com tanto empenho.

Também não posso me esquecer de Sue Spall pelos testes das receitas e de Linda Doeser e Karen Berman pelo trabalho na edição dos Estados Unidos. Falando em testes, um agradecimento especial a todos que ajudaram com o capítulo de grelhados – especialmente a Stu e Gem McBride, por refazerem o teste com as costelas, a Pip e Matt Edwards, por receberem o primeiro festival de carnes, e à minha mãe, meu pai e à família Chapman, pela segunda grande festa. Também meus agradecimentos a Anki Noren, pelos utensílios do piquenique, a meus brilhantes colegas de trabalho em The Old Clinic, pelo apoio e saudável apetite, além de Emma Robertson e toda a minha família e amigos. Um abraço especial a Ross, meu principal provador, confidente e motivação para minha alegria.

Finalmente, se você é uma das muitas pessoas que leram meu livro *O que cozinhar & como cozinhar – totalmente passo a passo*, testaram alguma receita e me escreveram a respeito, então também muito obrigada. Suas cartas foram fonte de inspiração enquanto eu escrevia este livro – portanto, sempre me informem a sua opinião.

Jane Hornby

Phaidon Press Inc.
180 Varick Street
New York, NY 10014
Phaidon Press Limited
Regent's Wharf, All Saints Street
London N1 9PA
www.phaidon.com

Título original
What to Cook & How to Cook it:
Fresh & Easy

Editora de trabalho externo:
Laura Gladwin
Editora do projeto: Michelle Lo
Produtor: Paul McGuinness
Fotografias: Steven Joyce
Ilustrações: Emily Robertson
Projeto: SML Office

A editora agradece a Julia Hasting, Sophie Hodgkin, Daniel Hurst e Hans Stofregen por suas contribuições.

© 2013 Editora Melhoramentos Ltda.
Produção editorial: Estúdio Sabiá
Tradução: Aurea Akemi Arata
Preparação: Valéria Sanalios
Revisão: Hebe Lucas, Nina Rizzo e Rosane Albert
Diagramação: Carochinha Editorial

Atendimento ao consumidor:
Caixa Postal 11541 – CEP 05049-970
São Paulo – SP – Brasil

Editora Melhoramentos

Hornby, Jane
  O que cozinhar e como cozinhar: com os melhores ingredientes da feira e do mercado / Jane Hornby; [fotografias de Steven Joyce; Ilustrações Emily Robertson; e tradução Aurea Akemi Arata]. São Paulo: Editora Melhoramentos, 2013. (Arte culinária especial)
  Título original: What to cook and how to cook it: fresh & easy
  ISBN 978-85-06-07186-1

  1. Culinária. 2. Gastronomia. I. Joyce, Steven. II. Robertson, Emily. III. Arata, Aurea Akemi. IV. Título. V. Série.

13/078   CDD 641.5

Índices para catálogo sistemático:
1. Gastronomia 641.5
2. Receitas culinárias: Economia doméstica 641.5

NOTA SOBRE AS RECEITAS
Algumas receitas incluem ovos crus ou cozidos ligeiramente, que devem ser evitados por idosos, crianças, grávidas, convalescentes e qualquer pessoa com problemas imunológicos.

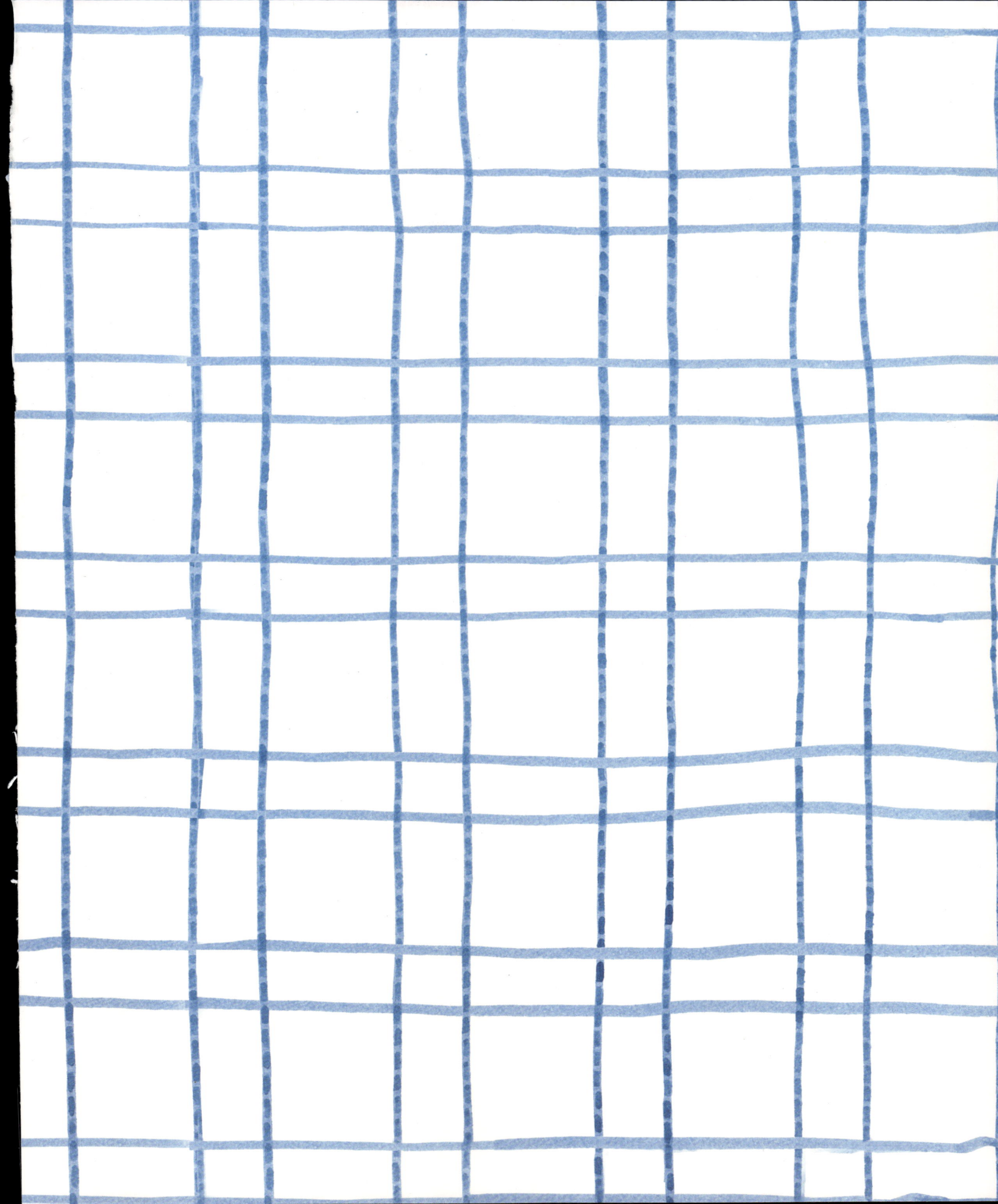

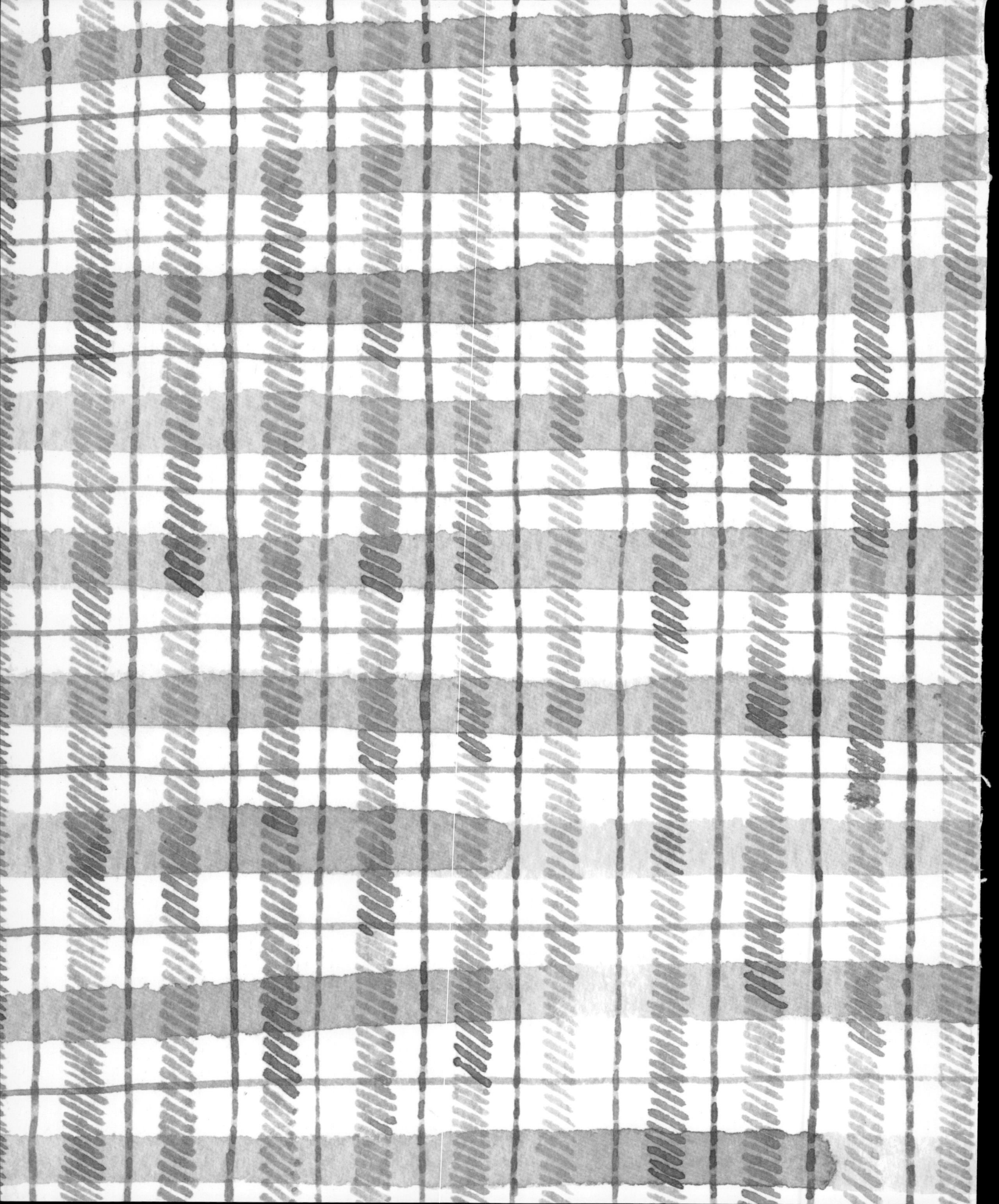